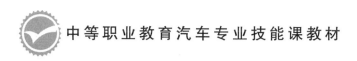

中等职业教育汽车专业技能课教材

Qiche Gouzao
汽车构造

(第2版)

全国交通运输职业教育教学指导委员会
中国汽车维修行业协会 组织编写

齐忠志 林志伟 主　编

人民交通出版社股份有限公司

北　京

内 容 提 要

本书是中等职业教育汽车专业技能课教材,主要内容包括:绪论、发动机总体构造及工作原理、曲柄连杆机构、配气机构、汽油机燃料供给系统、柴油机燃料供给系统、发动机点火系统、发动机起动系统、发动机冷却系统、发动机润滑系统、发动机进排气系统、汽车传动系统、汽车行驶系统、汽车转向系统、汽车制动系统、汽车车身、发动机控制系统、汽车电源系统、汽车照明信号系统、汽车仪表与报警系统、汽车安全辅助装置和电动汽车概述。

本书既可作为中等职业学校汽车专业教材,也可以作为职业技能培训和其他从事相关专业人员的参考书。

图书在版编目(CIP)数据

汽车构造/齐忠志,林志伟主编. —2 版. —北京:人民交通出版社股份有限公司,2021.12

ISBN 978-7-114-17717-0

Ⅰ.①汽… Ⅱ.①齐…②林… Ⅲ.①汽车—构造—教材 Ⅳ.①U463

中国版本图书馆 CIP 数据核字(2021)第 235942 号

书　　名:	汽车构造(第 2 版)
著 作 者:	齐忠志　林志伟
责任编辑:	李佳蔚
责任校对:	孙国靖　卢　弦
责任印制:	张　凯
出版发行:	人民交通出版社股份有限公司
地　　址:	(100011)北京市朝阳区安定门外外馆斜街 3 号
网　　址:	http://www.ccpcl.com.cn
销售电话:	(010)59757973
总 经 销:	人民交通出版社股份有限公司发行部
经　　销:	各地新华书店
印　　刷:	北京市密东印刷有限公司
开　　本:	787×1092　1/16
印　　张:	19.25
字　　数:	326 千
版　　次:	2017 年 3 月　第 1 版 2021 年 12 月　第 2 版
印　　次:	2023 年 5 月　第 2 版　第 3 次印刷　总第 6 次印刷
书　　号:	ISBN 978-7-114-17717-0
定　　价:	48.00 元

(有印刷、装订质量问题的图书由本公司负责调换)

中等职业教育汽车专业技能课教材编审委员会

主　　任：王怡民（浙江交通职业技术学院）

副 主 任：刘建平（广州市交通运输职业学校）　　杨经元（云南交通技师学院）
　　　　　赵　琳（北京交通运输职业学院）　　　张京伟（中国汽车维修行业协会）
　　　　　陈文华（浙江交通职业技术学院）　　　王凯明（中国汽车维修行业协会）

特邀专家：朱　军（中国汽车维修行业协会）　　　魏俊强（北京祥龙博瑞汽车服务有限公司）
　　　　　张小鹏（庞贝捷漆油(上海)有限公司）　　刘　亮（麦特汽车服务股份有限公司）

委　　员：（按姓氏笔画排序）
　　　　　毛叔平（上海市南湖职业学校）　　　　王　健（贵阳市交通技工学校）
　　　　　王彦峰（北京交通运输职业学院）　　　王　强（贵州交通职业技术学院）
　　　　　占百春（苏州建设交通高等职业技术学校）刘新江（四川交通运输职业学校）
　　　　　刘宣传（广州市公用事业技师学院）　　齐忠志（广州市交通运输职业学校）
　　　　　吕　琪（成都工业职业技术学院）　　　李　青（四川交通运输职业学校）
　　　　　李雪婷（成都汽车职业技术学校）　　　李春生（广西交通技师学院）
　　　　　李文慧（新疆交通职业技术学院）　　　李　晶（武汉市东西湖职业技术学校）
　　　　　陈　虹（浙江交通技师学院）　　　　　陈文均（贵州省交通运输学校）
　　　　　陈社会（无锡汽车工程高等职业技术学校）张　炜（青岛交通职业学校）
　　　　　杨永先（广东省交通运输高级技工学校）杨承明（杭州技师学院）
　　　　　杨建良（苏州建设交通高等职业技术学校）杨二杰（四川交通运输职业学校）
　　　　　陆松波（慈溪市锦堂高级职业中学）　　何向东（广东省清远市职业技术学校）
　　　　　邵伟军（杭州技师学院）　　　　　　　周志伟（深圳市宝安职业技术学校）
　　　　　林育彬（宁波市鄞州职业高级中学）　　易建红（武汉市交通学校）
　　　　　林治平（厦门工商旅游学校）　　　　　胡建富（浙江交通技师学院）
　　　　　赵俊山（济南理工中等职业学校）　　　荆叶平（上海市交通学校）
　　　　　郭碧宝（广州市交通技师学院）　　　　姚秀驰（贵阳市交通技工学校）
　　　　　崔　丽（北京市丰台区职业教育中心学校）曾　丹（佛山市顺德区中等专业学校）
　　　　　蒋红梅（重庆市立信职业教育中心）　　喻　媛（柳州市交通学校）

第2版前言
Preface

　　本套由全国交通运输职业教育教学指导委员会、中国汽车维修行业协会组织编写的教材，自2017年3月出版以来，多次重印，被全国多所中等职业学校选为教学用书，受到了广大师生的好评。

　　为了体现职业教育理念，贴近汽车运用与维修专业实际教学目标，促进"教、学、做"更好地结合，突出对学生实践能力的培养，使之成为技能型人才，2020年11月，人民交通出版社股份有限公司吸取教材使用学校的意见和建议，组织相关老师，经过认真研究和充分讨论，确定了修订方案，对本套教材进行了修订。通过修订，教材在结构和内容上与教学内容更加吻合。

　　《汽车构造（第2版）》是其中的一本。此次修订内容如下：

　　1. 对部分学习内容进行了更新。随着汽车工业的快速发展，高新技术及新能源技术在汽车上的广泛应用，教材编写组依据企业调研结果和毕业生对教材修订的反馈意见，删减了第1版中逐渐淘汰的汽车技术，新增了近几年出现的新工艺、新技术内容以及电动汽车的结构特点和组成。

　　2. 进一步凸显理实一体的模式。本次修订更加注重理实一体化，将知识传授和技能训练有效融为一体，在内容设计上尽可能实现学生"做中学、学中做"。

　　3. 更加注重遵循学生认知规律。修订版遵循"简单到复杂，外围到核心"的认知规律，将部分复杂的学习内容进行了由繁至简的系统化处理。在遵循工作过程主线的原则下，理论内容更浅显易懂、实操内容更贴合生产一线，更利于学生的学习和掌握。

　　4. 对配套的电子课件也进行了修订，并将思考与练习的参考答案添加到配套电子课件中供教师参考。

　　本书由广州市交通运输职业学校的齐忠志和林志伟担任主编，参加编写的还有广州市交通运输职业学校的梁玉敏、曾晖泽、萧启杭、段群、冯明杰、安明华、盘宗敏、胡源卫、何才和刘毅。具体编写分工为：齐忠志编写单元一和单元二,林志伟编写单元十,梁玉敏编写单元三和单元四,曾晖泽编写单元五和单元六,萧启杭编写单元七和单元八,段群编写单元九和单元十七,冯明杰编写单元十一和单元十三,安明华编写单元十二和单元二十二,盘宗敏编写单元十四和单元十五,胡源卫编写单元十六,何才编写单元十八和单元二十一,刘毅编写单元十九和单元二十。全书由齐忠志、林志伟统稿。

限于编者水平,书中难免有不当之处,敬请广大院校师生提出意见和建议,以便再版时完善。

作 者
2021 年 9 月

目录 Contents

单元一　绪论 ……………………………………………………………… 1
　　一、汽车的总体构造 …………………………………………………… 1
　　二、汽车分类 …………………………………………………………… 2
　　三、汽车的总体布置形式 ……………………………………………… 4
　　四、汽车的主要技术参数 ……………………………………………… 6
单元二　发动机总体构造及工作原理 …………………………………… 9
　　一、发动机的作用和总体构造 ………………………………………… 9
　　二、发动机基本工作原理 ……………………………………………… 13
　　三、发动机的主要性能指标与特性 …………………………………… 19
　　四、技能训练　查找发动机舱内主要部件 …………………………… 20
单元三　曲柄连杆机构 …………………………………………………… 22
　　一、曲柄连杆机构的组成与类型 ……………………………………… 22
　　二、机体组 ……………………………………………………………… 23
　　三、活塞连杆组 ………………………………………………………… 26
　　四、曲轴飞轮组 ………………………………………………………… 30
　　五、技能训练 …………………………………………………………… 32
单元四　配气机构 ………………………………………………………… 34
　　一、配气机构的作用与认识 …………………………………………… 34
　　二、配气机构的组成、类型和工作原理 ……………………………… 35
　　三、配气机构的组成 …………………………………………………… 37
　　四、气门间隙和配气相位 ……………………………………………… 40
　　五、配气机构新技术 …………………………………………………… 41
　　六、技能训练 …………………………………………………………… 44
单元五　汽油机燃料供给系统 …………………………………………… 47
　　一、电控汽油喷射式燃料供给系统概述 ……………………………… 47
　　二、电控汽油喷射式燃料供给系统的组成与工作原理 ……………… 48
　　三、电控汽油喷射式燃料供给系统的主要部件 ……………………… 49

四、缸内直喷技术 ……………………………………………………………… 57
　　五、技能训练——丰田卡罗拉轿车 1ER-FE 发动机喷油器的拆装 ……… 58
单元六　柴油机燃料供给系统 …………………………………………………… 61
　　一、电控高压共轨式柴油机燃料供给系统概述 ……………………………… 61
　　二、电控高压共轨式柴油机燃料供给系统的总体结构和工作原理 ………… 64
　　三、电控高压共轨式柴油机燃料供给系统的主要部件 ……………………… 65
　　四、技能训练 …………………………………………………………………… 71
单元七　发动机点火系统 ………………………………………………………… 73
　　一、点火系统的作用与认识 …………………………………………………… 73
　　二、电子点火系统 ……………………………………………………………… 76
　　三、电子点火系统的主要部件 ………………………………………………… 79
　　四、技能训练——火花塞的外观检查 ………………………………………… 83
单元八　发动机起动系统 ………………………………………………………… 86
　　一、起动系统的作用与认识 …………………………………………………… 86
　　二、起动系统的组成与电路 …………………………………………………… 86
　　三、起动机的结构与工作原理 ………………………………………………… 88
　　四、起动系统的新技术 ………………………………………………………… 91
　　五、技能训练 …………………………………………………………………… 94
单元九　发动机冷却系统 ………………………………………………………… 96
　　一、冷却系统的作用与认识 …………………………………………………… 96
　　二、冷却系统的组成及工作原理 ……………………………………………… 97
　　三、冷却系统的主要部件 ……………………………………………………… 98
　　四、技能训练——检查冷却液液位 …………………………………………… 101
单元十　发动机润滑系统 ………………………………………………………… 103
　　一、润滑系统的作用与认识 …………………………………………………… 103
　　二、润滑系统的组成及油路 …………………………………………………… 105
　　三、润滑系统的主要零部件 …………………………………………………… 107
　　四、技能训练 …………………………………………………………………… 112
单元十一　发动机进排气系统 …………………………………………………… 115
　　一、汽油发动机进排气系统作用与认识 ……………………………………… 115
　　二、进气系统的作用及组成部件 ……………………………………………… 115
　　三、排气系统的作用及组成部件 ……………………………………………… 120
　　四、技能训练 …………………………………………………………………… 125

单元十二　汽车传动系统 ……………………………………………………… 129
一、传动系统的作用与认识 ………………………………………………… 129
二、离合器 …………………………………………………………………… 130
三、变速器 …………………………………………………………………… 134
四、万向传动装置 …………………………………………………………… 148
五、驱动桥 …………………………………………………………………… 151
六、技能训练 ………………………………………………………………… 154

单元十三　汽车行驶系统 ……………………………………………………… 158
一、行驶系统的作用与认识 ………………………………………………… 158
二、悬架 ……………………………………………………………………… 162
三、轮胎与车轮 ……………………………………………………………… 169
四、技能训练 ………………………………………………………………… 175

单元十四　汽车转向系统 ……………………………………………………… 180
一、汽车转向系统的作用与认识 …………………………………………… 180
二、机械转向系统 …………………………………………………………… 182
三、动力转向系统 …………………………………………………………… 187
四、转向系统新技术 ………………………………………………………… 191
五、技能训练——液压助力转向系统维护 ………………………………… 192

单元十五　汽车制动系统 ……………………………………………………… 196
一、制动系统的作用与认识 ………………………………………………… 196
二、行车制动系统 …………………………………………………………… 198
三、驻车制动系统 …………………………………………………………… 206
四、制动控制系统 …………………………………………………………… 208
五、技能训练——液压制动系统管路排空作业 …………………………… 212

单元十六　汽车车身 …………………………………………………………… 215
一、汽车车身的组成 ………………………………………………………… 215
二、汽车车身的分类 ………………………………………………………… 217
三、承载式车身结构(FF轿车) …………………………………………… 222
四、技能训练 ………………………………………………………………… 226

单元十七　发动机控制系统 …………………………………………………… 230
一、发动机控制系统的作用与认识 ………………………………………… 230
二、主要传感器 ……………………………………………………………… 231
三、主要执行器 ……………………………………………………………… 237

四、技能训练 …… 239

单元十八　汽车电源系统 …… 241
　　一、汽车电源系统的作用与认识 …… 241
　　二、蓄电池 …… 244
　　三、发电机 …… 247
　　四、技能训练 …… 249

单元十九　汽车照明信号系统 …… 253
　　一、汽车照明信号系统的作用与认识 …… 253
　　二、汽车外部照明系统的组成与功能 …… 256
　　三、汽车内部照明系统的组成与功能 …… 258
　　四、汽车信号系统的组成与功能 …… 259
　　五、汽车照明信号系统的新技术 …… 261
　　六、技能训练 …… 263

单元二十　汽车仪表与报警系统 …… 265
　　一、汽车仪表与报警系统的作用与认识 …… 265
　　二、组合仪表的组成与功能 …… 267
　　三、行车计算机与多功能显示屏的组成与功能 …… 272
　　四、技能训练 …… 273

单元二十一　汽车安全辅助装置 …… 276
　　一、汽车安全辅助装置概述 …… 276
　　二、主动安全辅助装置 …… 277
　　三、被动安全辅助装置 …… 279
　　四、技能训练——正确使用安全带 …… 282

单元二十二　电动汽车概述 …… 285
　　一、纯电动汽车的结构特点与组成 …… 285
　　二、混合动力电动汽车的类型与特点 …… 288
　　三、技能训练 …… 292

参考文献 …… 295

单元一　绪　论

学习目标

1. 能叙述汽车总体构造；
2. 能区分汽车的类别；
3. 能叙述汽车的总体布置形式；
4. 能叙述汽车主要技术参数的含义。

建议课时

2课时。

汽车是一种由动力驱动的现代交通工具，具有四个或四个以上车轮的非轨道承载式车辆，主要用于载运人员、货物及特殊用途。

一　汽车的总体构造

如图1-1所示，汽车通常由发动机、底盘、车身和电气设备四部分组成。

1 发动机

发动机是汽车的动力源，其功用是使供入其中的燃料燃烧而产生动力。目前，汽车发动机主要采用往复活塞式内燃机，一般由曲柄连杆机构、配气机构、燃料供给系统、点火系统、起动系统、冷却系统和润滑系统等组成。

汽车及发动机编号规则

❷ 底盘

底盘用于支撑、安装汽车发动机及其各部件和总成,形成汽车的整体造型,接受来自发动机的动力,使汽车产生运动,保证汽车正常行驶。底盘由传动系统、行驶系统、转向系统和制动系统组成。

❸ 车身

车身是驾驶员工作的场所,也是装载乘客和货物的场所。汽车车身不仅要为驾驶员提供方便的操作条件、为乘客提供舒适安全的环境或保证货物完好无损,还要求其外形精致,给人以美的享受。

❹ 电气设备

电气设备包括电源系统(蓄电池、发电机和调节器)、发动机起动系统和点火系统、汽车照明和信号装置、仪表与报警系统、汽车安全辅助装置、导航系统、电视、音响、电话、微处理机、中央计算机及各种人工智能装置等。目前汽车电子化、智能化的程度越来越高,汽车电子控制已从单一项目的控制,发展到多项内容复合的集中控制,逐渐形成一个整车电子控制。

图 1-1 汽车总体构造

二 汽车分类

汽车按照驱动力类型,可以分为汽油发动机汽车、柴油发动机汽车、混合动力汽车和电动汽车等。

❶ 汽油发动机汽车

如图 1-2 所示,汽油发动机具有高功率、结构紧凑等特点,广泛应用于轿车。类似的发动机还包括 CNG(压缩天然气)发动机、LPG(液化石油气)发动机、酒精发动机和氢燃料发动机等,只是其使用的燃料类型不同。

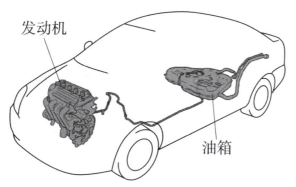

图 1-2　汽油发动机汽车

❷ **柴油发动机汽车**

如图 1-3 所示,柴油发动机具有转矩高和燃油经济性能好等特点,广泛应用于货车和 SUV(运动型多用途汽车)。

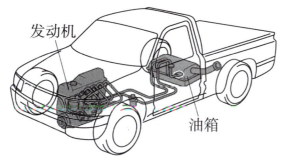

图 1-3　柴油发动机汽车

❸ **混合动力汽车**

如图 1-4 所示,混合动力汽车是使用多种能源动力的道路车辆,使用发动机、电机、蓄电池、氢气和燃料电池等技术。混合动力汽车多数以电机驱动,能源则来自蓄电池及发动机,无须从电网上充电,虽然消耗汽油较少,但加速表现却较佳。

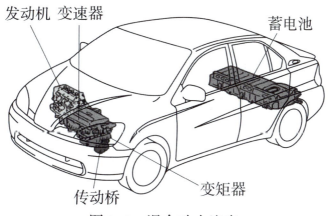

图 1-4　混合动力汽车

❹ 电动汽车(EV)

如图 1-5 所示,电动汽车具有许多优点,包括行驶时无废气排放和低噪声。电动汽车使用动力蓄电池驱动电机,而不是使用燃油,但动力蓄电池需要充电。

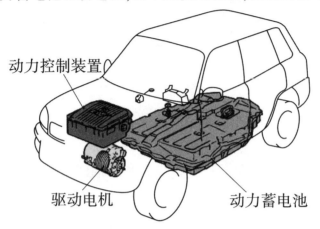

图 1-5　电动汽车

三　汽车的总体布置形式

为满足不同的使用要求,汽车的总体构造和布置形式可以各不相同。按照发动机和各个总成的相对位置不同,现代汽车的布置形式通常有发动机前置前轮驱动、发动机前置后轮驱动、发动机后置后轮驱动、发动机中置后轮驱动、四轮驱动 5 种。

❶ 发动机前置前轮驱动(FF)

如图 1-6 所示,发动机前置前轮驱动是现代大多数轿车使用的布置形式。该形式具有结构紧凑、质量轻等特点,由于没有传动轴,故乘员室内宽敞、舒适。

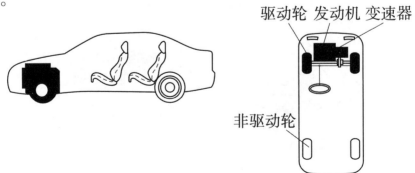

图 1-6　发动机前置前轮驱动布置示意图

❷ 发动机前置后轮驱动(FR)

如图1-7所示,发动机前置后轮驱动布置形式具有很好的重平衡,控制性和稳定性好。

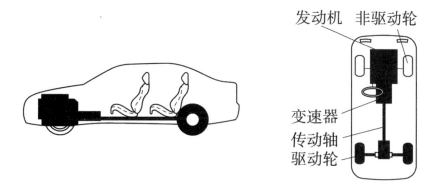

图1-7　发动机前置后轮驱动布置示意图

❸ 发动机后置后轮驱动(RR)

如图1-8所示,发动机后置后轮驱动布置形式具有室内噪声小和空间利用率高等优点。

图1-8　发动机后置后轮驱动布置示意图

❹ 发动机中置后轮驱动(MR)

如图1-9所示,发动机中置后轮驱动布置形式是方程式赛车和大多数跑车采用的布置形式。该形式将功率和尺寸很大的发动机布置在驾驶员座椅和后轴之间,使前桥和后桥上有很好的重平衡,易于控制。

❺ 四轮驱动(4WD)

如图1-10所示,四轮驱动布置形式是指汽车4个车轮都是驱动轮,可以在路况不理想的状况下保持稳定行驶,通常越野汽车采用这种布置形式。

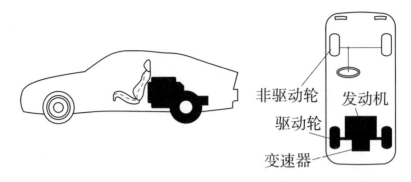

图 1-9　发动机中置后轮驱动布置示意图

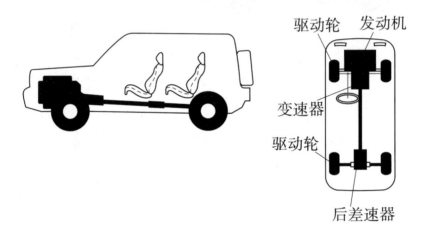

图 1-10　四轮驱动布置示意图

四 汽车的主要技术参数

1 汽车的主要外部尺寸（图 1-11）

车长：垂直于车辆纵向对称平面并分别抵靠在汽车前、后最外端突出部位的两垂直面间的距离，简单地说是汽车长度方向两极端点间的距离。

车宽：平行于车辆纵向对称平面并分别抵靠车辆两侧最外刚性固定突出部位（除后视镜、侧面标志灯、方位灯、转向指示灯等）的两平面之间的距离。

车高：车辆最高点与车辆支承平面之间的距离。

轴距：车辆同侧相邻前后两个车轮的中心点间的距离。

轮距：在支承平面上，同轴左右车轮两轨迹中心间的距离（轴两端为双轮时，为左右两条双轨迹的中线间的距离）。

前悬：汽车最前端至前轴中心的水平距离。

后悬：汽车最后端至后轴中心的水平距离。

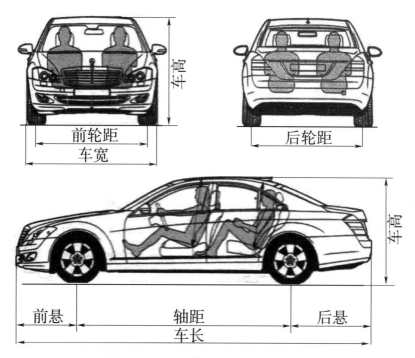

图 1-11 汽车的主要外部尺寸

❷ 汽车的机动性和通过参数(图 1-12)

图 1-12 汽车的机动性和通过参数

接近角:汽车满载静止时,汽车前端突出点向前轮所引切线与地面的夹角。

离去角:汽车满载静止时,汽车后端突出点向后车轮引切线与路面的夹角。

纵向通过角:汽车满载静止时,在汽车侧视图上分别通过前、后车轮外缘作切线交于车体下部较低部位所形成的最小锐角。

最小离地间隙:汽车在满载(允许最大荷载质量)的情况下,其底盘最突出部位与水平地面的距离。

转弯直径:转向盘转到极限位置时,内外转向轮的中心平面在车辆支承平面上的轨迹圆直径。

❸ 汽车的质量参数

整车干质量:装备有车身、全部电气设备和汽车正常行驶所需的辅助设备的完整汽车的质量。

整车装备质量:整车干质量、冷却液质量、燃料(不少于整个油箱的90%)质量和随车件(备胎、灭火器、标准备件和随车工具等)质量之和。

最大总质量:汽车满载时的质量。

最大装载质量:最大总质量与整车装备质量之差。

最大轴载质量:汽车单轴所承载的最大总质量。

思考与练习

(一)填空题

(1)汽车通常由_____、_____、_____和_____四部分组成。

(2)汽车按照驱动力类型可以分为_____、_____、_____和_____等。

(3)汽车的总体布置形式有_____、_____、_____、_____和_____。

(4)最大装载质量是指_____与_____之差。

(二)判断题

(1)底盘的作用是支撑、安装汽车发动机及其各部件、总成。( )

(2)柴油发动机具有高转矩和燃油经济性能好等特点,广泛应用于货车和SUV中。( )

(3)现代大多数轿车使用的布置形式是发动机前置后轮驱动布置。( )

(4)离去角是指汽车空载时,汽车后端突出点向后车轮引切线与路面之间的夹角。( )

(三)简答题

(1)汽车常见的总体布置形式有哪几种?各种形式的特点是什么?

(2)发动机的作用是什么?它由哪几大机构和系统组成?

单元二　发动机总体构造及工作原理

学习目标

1. 能识别发动机的两大机构和五大系统；
2. 能叙述发动机基本工作原理；
3. 能叙述发动机的主要性能指标与特性；
4. 能查找发动机舱的主要部件。

建议课时

4课时。

发动机是由许多机构和系统组成的复杂机器，为汽车行驶提供动力，可以说是汽车的心脏。发动机的工作状况关系着汽车的动力性、经济性和环保性。

发动机总体构成

一　发动机的作用和总体构造

如图2-1所示，发动机又称内燃机，是将液体燃料或气体燃料与空气混合后直接输入机器内部燃烧产生热能，热能再转变为机械能的机器。常见的车用发动机有汽油发动机和柴油发动机两种。

汽油发动机通常由两大机构和五大系统组成，即由曲柄连杆机构、配气机构、燃料供给系统、点火

图2-1　典型的发动机

系统、起动系统、冷却系统和润滑系统。

❶ 曲柄连杆机构

曲柄连杆机构是将活塞的往复直线运动转变为旋转运动而输出动力的机构。

如图2-2所示,曲柄连杆机构由机体组、活塞连杆组和曲轴飞轮组三部分组成。在做功行程中,活塞承受燃气压力在汽缸内做直线运动,通过连杆转换成曲轴的旋转运动,并从曲轴对外输出动力。而在进气、压缩和排气行程中,飞轮释放能量又把曲轴的旋转运动转化成活塞的直线运动。

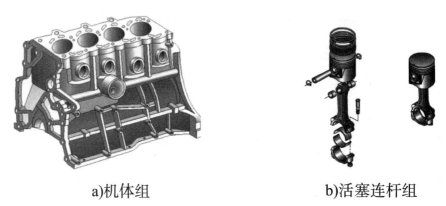

a)机体组　　　　　　　　b)活塞连杆组

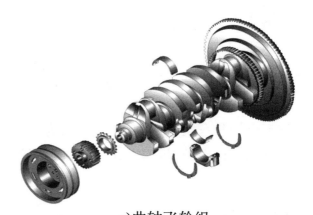

c)曲轴飞轮组

图2-2　曲柄连杆机构的组成

❷ 配气机构

配气机构是根据发动机的工作顺序和各缸工作循环的要求,及时地开启和关闭进、排气门,使可燃混合气(汽油发动机)或新鲜空气(柴油发动机)进入汽缸,并将废气排出。

如图2-3所示,配气机构主要由气门组和气门传动组组成。气门组包括气门、气门导管、气门座及气门弹簧等部件;气门传动组主要包括凸轮轴、正时齿轮、挺柱及其导杆、推杆、摇臂和摇臂轴等部件。

❸ 燃料供给系统

汽油机燃料供给系统是根据发动机的要求,配制出一定数量和浓度的混合气,供入汽缸,并将燃烧后的废气从汽缸内排出到大气中。

如图 2-4 所示,汽油机燃料供给系统由燃油箱、燃油滤清器、燃油泵、节气门体和喷油器等组成。

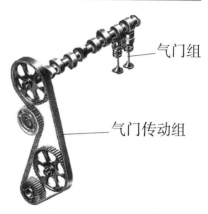

图 2-3　配气机构

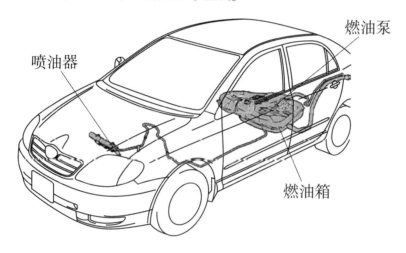

图 2-4　燃料供给系统

❹ 点火系统

汽油机点火系统能够适时、准确、可靠地在汽缸内产生火花,以点燃可燃混合气,使汽油机实现做功。发动机 ECU(电子控制单元)根据各个传感器发来的信号,进行控制,达到最佳的点火正时。

如图 2-5 所示,点火系统通常由蓄电池、发电机、点火线圈、火花塞和发动机 ECU 等组成。

❺ 起动系统

要使发动机由静止状态过渡到工作状态,必须先用外力转动发动机的曲轴,才能使发动机工作。起动系统就是通过起动机将蓄电池的电能转换成机械能,起动发动机运转。

如图 2-6 所示,起动系统由蓄电池、点火开关、起动继电器和起动机等组成。

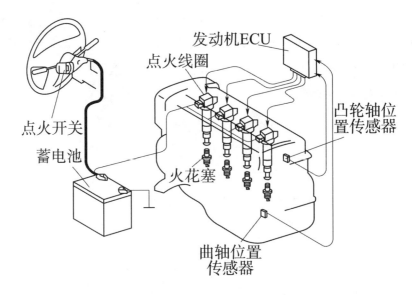

图 2-5 点火系统

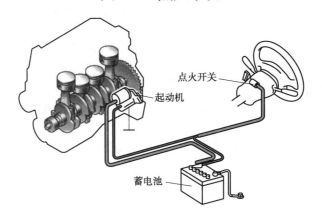

图 2-6 起动系统

6 冷却系统

发动机冷却系统的作用是使发动机温度升到正常工作温度后保持工作温度,从而保证发动机的正常工作。

如图 2-7 所示,一般发动机的冷却系统组成大体相同,主要由水泵、水套、散热器、节温器和冷却风扇等组成。

7 润滑系统

润滑系统是在发动机工作时连续不断地将足够数量、适当温度的清洁机油供给发动机各摩擦表面,从而减小阻力、降低功率消耗、减轻机件磨损,以达到提高发动机工作可靠性和耐久性的目的。润滑系统的构成如图 2-8 所示。

单元二 发动机总体构造及工作原理

图 2-7 冷却系统

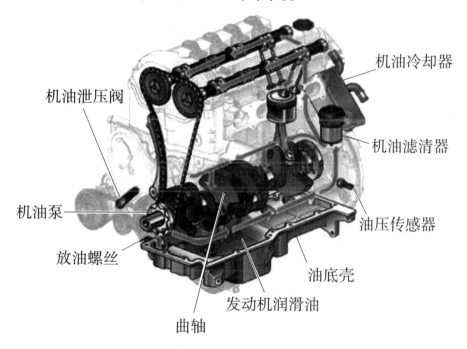

图 2-8 润滑系统

二 发动机基本工作原理

(一)单缸发动机结构及常用术语

图 2-9 所示为单缸四冲程汽油机的基本结构。汽缸体内圆柱形腔体称为汽缸,内装有活塞,活塞通过活塞销、连杆与曲轴相连接。活塞在汽缸内做往复直线运动,通过连杆推动曲轴做旋转运动。在汽缸盖上装有进排气门,通过凸轮轴控制进排气门开启和关闭,实现向汽缸内充入新鲜可燃混合气并将燃烧后的废气排出汽缸。

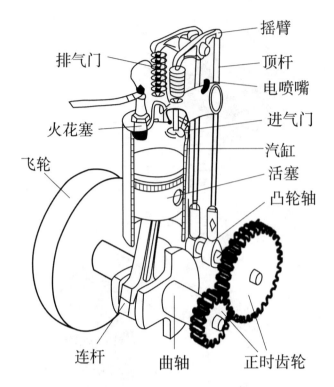

发动机基本名词术语

图 2-9 单缸四冲程汽油机的结构示意图

如图 2-10a)所示,活塞在汽缸里做往复直线运动时,活塞向上运动到最高位置,即活塞顶部距离曲轴旋转中心最远的极限位置,称为上止点(TDC)。

如图 2-10b)所示,活塞在汽缸里做往复直线运动时,活塞向下运动到最低位置,即活塞顶部距离曲轴旋转中心最近的极限位置,称为下止点(BDC)。

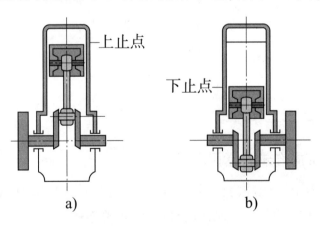

图 2-10 上止点和下止点

如图 2-11 所示,活塞从一个止点到另一个止点移动的距离,即上下止点之间的距离称为活塞行程。对应一个活塞行程,曲轴旋转一个 180°。

单元二　发动机总体构造及工作原理

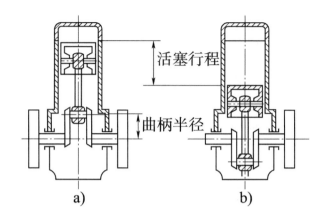

图 2-11　活塞行程和曲柄半径

曲轴旋转中心到曲柄销中心之间的距离称为曲柄半径。通常情况下，活塞行程为曲柄半径的两倍。

如图 2-12 所示，活塞从一个止点运动到另一个止点所扫过的容积，称为汽缸工作容积或汽缸排量；活塞位于上止点时，其顶部与汽缸盖之间的容积称为燃烧室容积；活塞位于下止点时，其顶部与汽缸盖之间的容积称为汽缸总容积，汽缸总容积就是汽缸工作容积和燃烧室容积之和。

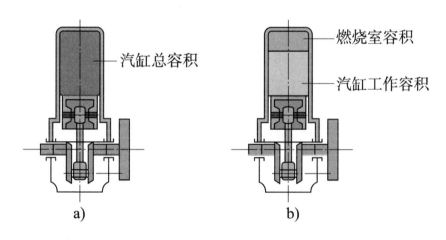

图 2-12　汽缸工作容积、燃烧室容积和汽缸总容积

发动机排量指多缸发动机各汽缸工作容积的总和。

如图 2-13 所示，气体压缩前的容积与气体压缩后的容积之比值，即汽缸总容积与燃烧室容积之比称为压缩比。压缩比是发动机指标中一个非常重要的概念，它表示气体的压缩程度。

在汽缸内进行的每一次将燃料燃烧的热能转换为机械能的一系列连续过程（进气、压缩、做功、排气），称为发动机的一个工作循环。

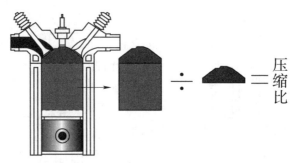

图 2-13 压缩比

（二）单缸四冲程发动机的工作原理

发动机每个工作循环是由进气行程、压缩行程、做功行程和排气行程四个过程组成，即四冲程。四冲程发动机又分为四冲程汽油机和四冲程柴油机，两者的主要区别是点火方式不同：汽油机采用点燃方式，而柴油机是压燃方式。

❶ 四冲程汽油机的工作原理

如图 2-14 所示，四冲程汽油机的运转是按进气行程、压缩行程、做功行程和排气行程的顺序不断循环反复的。

四冲程汽油机工作原理

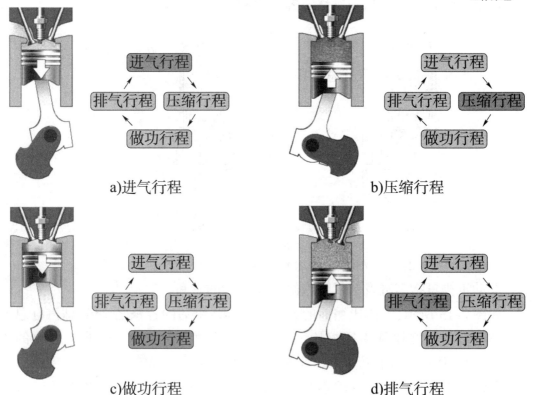

图 2-14 四冲程汽油机工作原理

(1)进气行程。在进气行程中,活塞在曲轴和连杆的带动下由上止点向下止点运行,这时进气门开启,排气门关闭。在活塞由上止点向下止点运动过程中,由于活塞上方汽缸容积逐渐增大,形成一定的真空度。这样,可燃混合气通过进气门被吸入汽缸,直到活塞到达下止点时,进气行程结束。

(2)压缩行程。活塞在曲轴和连杆的带动下由下止点向上止点运动,此时进排气门处于关闭状态。由于活塞上方汽缸容积逐渐减小,进入汽缸内的可燃混合气被压缩,温度和压力不断升高,直到活塞到达上止点时,压缩行程结束。

(3)做功行程。这时进气门和排气门均处于关闭状态,当活塞运动到接近压缩行程上止点附近时,火花塞跳火点燃汽缸内的可燃混合气,使缸内气体的温度和压力同时升高,高温高压的气体膨胀,推动活塞由上止点向下止点运动,并通过连杆带动曲轴旋转输出机械能,直到活塞到达下止点时,做功行程结束。

(4)排气行程。在做功行程结束后,汽缸内的可燃混合气燃烧后产生废气。此时排气门开启,进气门处于关闭状态,活塞在曲轴和连杆的带动下由下止点向上止点运动,汽缸内的废气经排气门排出,直到活塞到达上止点时排气行程结束。

排气行程结束后,进气门再次开启,又开始下一个工作循环,如此周而复始,发动机就连续运转。发动机工作时,需要连续不断地进行循环,在每个循环中都是依次完成进气、压缩、做功和排气四个活塞行程。

❷ 四冲程柴油机的工作原理

四冲程柴油机的工作原理如图 2-15 所示。与四冲程汽油机一样,四冲程柴油机每个工作循环也是由进气、压缩、做功和排气四个活塞行程组成。但由于柴油和汽油使用性能的不同,柴油机在可燃混合气的形成方式、着火方式等方面与汽油机有较大的区别。这里主要介绍四冲程柴油机与四冲程汽油机工作原理的不同之处。

(1)进气行程。柴油机在进气行程中,进入汽缸的是纯空气,而不是可燃混合气。

(2)压缩行程。柴油机在压缩行程中,压缩的是进气行程中进入汽缸内的纯空气。由于柴油机压缩比高,故压缩终了时缸内气体的压力和温度均高于汽油机。

(3)做功行程。柴油机做功行程与汽油机有很大区别。在压缩行程接近上止点时,喷油泵经喷油器泵出高压柴油,呈雾状喷入汽缸内的高温空气中,柴油迅速吸热、蒸发、扩散,与空气混合形成可燃混合气。由于此时汽缸内的温度远高于柴油的自燃温度,形成的可燃混合气自行着火燃烧,随后的一段时间内边喷油、边混合、边燃烧,汽缸内的温度和压力迅速升高,推动活塞下行做功。

(4)排气行程。柴油机的排气行程与汽油机基本相同。

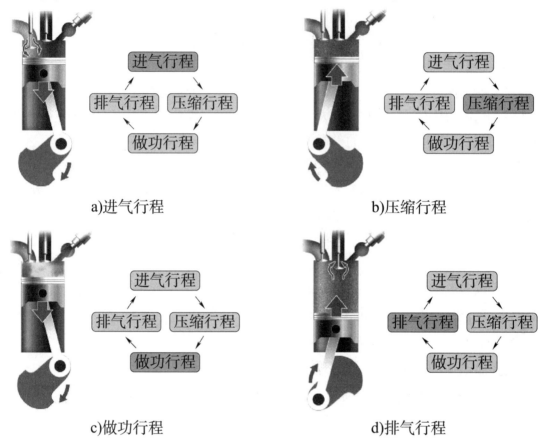

a)进气行程　　　　　　　　　b)压缩行程

c)做功行程　　　　　　　　　d)排气行程

图2-15　四冲程柴油机工作原理

(三)多缸四冲程发动机的工作原理

单缸四冲程发动机每个工作循环所经历的四个活塞行程中,只有做功行程为有效行程,其他三个行程均为消耗机械功的辅助行程。发动机曲轴在做功行程中转速快,在其他行程中转速慢。所以,一个工作循环中,曲轴的转速是不均匀的。为了保证发动机运转平稳,现代汽车发动机都采用多缸四冲程发动机,应用最多的是四缸、六缸和八缸发动机。

多缸四冲程发动机每个汽缸所经历的工作循环与单缸四冲程发动机相同,但各缸的做功行程并非同时进行,而是按一定顺序进行。因此,对多缸四冲程发动机来说,曲轴每转两周,各缸分别做功一次,且各缸做功间隔角(以曲轴转角表示)保持一致。对于缸数为 i 的四冲程直列式发动机而言,做功间隔角为 $720°/i$。汽缸数越多,发动机越平稳,但结构也越复杂。

三 发动机的主要性能指标与特性

(一) 发动机的主要性能指标

发动机的主要性能指标有动力性指标(有效转矩、有效功率、转速等)和经济性指标(燃油消耗率)。

(1) 有效转矩。发动机通过飞轮对外输出的转矩称为有效转矩,用 T_e 表示。有效转矩与外界施加于发动机曲轴上的阻力矩相平衡。

(2) 有效功率。发动机通过飞轮对外输出的功率称为发动机的有效功率,用 P_e 表示,它等于有效转矩与曲轴角速度的乘积。

(3) 燃油消耗率。发动机每发出 1kW 有效功率,在 1h 内所消耗的燃油质量(以 g 为单位),称为燃油消耗率,用 g_e 表示。很明显,燃油消耗率越低,经济性越好。

(二) 发动机特性

发动机的性能是随着许多因素而变化的,其变化规律称为发动机特性。

① 发动机转速特性

发动机转速特性是指发动机的有效功率 P_e、有效转矩 T_e 和燃油消耗率 g_e 三者随曲轴转速 n 变化的规律。当节气门开到最大时,得到的特性是总功率特性,也称为发动机外特性(图 2-16),它代表了发动机具有的最高动力性能;在节气门其他开度情况下得到的特性称为部分特性。

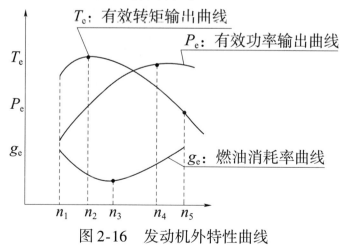

图 2-16 发动机外特性曲线

如图 2-16 所示,当曲轴转速为 n_2 时,发动机输出最大转矩。当曲轴转速为 n_4

时，有效功率 P_e 达到最大值。发动机最小燃油消耗率 g_e 的相应转速为 n_3，它的数值一般是介于 n_2 和 n_4 之间。

要根据汽车实际工作情况选择合适的发动机转速 n。如超车时，一般选择发动机有效功率 P_e 最大值所对应的发动机转速；爬陡坡时选择发动机有效转矩 T_e 最大值所对应的发动机转速；而一般情况下尽量选择燃油消耗率 g_e 最小值所对应的发动机转速，以提高燃油经济性。

❷ 发动机工作状况

发动机工作状况（简称发动机工况），一般使用其功率与曲轴转速来表示，有时也可用负荷与曲轴转速来表示。

发动机在某一转速下的负荷就是当时发动机发出的功率与同一转速下可能输出的最大功率之比，以百分数表示。在同一转速下，节气门开度越大表示负荷越大。

四 技能训练——查找发动机舱内主要部件

观察图 2-17 并结合实物，找出下列部件的位置。

起动机；发电机；蓄电池；点火线圈；喷油器；机油加注口；机油标尺；冷却液加注口；冷却风扇。

图 2-17 发动机舱

(一) 填空题

(1) 汽油发动机通常由_____机构、_____机构、_____系统、

_____系统、_____系统、_____系统和_____系统组成。

(2)曲柄连杆机构主要由_____、_____、_____等组成。

(3)配气机构主要由_____和_____组成。

(4)四冲程汽油机每一个工作循环包括4个活塞行程,即_____、_____、_____和_____。

(5)发动机的动力性指标主要有_____、_____、_____等;经济性指标主要是_____。

(二)判断题

(1)多缸发动机各汽缸的总容积之和,称为发动机排量。　　　　(　　)

(2)活塞行程是曲柄旋转半径的2倍。　　　　　　　　　　　　(　　)

(3)发动机最经济的燃油消耗率对应转速在最大转矩转速与最大功率转速之间。　　　　　　　　　　　　　　　　　　　　　　　　　　　　(　　)

(4)发动机的燃油消耗率越小,经济性越好。　　　　　　　　　　(　　)

(5)发动机在同一转速下,节气门开度越大表示负荷越大。　　　　(　　)

(三)简答题

(1)汽油发动机主要由两大机构和五大系统组成,各部分的主要作用是什么?

(2)简述四冲程汽油机工作过程。

(3)柴油机与汽油机的工作原理有何异同?

单元三　曲柄连杆机构

 学习目标

1. 能叙述曲柄连杆机构的作用、组成以及各组成的结构和作用；
2. 能在实物上找出曲柄连杆机构部件的位置；
3. 能叙述曲柄连杆机构的新技术；
4. 能正确判断曲柄连杆机构部件是否有故障。

 建议课时

6课时。

曲柄连杆机构是往复式内燃机中的动力传递机构，是发动机实现工作循环、完成能量转换的主要运动部分。

一　曲柄连杆机构的组成与类型

曲柄连杆机构的作用是把燃料燃烧产生的热能通过活塞的往复运动和曲轴的旋转运动转变为机械能，不断输出动力，在其他行程，则依靠飞轮的转动惯性，通过连杆带动活塞上下运动，为下一次做功创造条件。

如图3-1所示，曲柄连杆机构由机体组、活塞连杆组和曲轴飞轮组三部分组成。

如图3-2所示，按发动机汽缸的排列方式不同，曲柄连杆机构有V形、直列、水平对置和W形等几种类型。

单元三　曲柄连杆机构

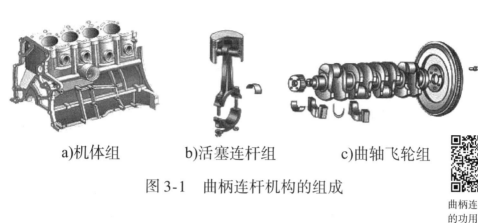

a)机体组　　　　b)活塞连杆组　　　　c)曲轴飞轮组

图 3-1　曲柄连杆机构的组成

曲柄连杆机构的功用

a)V形　　　　　　　　　　　　b)直列

 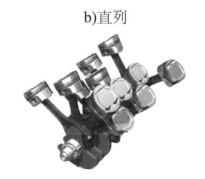

c)水平对置　　　　　　　　　　d)W形

图 3-2　曲柄连杆机构的类型

二　机体组

机体组是发动机各机构和各系统的安装基础,必须要有足够的强度和刚度。如图 3-3 所示,机体组包括汽缸体、汽缸盖、汽缸垫、汽缸盖罩及油底壳等。

❶ 汽缸体

如图 3-4 所示,汽缸体是发动机的主体,上部为汽缸,下部为曲轴箱,内部还有冷却水管和润滑油道等,是安装活塞、曲轴以及其他零件和附件的支承骨架。

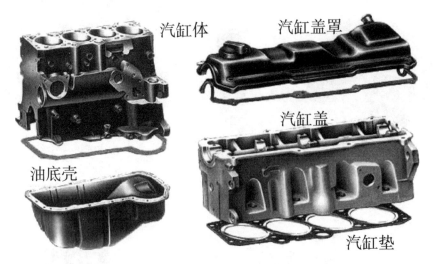

图 3-3　机体组的组成

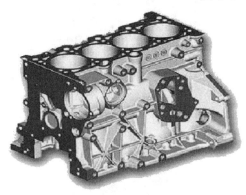

图 3-4　汽缸体

汽缸体有直列、V 形和水平对置三种形式,在汽车上常用直列和 V 形两种。V 形和水平对置式汽缸体如图 3-5 所示。

汽缸内表面由于受高温高压燃气的作用,并与高速运动的活塞接触而易磨损。为提高汽缸的耐磨性和延长汽缸的使用寿命,缸体内大多镶入汽缸套来作为汽缸工作表面。如图 3-6 所示,汽缸套分为干式和湿式两种。

a) V 形式汽缸体　　　　　　b) 水平对置式汽缸体

图 3-5　汽缸体的形式

 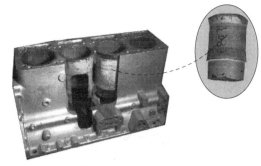

a) 干式汽缸套　　　　　　　　　b) 湿式汽缸套

图 3-6　汽缸套

干式汽缸套外表面不直接与冷却液接触，其壁厚一般为 1～3mm，不易漏水漏气。湿式汽缸套外表面直接与冷却液接触，冷却效果好，其壁厚比干式汽缸套大，一般为 5～9mm，散热效果好，但易漏水漏气，易穴蚀。

❷ 汽缸盖

汽缸盖的主要作用是封闭汽缸上部，与活塞顶部和汽缸壁一起构成燃烧室。如图 3-7 所示，燃烧室的形状对发动机工作影响很大，主要有半球形、楔形、浴盆形等几种形式。

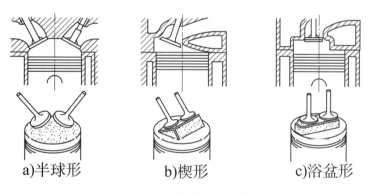

a) 半球形　　　　b) 楔形　　　　c) 浴盆形

图 3-7　燃烧室形状

如图 3-8 所示，一般水冷式发动机汽缸盖内铸有冷却水套，缸盖下端面与缸体上端面所对应的水套是相通的，利用水的循环来冷却燃烧室壁等高温部位。此外，汽缸盖上还有进排气门座导管孔和进排气通道等。汽油机汽缸盖还应有火花塞孔，柴油机则设有安装喷油器的座孔。

❸ 汽缸垫

如图 3-9 所示，汽缸盖与汽缸体之间的汽缸垫可保证汽缸盖与汽缸体间的密封，防止燃烧室漏气和水套漏水。汽缸垫的材料要有一定的弹性，能补偿结合面的不平度,以确保密封,同时要有好的耐热性和耐压性,在高温高压下不烧损、不变形。

拆卸汽缸垫
和汽缸盖

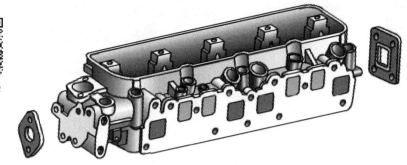

图 3-8　汽缸盖

安装汽缸垫
和汽缸盖

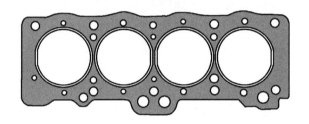

图 3-9　汽缸垫

❹ 汽缸盖罩

汽缸盖罩起封闭和防尘作用,由薄钢板冲压而成,上设机油加注口和曲轴箱通风口。

❺ 油底壳

如图 3-10 所示,油底壳的主要作用是储存机油并封闭曲轴箱。油底壳受力很小,一般采用薄钢板冲压而成。为了保证在发动机纵向倾斜时机油泵能正常吸到机油,油底壳后部一般做得较深。油底壳内部设的挡油板可防止汽车行驶时油面波动过大。部分放油塞有磁性,能吸集机油中的金属屑,减少发动机零件磨损。

三 活塞连杆组

如图 3-11 所示,活塞连杆组由活塞、活塞环、活塞销、连杆等组成。

(一)活塞

活塞的作用是与汽缸盖、汽缸壁等共同组成燃烧室,承受汽缸中的气体压力,并通过活塞销将作用力传给连杆,以推动曲轴旋转。它在高温、高压、润滑条件差的工作环境下做高速往复运动。如图 3-12 所示,活塞可分为顶部、头部和裙部三部分。

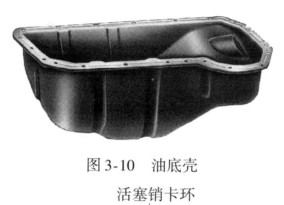

图 3-10　油底壳

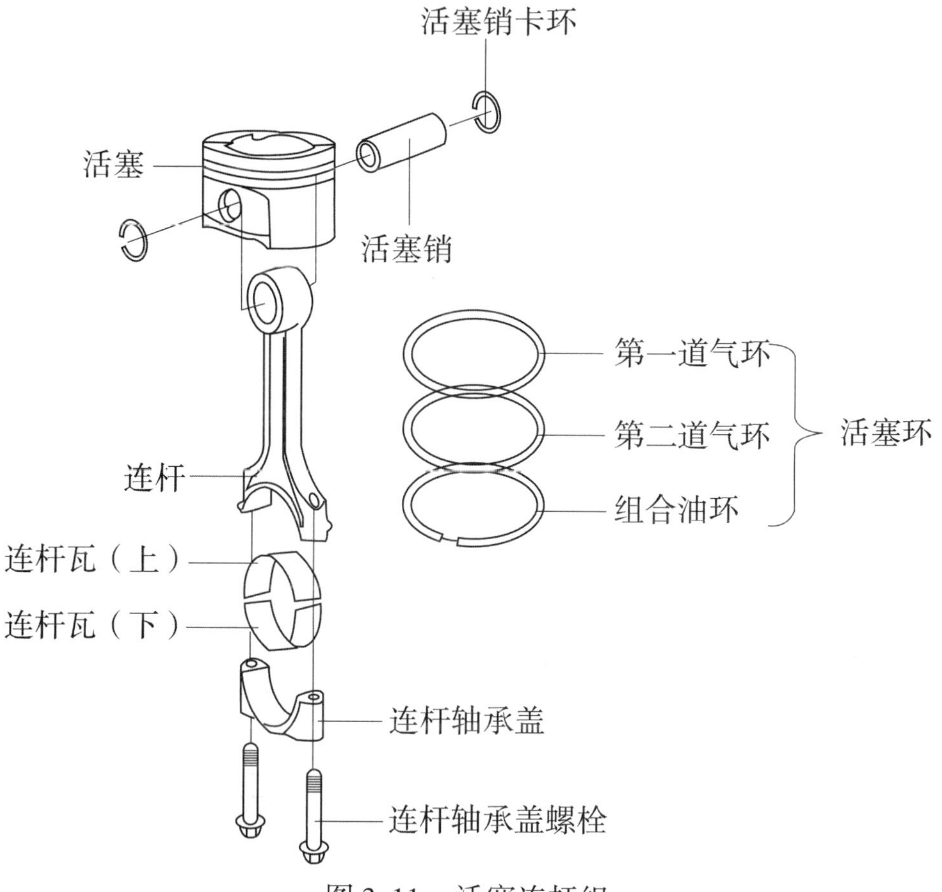

图 3-11　活塞连杆组

1 **活塞顶部**

活塞顶部是燃烧室的组成部分,并承受气体压力,其形状取决于燃烧室的形式。如图 3-13 所示,常见的活塞顶部形状有平顶式、凸顶式和凹顶式。

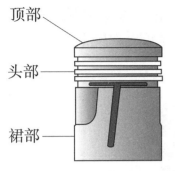

图 3-12 活塞

❷ 活塞头部

活塞顶到油环下端面之间的部分是活塞头部,用于安装活塞环。活塞头部与活塞环共同密封汽缸,防止混合气泄漏到曲轴箱内,导热,承受气体压力并传递出去。

❸ 活塞裙部

活塞裙部是活塞环槽以下的所有部分,包括销座孔。它对活塞在汽缸内的往复运动起导向作用,并承受侧压力,防止破坏油膜。

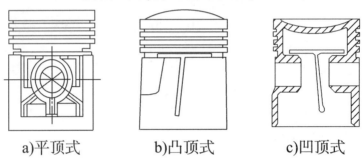

a)平顶式　　　b)凸顶式　　　c)凹顶式

图 3-13 活塞顶部形式

(二)活塞环

如图 3-14 所示,活塞环安装在活塞环槽内,分为油环和气环。汽油机一般有 2~3 道环槽,上面 1~2 道用来安装气环,最下面的一道用来安装油环。

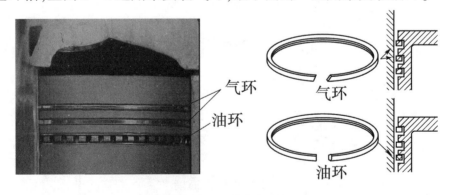

图 3-14 活塞环

气环保证汽缸与活塞间的密封性,防止漏气,并且要把活塞顶部吸收的大部分热量传给汽缸壁,由冷却液带走。

在油环槽底面上钻有许多径向回油孔,当活塞向下运动时,油环把汽缸壁上多余的机油刮下来,经回油孔流回油底壳。

(三)活塞销

活塞销的作用是连接活塞和连杆小头,并将活塞所受的气体作用力传给连杆。活塞销与活塞销座孔和连杆小头衬套孔的连接采用全浮式和半浮式。图 3-15a) 所示为全浮式连接,活塞销可以在孔内自由转动;图 3-15b) 所示为半浮式连接,销与连杆小头之间为过盈配合,工作中不发生相对转动,与活塞销座孔之间为间隙配合。

a) 全浮式连接　　　　b) 半浮式连接

图 3-15　活塞销的连接方式

(四)连杆

连杆将活塞承受的力传给曲轴,并使活塞的往复运动转变为曲轴的旋转运动。如图 3-16 所示,连杆由连杆体、连杆盖、连杆螺栓和连杆轴瓦等零件组成,连杆体与连杆盖分为连杆小头、杆身和连杆大头。

连杆小头用来安装活塞销,以连接活塞。如图 3-17 所示,杆身通常做成工字形或 H 形断面,力求在满足强度和刚度要求的前提下减少质量。

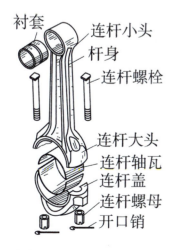 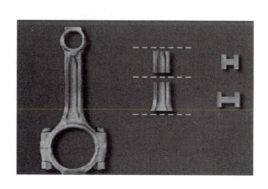

图 3-16　连杆的组成　　　　图 3-17　连杆杆身

连杆大头与曲轴的连杆轴颈相连。连杆盖和杆身通过螺栓连接为一体。

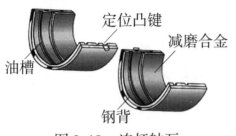

图 3-18　连杆轴瓦

如图 3-18 所示,连杆轴瓦安装在连杆大头孔座中,与曲轴上的连杆轴颈装在一起,是发动机中最重要的配合副之一。为增加连杆轴瓦的耐磨性,其内侧材料通常是减磨合金,常用的减磨合金主要有白合金、铜铅合金和铝基合金。

四　曲轴飞轮组

曲轴飞轮组主要由曲轴、飞轮和一些附件组成。

1　曲轴

曲轴是发动机最重要的机件之一,其作用是将活塞连杆组传来的气体作用力转变成旋转力矩对外输出,并驱动发动机的配气机构及其他辅助装置工作。曲轴工作时需要承受气体压力、惯性力、惯性力矩和交变载荷的冲击,因此,对曲轴的刚度、强度、润滑性、耐磨性和动平衡精度要求较高。

如图 3-19 所示,曲轴包括前端轴、曲轴轴颈、连杆轴颈、曲柄、平衡重、后端轴等,一个连杆轴颈和它两端的曲柄及主轴颈构成一个曲拐。

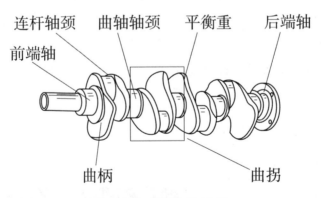

图 3-19　曲轴的结构

曲轴上有贯穿主轴颈、曲柄和连杆轴颈的油道,以便润滑主轴颈和连杆轴颈。曲柄用来连接主轴颈和连杆轴颈。平衡重用来平衡各机件产生的离心惯性力及其力矩。曲轴在装配前必须经过动平衡校验,对不平衡的曲轴,常在其偏重的一侧平衡重或曲柄上钻去一部分质量,以达到平衡的要求。曲轴的轴向定位一般采用止推片或翻边轴瓦,定位装置装在前端第一道主轴承处或中部某轴承处。

如图3-20所示,曲轴前端主要用来驱动配气机构、水泵和风扇等附属机构,前端轴上安装有正时齿轮(或同步带轮)、风扇与水泵的带轮、扭转减振器以及起动爪等。曲轴后端采用凸缘结构,用来安装飞轮。

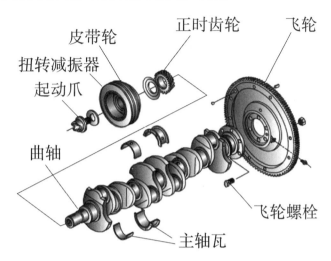

图3-20　曲轴的装配

❷ 飞轮

如图3-21所示,飞轮是一个转动惯量很大的圆盘,外缘上压有一个齿圈,与起动机的驱动齿轮啮合,供起动机起动发动机时使用。飞轮将在做功行程中输入曲轴的能量的一部分储存起来,用以在其他行程中克服阻力,带动曲柄连杆机构越过上、下止点,保证曲轴的旋转角速度和输出转矩尽可能均匀,并使发动机有可能克服短时间的超载荷,同时将发动机的动力传给离合器。

如图3-22所示,飞轮上通常有一个上止点记号和点火提前角刻度线(汽油机)或供油提前角刻度线(柴油机),以便调整和检验点火正时、供油提前角和气门间隙。

图3-21　飞轮　　　　　　　　　图3-22　飞轮的安装标记

五、技能训练

（一）曲柄连杆机构的使用注意事项

（1）新的或大修后的发动机,应按规定进行磨合,未经磨合,不允许满负荷工作。

（2）使用中应将冷却液温度、机油压力控制在规定范围内。

（3）不允许长时间超负荷工作,也不宜长时间怠速运转。

（4）重视润滑系统及空气滤清器的维护,以减少零件的磨损。

（5）不允许发动机长期"带病"工作,发现故障应及时查找并排除。

（二）曲柄连杆机构的维护

（1）定期检查曲柄连杆机构各零部件的连接、紧固和锁紧情况。

（2）定期清洗曲轴箱通气装置的滤芯填料。

（3）定期更换润滑油,并清洗机油道。

（4）经常检查油底壳油面高度或机油品质。

（三）判断曲柄连杆机构的故障

（1）图3-23所示故障为活塞故障。

图3-23　活塞故障

（2）图3-24所示故障为活塞环故障。

图3-24　活塞环故障

(一)填空题

(1)曲柄连杆机构在做功行程中,将燃料燃烧产生的热能通过_____变为机械能,对外输出动力;在其他行程中,则依靠_____,通过连杆带动_____,为下一次做功创造条件。

(2)机体组的主要零件有_____、_____、_____、_____等;活塞连杆组的主要零件有_____、_____、_____、_____等;曲轴飞轮组的主要零件有_____、_____、_____、_____等。

(3)活塞环气环的主要作用有_____和_____;活塞环油环的主要作用有_____和_____。

(4)油底壳的主要功用是_____和_____。

(二)判断题

(1)活塞环槽是活塞的最大磨损部位,特别是最后一道环槽最为严重。(　　)

(2)干式汽缸套较湿式汽缸套而言,最显著的特点是其汽缸壁较薄,一般为1~3mm。(　　)

(3)气环的作用是密封和散热,帮助油环从缸壁上向下刮油;油环的作用是刮除多余的机油,并帮助气环起密封作用。(　　)

(4)平衡重在修理时不要轻易拆卸,如必须拆卸,应注意按原装配位置装配。(　　)

(三)简答题

(1)现代发动机活塞都采用什么材料？对活塞有何要求？

(2)活塞、活塞销与连杆的连接形式有几种？各有什么特点？

(3)汽缸盖有什么作用？

单元四　配气机构

学习目标

1. 能叙述配气机构的作用和组成;
2. 能叙述配气机构气门组和气门传动组的组成和作用;
3. 能叙述气门间隙的作用;
4. 能叙述配气机构的新技术;
5. 能正确找到配气机构的正时标记。

建议课时

6课时。

为保证发动机的持续运转,进、排气门要保证不断吸入新鲜空气,同时也要及时排出燃烧后的废气。

一　配气机构的作用与认识

配气机构的功用

配气机构按照汽缸的工作顺序和工作过程的要求,适时地开启和关闭进、排气门,使新鲜可燃混合气(汽油机)或空气(柴油机)得以及时进入汽缸,废气得以及时从汽缸排出。

发动机的功率与汽缸内可燃混合气充满汽缸的程序即充气效率有关,进入汽缸的气体越多,可燃混合气燃烧时产生的热量越多,发动机功率越大。

为提高发动机功率,要求配气机构在结构上能有效减少进气和排气阻力,而且进、排气门的开启时刻和持续开启的时间比较适当,使进气和排气都尽可能充分。

二 配气机构的组成、类型和工作原理

(一)配气机构的组成

如图4-1a)所示,配气机构可以分为气门组和气门传动组。

如图4-1b)所示,气门组主要包括气门、气门座、气门导管、气门弹簧、锁片和油封等,气门传动组包括正时皮带(链条)、凸轮轴正时皮带轮(链轮)和凸轮轴等。

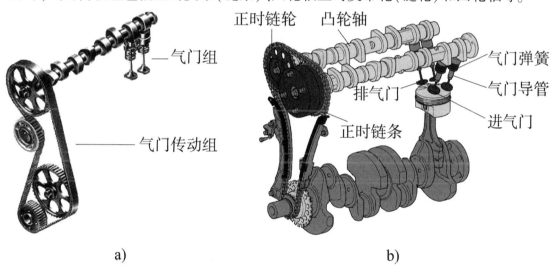

图4-1 配气机构的组成

(二)配气机构的类型

① 按气门的布置方式分类

如图4-2所示,按气门的布置方式分为气门顶置式配气机构和气门侧置式配气机构。气门顶置式配气机构是指气门位于汽缸盖上,由凸轮、挺柱、推杆、摇臂、气门和气门弹簧等组成。该形式进气阻力小,燃烧室结构紧凑,气流搅动大,能达到较高的压缩比,目前大部分汽车发动机都采用气门顶置式配气机构。

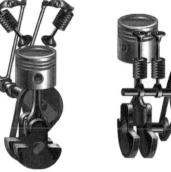

a)气门顶置式　b)气门侧置式

图4-2 气门的布置方式

❷ **按凸轮轴的布置方式分类**

如图 4-3 所示,按凸轮轴的布置方式分为凸轮轴上置式、中置式和下置式三种形式。凸轮轴上置式是由凸轮轴直接驱动气门或直接通过摇臂来驱动气门,该形式既无挺柱,又无推杆,往复运动质量大大减轻,适于高速发动机。

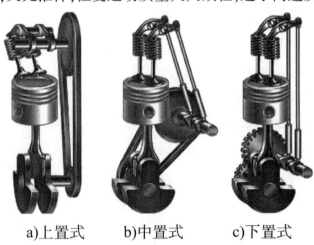

a)上置式　　　b)中置式　　　c)下置式

图 4-3　凸轮轴的布置形式

❸ **按凸轮轴的传动方式分类**

如图 4-4 所示,按凸轮轴的传动方式有齿轮传动、齿带传动和链条传动三种。链条传动适用于凸轮轴上置的配气机构,工作可靠性和耐久性较高;齿带传动具有噪声小、工作可靠和成本低的优点。目前,轿车广泛使用链条传动和齿带传动。

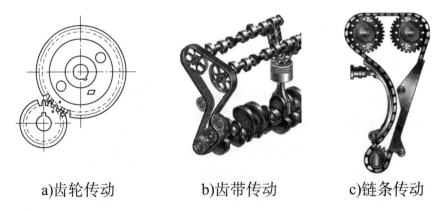

a)齿轮传动　　　b)齿带传动　　　c)链条传动

图 4-4　凸轮轴的传动方式

❹ **按气门数目及气道布置分类**

按气门数目及气道布置分为两气门和多气门。一般发动机是采用每缸四个气门结构,即每缸有两个进气门和两个排气门。为了提高充气效率,在可能的条件下,应尽量加大气门的直径,特别是进气门的直径。但气门直径过大会影响发动机紧凑性,为此汽车发动机多采用每缸多个气门的结构,即每缸多个进气门和多个排气门。

(三)配气机构的工作原理

如图4-5所示,凸轮轴上有与每个汽缸气门数目相同的凸轮,它由曲轴通过正时皮带或链条驱动,通过挺柱、推杆和调整螺钉,推动摇臂摆转,摇臂的另一端便向下推开气门,同时使弹簧进一步压缩;当凸轮的凸起部分的顶点转过挺柱以后,气门在其弹簧张力的作用下,开度逐渐减小,直至最后关闭,进气或排气过程结束。

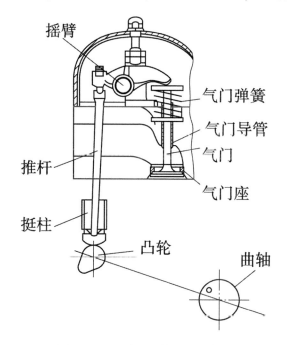

图4-5 配气机构的示意图

在四冲程发动机中,气门仅在每个循环(进气、压缩、燃烧和排气)的进气和排气行程中开启。在每个循环过程中,进气门和排气门的凸轮分别工作一次即凸轮轴旋转1圈。因此曲轴每旋转2圈,凸轮轴旋转1圈。

三 配气机构的组成

(一)气门组

如图4-6所示,气门组包括气门、气门座、气门导管、气门弹簧、锁片和弹簧座等。

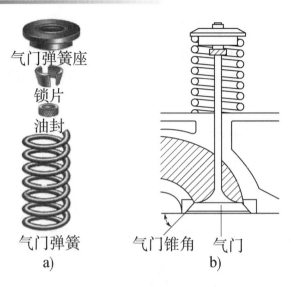

图 4-6　气门组的组成

❶ 气门

图 4-7 所示为典型的气门。要求气门有足够的强度、刚度、耐磨、耐高温、耐腐蚀和耐冲击。

❷ 气门导管

气门导管起导向作用,保证气门做直线往复运动,还起导热作用,将气门头部传给杆身的热量通过汽缸盖传出去。图 4-8 为典型的气门导管结构图。

图 4-7　气门　　　　图 4-8　气门导管

❸ 气门座

气门座与气门头部密封锥面配合密封汽缸,同时气门头部的热量亦经过气门座外传。

❹ 气门弹簧

气门弹簧的作用是保证气门回位。在气门关闭时,保证气门与气门座之间的密封;在气门开启时,保证气门不因运动时产生的惯性力而脱离凸轮。

(二)气门传动组

气门传动组一般包括凸轮轴、挺柱、推杆、摇臂和气门间隙调整螺钉等。

❶ 凸轮轴

如图4-9所示,凸轮轴的主要任务是控制气门的开启和关闭,每一个进、排气门分别有相应的进气凸轮和排气凸轮。凸轮的形状影响气门的开闭时刻及高度,凸轮的排列影响气门的开闭时刻和工作顺序。凸轮轴由曲轴驱动,其转速与曲轴转速之比为1:2,即凸轮轴转速只有曲轴转速的一半。

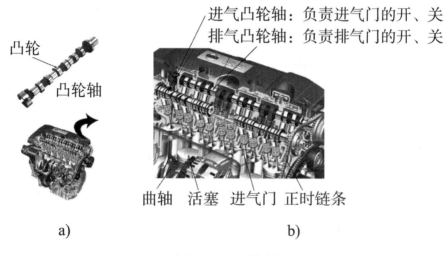

图4-9 凸轮轴

❷ 挺柱

图4-10所示为挺柱的结构,它的作用是将凸轮的推力传给推杆(或气门杆),并承受凸轮轴旋转时所施加的侧向力。近年来,液压挺柱(图4-11)被广泛采用。

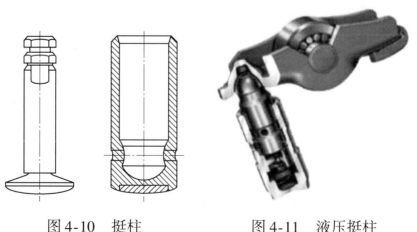

图4-10 挺柱　　图4-11 液压挺柱

3 摇臂

图 4-12 所示为摇臂结构。摇臂是一个双臂杠杆,将推杆传来的力改变方向,作用到气门杆端后打开气门。

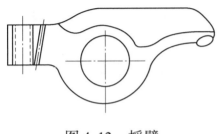

图 4-12 摇臂

4 正时皮带(正时链)

正时皮带或正时链在发动机中起到传动带的作用,在曲轴的带动下将力传递给凸轮轴,使之与曲轴同时旋转,以保证气门开闭与活塞往复运动的准时配合,确保发动机的正常运转。

四 气门间隙和配气相位

(一) 气门间隙

如图 4-13 所示,气门间隙是给热膨胀留有余地,在气门完全关闭(凸轮的凸起部分不顶挺柱)时,气门挺柱和凸轮之间预留一定的间隙。但气门间隙过大会导致发动机发生异常噪声(挺杆噪声)等;而气门间隙过小,会导致气门关闭不严等故障。

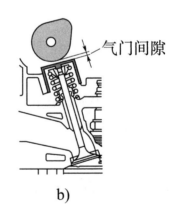

调节气门间隙

a) b)

图 4-13 气门间隙

(二) 配气相位

通常用环形图表示配气相位图(图 4-14)。配气相位是用曲轴转角表示的进、排气门的开启时刻和开启延续时间。

理论上,曲轴转角 720°,进气、压缩、做功、排气各占 180°。实际上,为增大汽缸内的进气量,进气门需要提前开启、延迟关闭;同样,为使汽缸内的废气排得更干净,排气门也需要提前开启、延迟关闭,这样才能保证发动机有效运转。

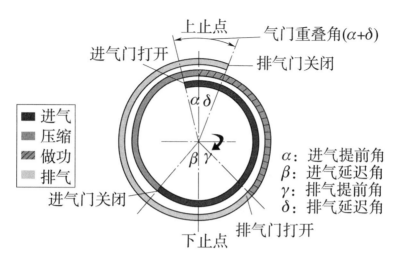

图 4-14　配气相位图

如图 4-15 所示,由于进气门早开,排气门晚关,势必造成在同一时间内两个气门同时开启,将两个气门同时开启时间相当的曲轴转角叫作气门重叠角。

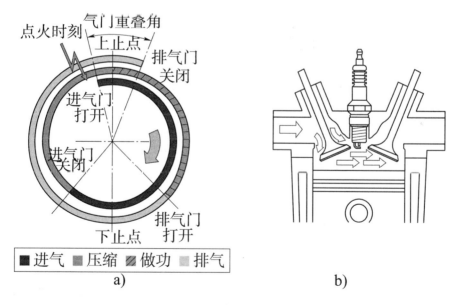

图 4-15　气门重叠角

五　配气机构新技术

一般发动机的配气相位和气门升程是固定不变的,因此无法适应在不同转速下对进排气的需求。

(一)智能可变气门正时系统

1 可变气门正时系统(VVT-i)

VVT-i系统是丰田公司的智能可变气门正时系统的英文缩写,其结构原理如图4-16所示。该系统是在凸轮轴上加装一套由ECU控制的液力机构,在不同行驶工况下自动搜寻一个对应发动机转速、进气量、节气门位置和冷却液温度的最佳气门正时,能有效地提高汽车的功率与性能,尽量减少耗油量和废气排放。

图4-16　丰田VVT-i可变气门正时系统结构原理示意图

2 可变气门正时系统(VTEC)

VTEC是能同时控制气门开闭时间及升程两种不同情况的气门控制系统,它能提高发动机不同转速、负荷以及不同车速的燃油效率,有效减少废气排放,如图4-17所示。

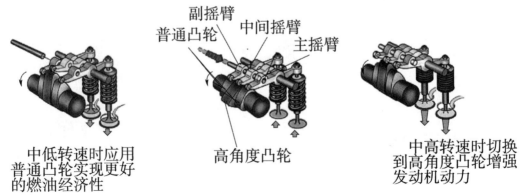

图4-17　可变气门正时系统结构原理示意图

❸ i-VTEC 系统

i-VTEC 系统是在 VTEC 系统的基础上,增加了一个称为可变正时控制(Variable Timing Control, VTC)的装置——进气门凸轮轴正时可变控制机构,即 i-VTEC = VTEC + VTC。VTC 机构的导入使发动机在大范围转速内都能有合适的配气相位,这在很大程度上提高了发动机的性能。

（二）电子气门调节系统

图 4-18 所示为 BMW 的电子气门调节系统,它可以无级调节进气门升程,发动机可以通过调节气门升程来改变转速。在发动机转速较低时,进气门开启量较小;发动机转速高时,进气门开启量大。

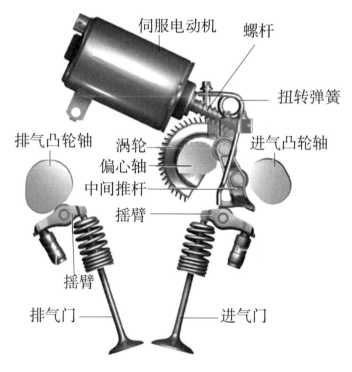

图 4-18 BMW 电子气门调节系统

（三）可变进气技术

通过改变进气歧管的长度和截面积,提高燃烧效率,能使发动机在低转速时更平稳、转矩更充足,高转速时更顺畅、功率更强大。发动机在低转速时,要求进气歧管又长又细,这样可以增加进气的气流速度和气压强度,并使汽油可以雾化得更好,燃烧得更好,提高了转矩。发动机在高转速时需要大量混合气,要求进气歧管又粗又短,这样才能吸入更多的混合气,提高输出功率。

❶ 可变进气歧管长度

可变进气歧管长度技术是通过改变进气歧管长度来改进气流的流动,如图4-19所示。可变进气歧管被设计成蜗牛一般的螺旋状,分布在发动机缸体中间,气流从中部进入。当发动机在低转速运转时,控制阀关闭,气流被迫从长歧管进入汽缸,有利于低速进气。高转速运转时,控制阀开启,气流绕开下部导管直接注入汽缸,利于高速进气。

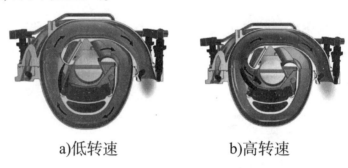

a)低转速　　　　　　b)高转速

图4-19　可变进气歧管长度技术原理

❷ 可变进气歧管截面

可变进气歧管截面技术中,每个进气歧管都有一长一短的两个进气通道。根据汽油机的工作转速高低、负荷大小,由旋转阀控制空气经过不同通道流进汽缸。当发动机低速运转时,旋转阀关闭短进气通道,只有一个进气通道;当发动机高速运转时,旋转阀打开短进气通道,有两个进气通道,如图4-20所示。

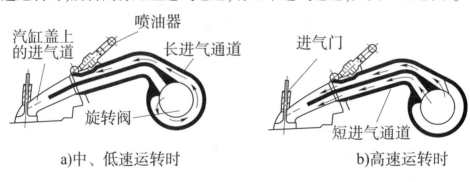

a)中、低速运转时　　　　　　b)高速运转时

图4-20　可变进气歧管截面技术原理

六　技能训练

配气机构根据发动机汽缸的工作顺序和工作行程的要求,及时地开启和关闭进、排气门。配气机构依靠正时标记来保证气门开闭与活塞行程的关系。若安装时正时标记不对,可能会损坏发动机的零部件,如气门和活塞等,还可能引

起噪声,严重的可能会损坏汽缸体。因此在装配正时皮带(正时链)和凸轮轴时,必须将正时标记对准,以保证正确的配气正时。

请分别按图4-21～图4-23所示,在发动机上找到正时皮带正时标记和凸轮轴正时齿轮正时标记。

图4-21　曲轴皮带轮正时标记

图4-22　凸轮轴正时皮带轮标记(上)
　　　　与曲轴正时齿轮标记(下)

图4-23　凸轮轴正时齿轮正时标记

(一)填空题

(1)配气机构主要的作用是按照汽缸的＿＿＿＿＿＿和＿＿＿＿＿＿的要求,控制进、排气门,准时地开闭＿＿＿＿＿气门,向汽缸供给＿＿＿＿＿气(汽油机)或＿＿＿＿＿气(柴油机)并及时排出废气。

(2)四冲程发动机每完成一个工作循环,曲轴旋转＿＿＿＿＿＿周,各缸的进、排气门各开启＿＿＿＿＿次,此时凸轮轴旋转＿＿＿＿＿周。

(3)正时皮带起到传动带的作用,在＿＿＿＿＿＿＿的带动下将力传递给

_____,使之与曲轴同时旋转,以保证_____开闭与活塞往复运动的准时配合,确保发动机的正常运转。

(4)配气机构有多种形式:

按气门的安装位置分为_____和_____。

按气门的数量分为_____和_____。

按凸轮轴的位置分为_____、_____和_____。

按凸轮轴的传动方式分为_____、_____和_____。

(二)判断题

(1)在任何时候,发动机同一缸的进、排气门都不可能同时开启。 (　　)

(2)一般进气门的气门间隙比排气门的间隙略小。 (　　)

(3)凸轮轴的转速比曲轴的转速快1倍。 (　　)

(4)曲轴正时齿轮是由凸轮轴正时齿轮驱动的。 (　　)

(5)正时齿轮装配时,必须使正时标记对准。 (　　)

(三)简答题

(1)为什么现代发动机多采用每缸多气门的结构?

(2)为什么要预留气门间隙?气门间隙过大、过小为什么都不好?

(3)配气机构新技术有哪些?分别都有什么优点?

单元五　汽油机燃料供给系统

学习目标

1. 能叙述汽油机燃料供给系统的组成及主要部件的作用和工作原理；
2. 能正确选用汽油的牌号；
3. 能安全规范地从汽车上拆装喷油器。

建议课时

6课时。

汽油机燃料供给系统根据发动机各种工况的不同要求,为发动机提供一定数量和浓度的可燃混合气,排出燃烧产生的废气。

一　电控汽油喷射式燃料供给系统概述

汽油机燃料供给系统类型

（一）电控汽油喷射式燃料供给系统的类型

如图5-1所示,电控汽油喷射系统按喷油器的数目,分为单点喷射系统和多点喷射系统；按喷射位置,分为进气管喷射和缸内直接喷射。

（二）汽油

汽油是从石油中提炼出来易于挥发的多种烃类混合物,其主要成分是碳（C）和氢（H）。汽油抗爆性指汽缸中汽油避免产生爆燃的能力。如果汽油机发生爆燃,将造成发动机过热,功率下降,伴有敲缸声,甚至损坏机件。车用汽油的抗爆性用辛烷值表示,辛烷值高,则抗爆性好。汽油的牌号就是以汽油的辛烷值命名,如92号、95号汽油,其辛烷值分别为92、95。一般压缩比高的发动机用高牌号汽油,压缩比低的发动机用低牌号汽油。

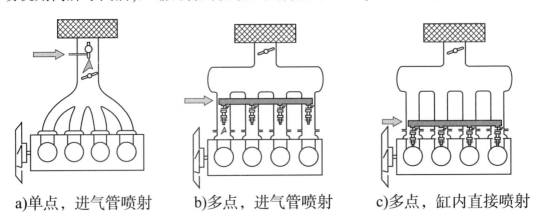

图 5-1　电控汽油喷射系统分类

（三）可燃混合气浓度

可燃混合气是指燃料经过雾化、蒸发并与空气按一定比例混合的混合物。可燃混合气浓度可用空燃比（A/F）来表示。

空燃比（A/F）是指吸入发动机的空气质量与燃料质量之比。理论上,1kg的汽油完全燃烧需要14.7kg空气,故将14.7∶1称为汽油机的理论空燃比。若空燃比大于14.7∶1,则空气过量,为稀混合气;空燃比小于14.7,则空气不足,为浓混合气。发动机在不同工况下对可燃混合气的浓度有不同的要求。

二　电控汽油喷射式燃料供给系统的组成与工作原理

如图5-2所示,电控汽油喷射式燃料供给系统由空气供给系统、燃油供给系统和电子控制系统等组成。

电控汽油喷射发动机工作时,活塞向下运动,汽缸内的容积逐渐增大并产生真空,新鲜空气经空气滤清器过滤后被吸入进气管道。进气管中的空气流量传感器对进气量进行测量,将空气流量信号传送给电控单元。同时,燃油从燃油箱中由电动燃油泵吸出,经燃油滤清器去除杂质和水分后,通过输油管输送至燃油分配管,燃油分配管与安装在各缸的喷油器相连。电控单元根据空气流量信号和发动机转速信号计算出所需的喷油量,结合各传感器信号对喷油量进行修正。然后,电控单元对喷油器发出喷油指令（电信号）,各喷油器将适量燃油适时喷入各缸进气歧管,燃油与进入汽缸的空气流混合,形成可燃混合气后进行燃烧做功。

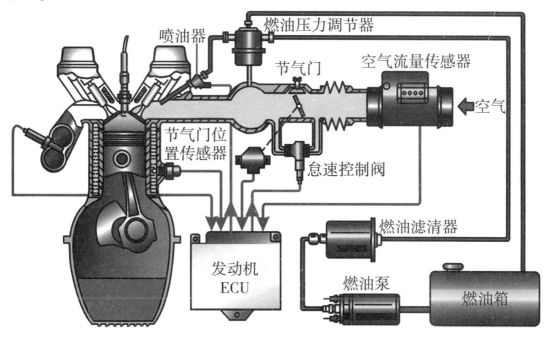

图 5-2 电控汽油喷射式燃料供给系统

三 电控汽油喷射式燃料供给系统的主要部件

(一)空气供给系统

空气供给系统为发动机提供新鲜空气,并对进气量进行测量及控制。如图 5-3 所示,空气供给系统主要包括空气流量传感器、怠速控制阀、节气门体、空气滤清器、进气管和进气歧管等。

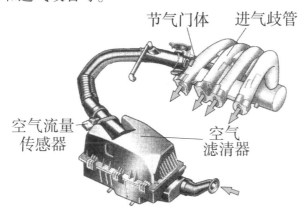

图 5-3 空气供给系统

1 空气流量传感器

如图5-4所示,空气流量传感器测量进入发动机的空气流量,并将测量结果以电信号传输给电控单元。空气流量传感器一般安装在空气滤清器后端、节气门体前端。

空气流量传感器的检修

图5-4 空气流量传感器

2 怠速控制阀

怠速是指发动机对外无功率输出情况下的最低稳定转速。怠速控制阀安装在节气门体上,能控制发动机怠速时的进气量。当发动机起动后,冷却液未达到正常温度之前,电控单元控制怠速控制阀使进气量增大,达到快速升温的目的。发动机怠速下负荷增大时,怠速控制阀同样使进气量增大,以防发动机运转不稳或熄火;发动机怠速下负荷减小时,怠速控制阀使进气量减少,以免怠速转速过高,浪费燃油。

步进电机式怠速控制阀(图5-5)和旋转滑阀式怠速控制阀(图5-6)是两种常见的怠速控制阀。

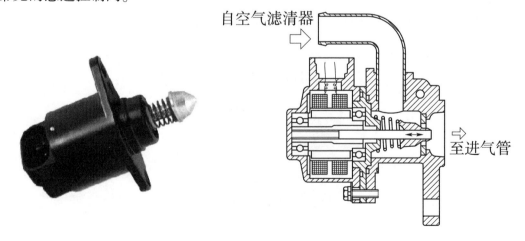

图5-5 步进电机式怠速控制阀

单元五 汽油机燃料供给系统

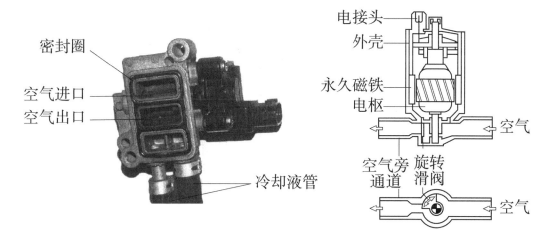

图 5-6 旋转滑阀式怠速控制阀

③ 节气门体

如图 5-7 所示,节气门体位于空气流量传感器之后的进气管上,用于控制发动机进气量多少,主要包含节气门、节气门位置传感器和怠速控制阀等。

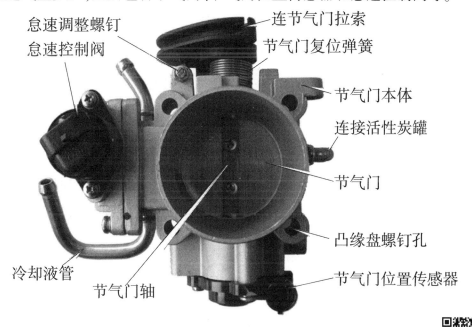

图 5-7 节气门体

节气门体的结构

(二)燃油供给系统

燃油供给系统的功用是向汽缸内供应燃烧时所需的一定量的燃油。如图 5-8 所示,燃油供给系统主要由燃油箱、活性炭罐、燃油泵、燃油滤清器、燃油压力调节器、燃油分配管和喷油器等组成。

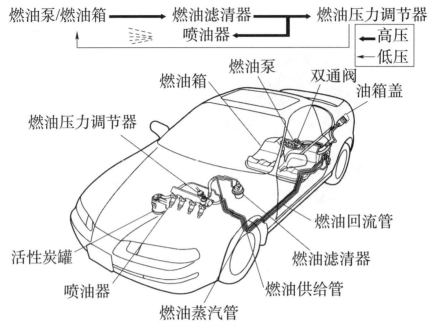

图 5-8　燃油供给系统

❶ **燃油箱**

如图 5-9 所示,燃油箱用于储存汽油,其容量视汽车类型和发动机排量而定。一般情况下,汽车装满一箱油可至少行驶 300～600km。

❷ **活性炭罐**

汽油挥发性好,汽油蒸气排到大气中会污染环境,为此将活性炭罐(图 5-10)与燃油箱相连接,活性炭罐可以吸附汽油蒸气。当活性炭罐电磁阀通电打开时,吸附在活性炭上的汽油蒸气被吸入汽缸燃烧。

图 5-9　燃油箱

❸ **燃油滤清器**

如图 5-11 所示,燃油滤清器可滤去汽油中的水分和杂质,防止汽油中杂物堵塞喷油器、损坏燃油系统部件。燃油滤清器一般安装在燃油箱或发动机附近。

❹ **燃油泵**

燃油泵的功用是吸出燃油箱中的汽油,提升汽油压力,将汽油送入喷油器。燃油泵通常安装在燃油箱内部,与燃油油位传感器结合为一个整体,如图 5-12 所示。

单元五　汽油机燃料供给系统

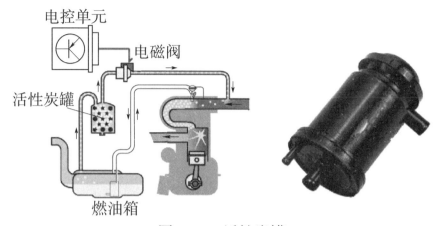

图 5-10　活性炭罐

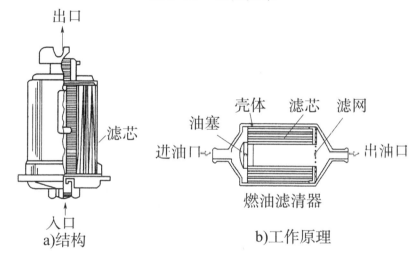

图 5-11　燃油滤清器

如图 5-13 所示,叶片式燃油泵的叶轮是一个圆形平板,圆周上加工出许多导油槽,形成泵油叶片。燃油泵工作时,导油槽中的燃油随叶轮一同高速旋转。由于离心力作用,出油口处油压升高,而进油口处产生真空,使汽油从进油口吸入,从出油口排出。叶片式燃油泵运转时噪声小,油压脉动小,叶片磨损小,使用寿命长。安全阀的作用是当油压超过 0.45MPa 时开启,使高压汽油回流进油口,以防止过高压力损坏燃油泵。止回阀的作用是在发动机停机后,防止汽油倒流,使燃油管路保持较高的残余油压,以便发动机下次容易起动。

5　燃油分配管

如图 5-14 所示,燃油分配管将燃油均匀、等压地输送到各

图 5-12　燃油泵
　　　　总成

喷油器。燃油分配管容积较大，相对于发动机的单次喷油量要大得多，这样可防止燃油压力波动。

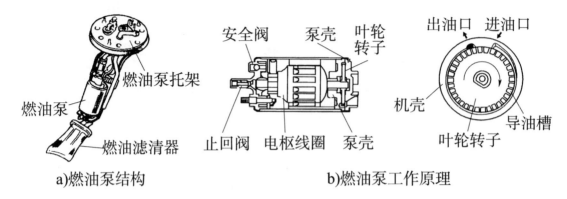

图 5-13　叶片式燃油泵

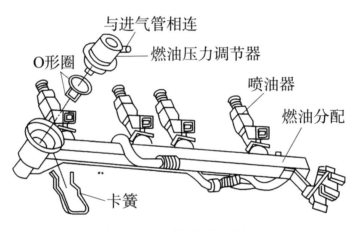

图 5-14　燃油分配管

⑥ 燃油压力调节器

燃油压力调节器的功用是使喷油器的燃油压力与进气管气压之差保持为恒定值，喷油器的喷油量取决于喷油器的开启时间。

如图 5-15 所示，燃油压力调节器一般安装在燃油分配管上。燃油压力调节器内部由膜片分隔成两个腔：上腔通过真空管与节气门后的进气管相通，膜片上还有弹簧向下紧压，使调压阀关闭；下腔与燃油分配管相接，来自燃油泵的高压燃油进入下腔。回油口通过回油管与燃油箱相通。当燃油压力大于预设压力时，下腔的燃油推动膜片向上压缩弹簧，调压阀被打开，部分燃油流回燃油箱，燃油压力回落到预设值。

如图 5-16 所示，部分轿车采用无回油管的燃油供给系统，由燃油泵、燃油滤清器、燃油压力调节器、燃油油位传感器和燃油切断阀合为一体。无回油管的燃油供给系统没有热燃油从发动机返回燃油箱,以降低燃油箱的内部温度,燃油箱内部温度的降低可以减少燃油的蒸发排放。

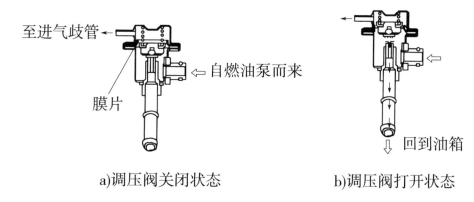

a) 调压阀关闭状态　　b) 调压阀打开状态

图 5-15　燃油压力调节器

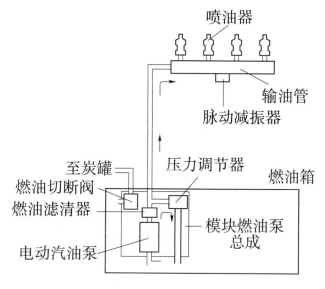

图 5-16　无回油管的燃油供给系统

7　喷油器

喷油器根据电控单元的电信号,定时定量地将汽油喷入进气管或进气歧管内。

如图 5-17 所示,喷油器安装在燃油分配管上。喷油器内部有电磁线圈、复位弹簧、针阀及衔铁等。针阀与衔铁结合成一体,在复位弹簧的作用下阀门关闭。当电控单元传来电信号时,电磁线圈通电,产生电磁力,吸起针阀,喷油器开始喷油。由于燃油压力较高,加上喷油器喷孔经过精密设计,喷出的燃油雾化良好。

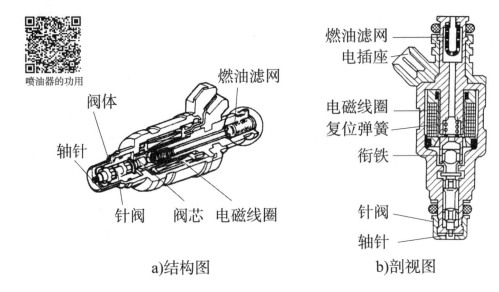

a) 结构图　　　　b) 剖视图

图 5-17　喷油器

(三) 电子控制系统

如图 5-18 所示,电子控制系统由电子控制单元(ECU)及各种传感器和执行器组成。ECU 是电子控制系统的核心,根据各种传感器传来的信号,经过计算,输出各种控制指令由执行器执行。

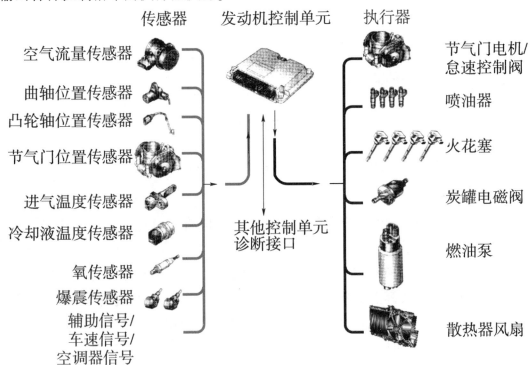

图 5-18　电子控制系统

电控汽油喷射式燃料供给系统能根据发动机运行工况,对空燃比进行精确控制。ECU 根据空气流量和发动机转速等信号,计算出发动机所需的燃油量,确定喷油器的开启时间,输出电信号的指令使喷油器开启完成喷油。

四 缸内直喷技术

汽油机缸内直喷技术(图 5-19)是将高压的燃料直接喷入设置在活塞顶部的深坑形燃烧室内,通过进气涡流及汽缸内的气流运动,形成分层燃烧,同时对喷射时刻和喷射量进行精确控制,实现超稀薄燃烧。一般的汽油发动机是在空燃比 12.7~17 范围内工作,缸内直喷发动机可在空燃比为 25~50 的范围内的稀薄状态下稳定工作。缸内直喷发动机油耗较低,动力性较好,排放量能满足更严厉的汽车废气排放法规要求。

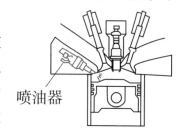

图 5-19 缸内直喷

缸内直喷发动机燃油供给系统如图 5-20 所示。

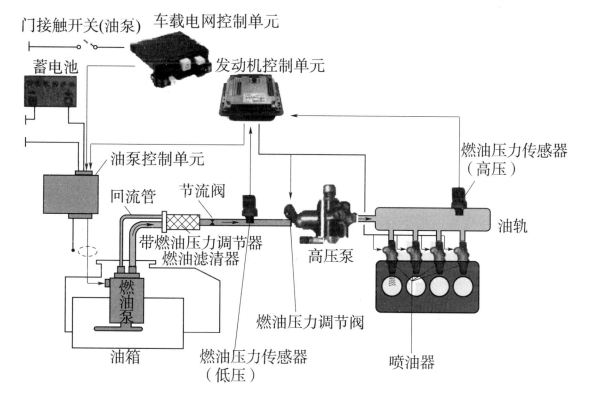

图 5-20 缸内直喷发动机燃油供给系统

五 技能训练——丰田卡罗拉轿车 1ER-FE 发动机喷油器的拆装

（一）喷油器拆卸

注意事项：

①对燃油系统进行操作时，严禁靠近明火。

②避免橡胶零件接触到汽油。

③即使燃油系统卸压后，燃油管路内仍保留有一定压力。断开燃油管路时，用布盖住，以防燃油喷出或涌出。

(1) 燃油系统卸压。

①如图 5-21 所示，断开燃油泵连接器。

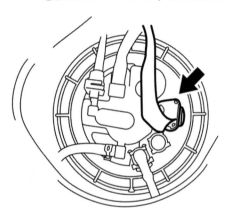

图 5-21　断开燃油泵连接器

②起动发动机。在发动机自然停止后，将点火开关置于 OFF 位置。

③再次起动发动机，确认发动机不能起动。

④拆下燃油箱盖并释放燃油箱中的压力。

⑤从蓄电池负极端子断开电缆。

⑥连接燃油泵连接器。

(2) 拆卸汽缸盖罩。

(3) 拆卸空气滤清器壳。

(4) 断开发动机线束。

(5) 使用 SST（专用工具）断开燃油管。

(6) 拆卸燃油输油管分总成。

(7) 如图 5-22 所示，从燃油输油管分总成中拉出 4 个喷油器：

①从各喷油器上拆下 O 形圈；

②为便于重新安装，在各喷油器上粘贴带相应汽缸号的标签；

③从汽缸盖上拆下 4 个喷油器隔振垫。

（二）喷油器安装

(1) 在新隔振垫和新 O 形圈（图 5-23）上涂抹一薄层汽油，然后将其安装到各喷油器上。

(2) 在燃油输油管分总成与各 O 形圈的接触面上涂抹一薄层汽油。

(3) 如图 5-24 所示，向左和向右转动喷油器，将其安装到燃油输油管分总成上。

单元五 汽油机燃料供给系统

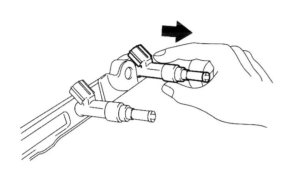

图 5-22 拆卸喷油器

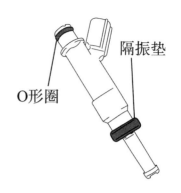

图 5-23 喷油器隔振垫和 O 形圈

① 不要扭曲 O 形圈。

② 安装各喷油器后,检查并确认其转动平稳。如果不能平稳转动,则更换 O 形圈。

(4) 安装燃油输油管分总成。
(5) 连接燃油管。
(6) 连接发动机线束。
(7) 安装空气滤清器壳。
(8) 连接蓄电池负极端子电缆。
(9) 检查燃油是否泄漏。
(10) 安装汽缸盖罩。

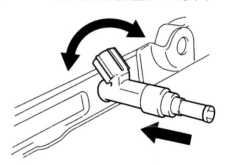

图 5-24 安装喷油器

思考与练习

(一) 填空题

(1) 汽油机燃料供给系统根据发动机各种工况的不同要求,为发动机提供一定数量和浓度的_____,排出燃烧产生的废气。

(2) 电控汽油喷射式燃料供给系统由_____、_____、_____等组成。

(3) 车用汽油的抗爆性用_____表示。

(4) 怠速是指发动机对外无功率输出情况下的_____稳定转速。

(5) 喷油量多少取决于喷油器的_____长短。

(6) 电子控制系统由_____、_____和_____组成。

(二) 判断题

(1) 燃料质量与吸入发动机的空气质量之比称为空燃比(A/F)。　　(　　)

(2)汽油辛烷值高,抗爆性好。 (　　)

(3)发动机怠速下负荷增大时,怠速控制阀使进气量减小,以防发动机转速过高。 (　　)

(4)活性炭罐可以吸附汽油蒸气。 (　　)

(5)止回阀的作用是在发动机停机后,防止汽油倒流,使燃油管路保持较高的残余油压,以便发动机下次容易起动。 (　　)

(三)简答题

(1)如何选择汽油牌号?

(2)燃油压力调节器是如何工作的?

(3)拆装喷油器时有哪些注意事项?

单元六　柴油机燃料供给系统

 学习目标

1. 能叙述电控高压共轨式柴油机燃料供给系统的组成及主要部件的作用；
2. 能正确选用柴油的牌号；
3. 能规范地进行电控高压共轨式柴油机燃料供给系统的维护作业。

 建议课时

6课时。

目前,柴油机不但用于重型载货汽车,而且在轻型载货汽车以及轿车上的运用也越来越多。柴油机燃料供给系统的功用是根据柴油机不同工况,定时、适量地以一定的压力将柴油以雾状喷入汽缸,使柴油与吸入汽缸的新鲜空气形成可燃混合气,并将燃烧后的废气排入大气。本单元主要介绍电控高压共轨式柴油机燃料供给系统。

一　电控高压共轨式柴油机燃料供给系统概述

(一)柴油机电控喷射系统的发展

早在20世纪70年代,人们就开始研究柴油机电子控制技术来替代机械控制。电子控制技术的应用使柴油机在动力性、经济性和排放性能方面都取得了巨大的进步。到目前为止,柴油机电控喷射系统的发展经历了三代。

❶ 第一代电控柴油喷射系统:位置控制式

位置控制式电控柴油喷射系统的主要特点是保留了大部分传统机械柴油机的燃油系统部件,只是使用电子调速器取代了原来的机械调速器,来控制供油齿条或滑套的位置,使得供油量的调节更精确,响应更快。第一代电控柴油喷射系统主要运用带电子调速器的直列泵(图6-1)和分配泵(图6-2)。

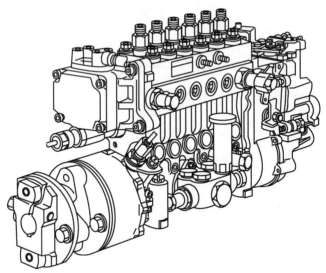

图6-1　直列泵

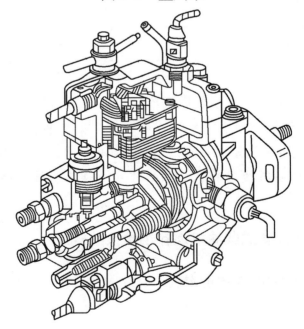

图6-2　分配泵

❷ 第二代电控柴油喷射系统：时间控制式

时间控制式电控柴油喷射系统的主要特点是其喷油量和喷油定时由计算机控制的高速电磁阀的开闭时刻所决定。如图 6-3 所示，常见的第二代电控柴油喷射系统有电子控制的泵喷嘴和单体泵两种形式。

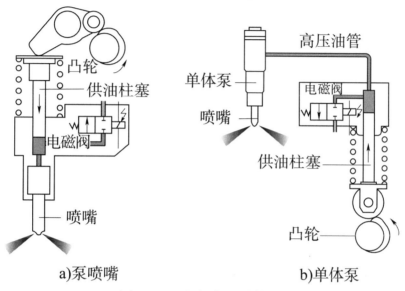

a)泵喷嘴　　　　　　　　b)单体泵

图 6-3　泵喷嘴和单体泵

❸ 第三代电控柴油喷射系统：时间－压力控制式（高压共轨式）

如图 6-4 所示，电控高压共轨式喷射系统属于第三代，即时间－压力控制方式，包括高速电磁阀控制的喷油器或更为先进的喷油器，以及部分装备有各缸喷油器共用的共轨管。喷油压力取决于共轨管中的油压，而不取决于受发动机转速高低影响的高压油泵泵油压力，高压油泵仅是连续向共轨管供油以维持所需的共轨压力。

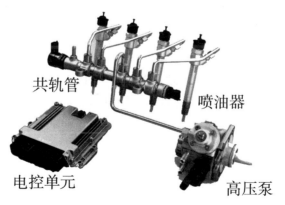

图 6-4　高压共轨式喷射系统

（二）电控高压共轨式喷射系统的优点

与其他喷射系统相比，电控高压共轨式喷射系统具有众多优点，主要包括：

（1）可实现高压喷射，最高达 200MPa；

（2）喷油压力独立于发动机转速，在发动机低速、部分负荷工况下也能产生高的喷油压力；

（3）可自由选定喷油定时和喷油量，可由单次喷射过程变为多次喷射；

（4）结构简单，可靠性好，适用范围广泛，可在各级各类车辆上应用。

电控高压共轨式喷射系统良好的喷射特性优化了燃烧过程，改进了发动机转矩特性，同时使发动机油耗（与同功率的汽油车相比，油耗可节省 25% ~ 30%）、颗粒物排放、有害气体排放及噪声等指标都得到明显改善。目前，博世（Bosch）、德尔福（Delphi）、电装（Denso）和西门子（Siemens）等公司都在为汽车工业提供各自的电控高压共轨式喷射系统。

（三）柴油

柴油是由石油中提炼出来的碳氢化合物。柴油燃烧性用十六烷值评定，柴油十六烷值大，则容易自燃。国家标准规定车用轻柴油的十六烷值不小于 45。

国产轻柴油按凝点分为 10 号、5 号、0 号、-10 号、-20 号、-35 号和 -50 号 7 个牌号，其凝点分别为 10℃、5℃、0℃、-10℃、-20℃、-35℃ 和 -50℃。

二 电控高压共轨式柴油机燃料供给系统的总体结构和工作原理

如图 6-5 所示，电控高压共轨式柴油机燃料供给系统由低压油路部分、高压油路部分和电子控制系统组成。电控高压共轨系统工作时，燃油由电动输油泵从燃油箱中抽出，经过燃油滤清器过滤后进入高压油泵，此时油压较低。在高压油泵内，燃油压力被提升到 135MPa 或更高，供入共轨管。当输油泵供油量超出高压油泵对共轨管的供油量时，部分燃油会流回燃油箱。共轨管上有共轨压力传感器和压力控制阀，用来调节共轨管内油压至设定值。高压燃油从共轨管流入喷油器后分为两路：一路直接喷入燃烧室，另一路在喷油期间，由喷油器针阀和针阀体的配合表面之间的间隙漏出，流回燃油箱。电控单元根据发动机的转速和所需喷油量等参数，计算出最佳喷油时间，控制电控喷油器的开启时刻或关闭等，从而精确控制喷油时间。

单元六　柴油机燃料供给系统

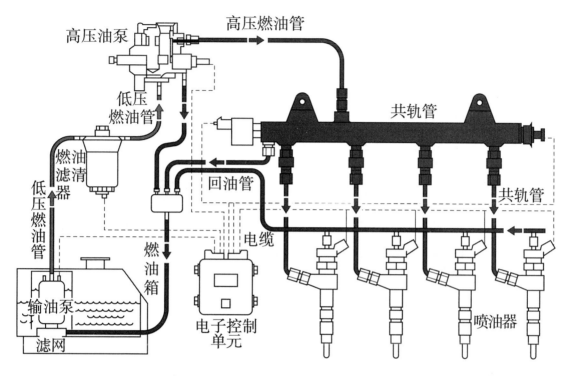

图 6-5　电控高压共轨式柴油机燃料供给系统的总体结构

三　电控高压共轨式柴油机燃料供给系统的主要部件

（一）低压油路部分

低压油路部分包括输油泵、燃油滤清器、燃油箱和低压油管。

❶ 输油泵

输油泵的功用是使柴油产生一定的压力,以克服燃油滤清器和管路的阻力,连续向高压油泵输送足够的柴油。目前输油泵常见的有电动输油泵（滚柱泵）（图6-6）和齿轮式输油泵（图6-7）两种。电动输油泵仅用于乘用车或轻型商用车,可装在油箱内或油箱外低压油管上。齿轮式输油泵为机械式,用于乘用车、越野车及各类重型车辆,输油泵与高压油泵组合在一起,或由发动机直接驱动。

❷ 燃油滤清器

如图6-8所示,燃油滤清器装在柴油机供给系的低压油路中,可保持柴油的清洁,以免柴油中含有的各种杂质和水进入燃油系统造成腐蚀和损坏。燃油滤清器底部含有放水螺塞,每隔一段时间就须拧开放水螺塞将水放掉。部分车辆装备了自动水位报警装置,当积水过多时,装置的报警灯就会点亮。

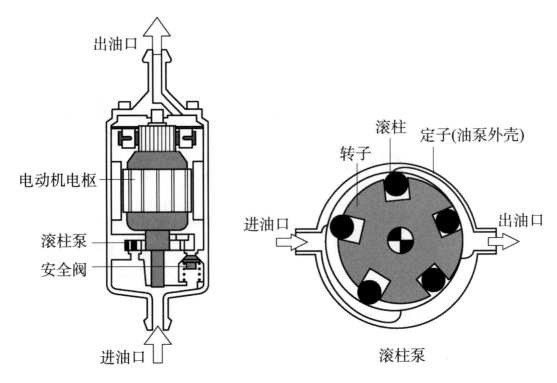

图 6-6 电动输油泵

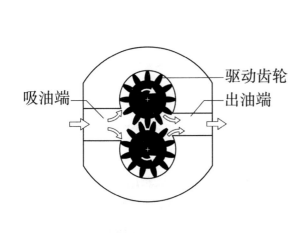

图 6-7 齿轮式输油泵　　　　图 6-8 燃油滤清器

(二)高压油路部分

高压油路部分主要包括高压油泵、压力控制阀、共轨管、高压油管和喷油器。

❶ 高压油泵

高压油泵的功用是压缩燃油,并按照发动机性能各方面的要求供应经压缩的燃油。它会不断地将燃油送入共轨管,以保持系统压力。高压泵通常安装在柴油机上,通过联轴器、齿轮、驱动链条或者驱动齿带由发动机驱动。高压油泵可以由低压油路过来的燃油或者发动机主油道过来的机油进行润滑。

如图6-9所示,部分柴油机利用三缸径向柱塞泵产生高达135MPa的压力。三缸径向柱塞泵驱动轴每转1圈有3个供油行程,驱动峰值扭矩小,受载均匀,可降低运行噪声。在喷油量较小的情况下,为减小功率损耗,将关闭三缸径向柱塞泵中的一个压油单元使供油量减少。

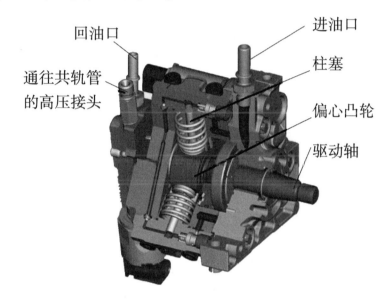

图6-9 高压油泵

如图6-10所示,CP4型双凸起凸轮泵是博世的最新一代高压共轨油泵,其油压力高达200MPa。它使用带有双凸起凸轮的凸轮轴驱动,取代以往的偏心轮驱动,凸轮轴每转动一周,每个柱塞可以供油两次,泵油效率大大提升。此外,油泵的高压部分被设计成一个紧凑的网状泵头,泵体采用铝合金,其质量大大减轻。

❷ 压力控制阀

如图6-11所示,压力控制阀是设定一个正确的、对应于发动机负荷的共轨压力,并且将其保持的装置。压力控制阀是通过一个安装凸缘连接到高压油泵或者共轨管上。当共轨压力过大时,压力控制阀打开,一部分燃油经回油管路流回燃油箱;当共轨压力过小时,压力控制阀关闭。

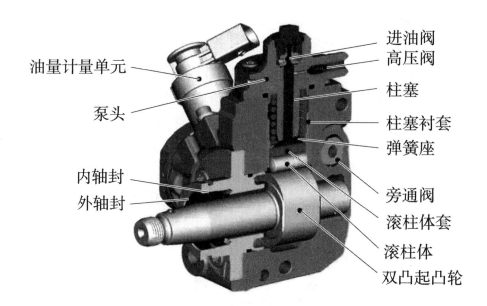

图 6-10　CP4 型双凸起凸轮泵

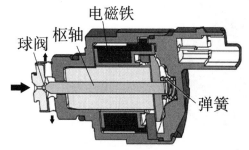

图 6-11　压力控制阀

压力控制阀未通电时,来自共轨管或者高压油泵出口的燃油压力作用于球阀。由于未通电的电磁铁不产生作用力,当燃油压力超过弹簧弹力时,球阀打开泄压,直至燃油压力与弹簧弹力平衡。若需要增大燃油压力,电控单元向压力控制阀通电,由电磁铁产生的力与弹簧的弹力一起作用于球阀,球阀被关闭,直到燃油压力与弹簧弹力和电磁铁的合力平衡。接着,球阀保持部分开启,维持较高的燃油压力。

❸ 共轨管

如图 6-12 所示,共轨管用于储存高压燃油,高压油泵供油和喷油器喷油造成的压力波动可在共轨管中得到抑制,保持喷油器的喷油压力恒定。

共轨管上安装有共轨压力传感器、限压阀和流量限制器。共轨压力传感器向电子控制单元提供共轨管内的实时压力信号,作为共轨压力闭环控制的输入信号。限压阀是一个机械阀,当压力超过一定限值时即开启,以保证共轨管在出现压力异常时,将压力迅速释放从而确保系统安全。流量限制器的作用是阻止在非正常情况下喷油器常开导致的持续喷油,一旦输出的油量超过规定的水平,流量限制器就关闭通往喷油器的油路。

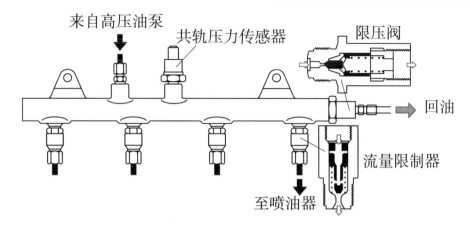

图 6-12 共轨管

4 高压油管

高压油管由钢管制成,是连接共轨管和电控喷油器的通道。它应有足够的燃油流量,以减小燃油流动时的压降,并使高压管路系统中的压力波动较小,而且使起动时共轨油压能很快建立。各高压油管应尽可能短,以使从共轨管到喷油器的压力损失最小。各缸高压油管的长度应尽量相等,以使柴油机每个喷油器有相同的喷油压力,从而减少发动机各缸喷油量的偏差。共轨管与各缸喷油器之间的不同间距是通过各缸高压油管的弯曲程度不同进行长度补偿。

5 喷油器

喷油器是电控高压共轨系统中最关键和最复杂的部件。喷油器根据电控单元发出的电信号控制电磁阀的开启和关闭,将共轨管中的燃油以最佳的喷油时刻、喷油量和喷油率喷入柴油机的燃烧室内。这种喷油器称为电磁阀式喷油器,其结构如图 6-13 所示。

当喷油器电磁阀未被触发时,小弹簧将电枢的球阀压向泄油孔,泄油孔被关闭,在阀控制腔内形成共轨高压。同样,在喷油器内也形成共轨高压。共轨高压对柱塞断面向下的压力和喷嘴弹簧向下的压力之和,大于高压燃油作用在针阀锥面上的开启力,使针阀压紧在其阀座上,喷油器保持关闭状态。

当电磁阀被触发时,电枢向上移动,将泄油孔打开,燃油从阀控制腔流到上方的空腔中,从空腔通过回油管返回燃油箱。此时,阀控制腔内压力降低,减小了作用在柱塞断面上的力,高压燃油作用在针阀锥面上的开启力使针阀上移,喷油器开始喷油。

喷油器工作时,会有少量柴油从针阀和针阀体的配合表面之间的间隙漏出。

这部分柴油对针阀有润滑作用,并沿周围的空隙上升,最后进入回油管,流回燃油箱。

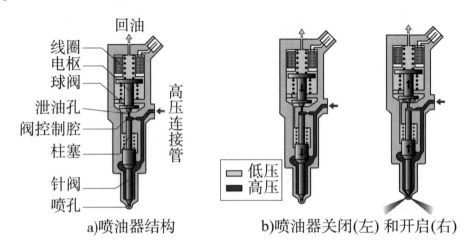

图 6-13 电磁阀式喷油器结构和工作原理

(三)电子控制系统

如图 6-14 所示,电子控制系统包括 ECU、传感器和执行器。传感器主要用于采集发动机或整车的相关信号,并将信号输入 ECU。ECU 接受传感器信号,结合已存储的特性图谱进行计算处理,然后驱动执行器完成控制过程。

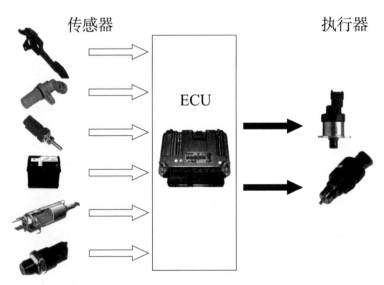

图 6-14 电子控制系统

电控高压共轨式柴油机燃料供给系统常见的传感器及其功能描述见表 6-1。主要的执行器包括喷油器电磁阀和压力控制阀等。

单元六 柴油机燃料供给系统

电控高压共轨式柴油机燃料供给系统传感器及其功能描述　　表 6-1

名　　称	功　能　描　述
曲轴位置传感器	精确计算曲轴位置,用于喷油时刻和喷油量计算、发动机转速计算
凸轮轴位置传感器	汽缸判别
进气温度传感器	测量进气温度,修正喷油量和喷油正时
大气压力传感器	用于校正控制参数
增压压力传感器	监测进气压力,调节喷油控制,与进气温度传感器集成在一起
冷却液温度传感器	测量冷却液温度,用于冷起动、目标怠速计算等,同时还用于修正喷油提前角、最大功率保护等
共轨压力传感器	测量共轨管中的燃油压力,保证油压控制稳定
加速踏板位置传感器	将驾驶员的意图传递给 ECU
车速传感器	提供车速信号给 ECU,用于整车驱动控制

四 技能训练

❶ 电控高压共轨式柴油机燃料供给系统维护作业的注意事项

柴油机运转的情况下,不应对高压共轨喷油系统进行任何操作。为修理而需要打开高压油路前,必须要在柴油机停机以后等待一定的时间(部分柴油机需要等待 5min),待系统高压消失后才能进行维修作业。密封不好或过早打开高压接头而泄漏出的燃油,都可能对击中的身体部位造成严重的伤害。

一般每运行 2 个月(5000~8000km)应对空气滤清器的整体滤芯进行更换。由于车辆用途和使用差异性大,应该灵活调整维护、更换周期。一旦出现空气滤清器堵塞,应立即停机清理或更换空气滤清器滤芯。在不装空气滤清器或空气滤清器失效的情况下,绝对禁止进行发动机操作。

柴油品质是影响发动机排放、性能及使用寿命的重要因素,劣质柴油将给共轨系统的正常使用带来严重的影响,甚至造成重大损失。更换的燃油滤清器规格必须符合主机厂要求,如过滤效率等,不得随意使用低规格的替代品。另外,需定期检查滤清器底部,拧松水位传感器放水,若仪表上滤清器水位指示灯亮时应立即放水。

❷ 维护作业

(1)清洁、更换空气滤清器。

(2)燃油滤清器放水:

拧开放水螺塞放水。

(3)检查进排气管路:

检查进气管是否破损、连接可靠;

检查排气管是否泄漏、松动;

检查排气管上各部件是否连接牢固;

检查消声器是否破损、松动。

(一)填空题

(1)电控柴油机的发展经历了三代,分别是_____、_____和_____。

(2)0号柴油的凝点为_____℃。

(3)目前输油泵常见的有_____和_____两种。

(4)共轨管上安装有_____、_____和_____。

(5)目前,电控高压共轨系统的共轨油压高达_____。

(二)判断题

(1)第一代位置控制式电控柴油喷射系统主要有带电子调速器的直列泵和分配泵系统。 （　　）

(2)电子控制的泵喷嘴和单体泵,其控制属于时间控制方式。 （　　）

(3)电控高压共轨系统的喷油压力不受发动机转速高低影响。 （　　）

(4)共轨管能使喷油器的喷油压力保持恒定。 （　　）

(三)简答题

(1)简要说明电控高压共轨式喷射系统具有哪些优点。

(2)压力控制阀是如何工作的?

(3)喷油器是如何工作的?

单元七　发动机点火系统

 学习目标

1. 能叙述传统点火系统的基本组成及工作原理；
2. 能叙述电子点火系统的组成与工作原理；
3. 能准确地识别火花塞使用情况。

 建议课时

6课时。

点火系统是汽油发动机重要的组成部分，点火系统的性能对发动机的功率、油耗和排气污染等影响很大。

一　点火系统的作用与认识

汽车点火系统是点燃式发动机为了正常工作，按照各缸点火顺序，定时地供给火花塞足够高能量的高压电（15000～30000V），使火花塞产生足够强的火花，点燃可燃混合气。

（一）点火系统的作用与类型

1 点火系统的作用

（1）点火系统将电源的低电压变成高电压，再按照发动机点火顺序轮流送至各汽缸，点燃压缩混合气。

(2)适应发动机工况和使用条件的变化,自动调节点火时刻,实现可靠而准确的点火。

2 点火系统的类型

汽车发动机点火系统可分为传统点火系统和电子点火系统两大类。

(1)传统点火系统用机械触点控制点火时刻,点火时刻由机械式自动调节机构进行调节。传统点火系统结构简单,成本低,是一种应用较早、较普遍的点火系统。

(2)电子点火系统用电子元件来控制点火时刻,电子点火系统的点火电压和点火能量高,受发动机工况和使用条件的影响小,结构简单,因具有工作可靠、维护调整工作量小、节约燃油和污染小等优点而被普遍使用。

(二)传统点火系统的组成与工作原理

1 传统点火系统的组成

如图7-1所示,传统点火系统,也称触点式点火系统,主要由电源、点火开关、点火线圈、分电器、火花塞、高压线和点火线路等组成。

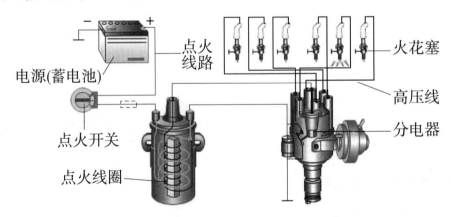

图7-1 传统点火系统的组成

2 传统点火系统的工作原理

传统点火系统可分为初级电路(低压电路)和次级电路(高压电路)。

初级电路:蓄电池→点火线圈初级线圈→分电器白金触点→搭铁。

次级电路:点火线圈次级线圈→火花塞→搭铁→蓄电池。

发动机工作时,分电器凸轮随发动机转动,会使断电器触点交替地闭合和断开,触点的断开即初级电路断开,在点火线圈内当初级线圈断电时会使次级线圈产生高压电,高压电通过配电器,按顺序送到各个汽缸的火花塞上进行跳火,如图 7-2 所示。

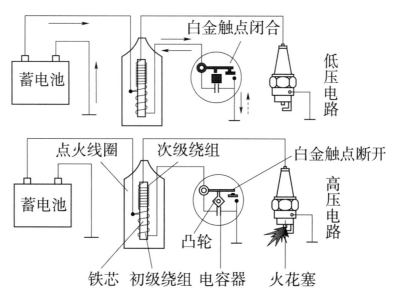

图 7-2 传统点火系统原理图

点火系统除了按顺序为各个汽缸点火外,还始终根据发动机转速和载荷等变化,提供正确的点火时刻。要获得最佳的发动机输出,最大燃烧压力应该在上止点后约 10°到达。如图 7-3 所示,为使最大爆发力发生在上止点后 10°,点火时刻应该有所提前。因此,火花塞必须在上止点前跳火。这个时间上的配合就称作"点火正时","点火正时"用上止点前所对应的曲轴转角来表达,即点火提前角。

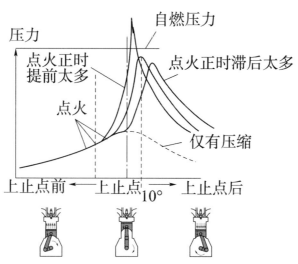

图 7-3 点火正时与发动机爆发力的关系

传统点火系统的分电器内装有离心式提前装置与真空提前装置,离心式提前装置根据发动机的转速来改变点火提前角,而真空提前装置则根据发动机的负荷来改变点火提前角,在两提前装置的共同作用下能较好地调节点火时刻,使之与发动机的工况相适应。

二 电子点火系统

根据电子点火系统的结构特点,可分为晶体管电子点火系统和计算机电子点火系统。

(一)晶体管电子点火系统

如图7-4所示,晶体管电子点火系统主要由点火信号发生器、点火器、点火线圈、分电器和火花塞等组成。与传统点火系统相比,晶体管电子点火系统采用点火信号发生器和点火器取代白金触点来控制点火线圈初级电路的接通和断开。它从根本上消除了由触点引起的一系列问题,在所有转速范围内都能可靠点火,在提高点火电压和点火能量方面有很大提升。晶体管电子点火系统对点火时刻的调节依然依靠离心式和真空式两套机械点火提前装置来完成。

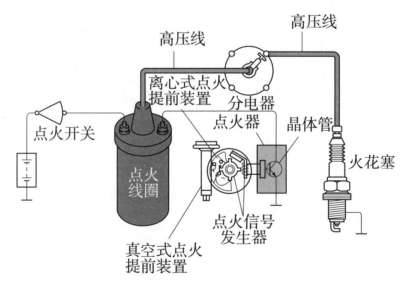

图7-4 晶体管电子点火系统结构图

(二)计算机电子点火系统

计算机控制的点火系统,又称电控点火系统,能使发动机在各种工况下均能达到最佳点火时刻,提高发动机的动力性、经济性和改善排放指标。该点火系统主要由传感器、ECU、点火器、点火线圈和火花塞等组成。

传感器是监测发动机工况信息的装置。传感器的结构形式和装配数量依车而异。ECU是发动机的控制核心,其作用是根据发动机各传感器输入的信息和微型计算机内存数据,通过运算处理和逻辑判断,输出指令信号,控制有关执行器如点火器工作。计算机控制点火系统又可分为有分电器的计算机电子点火系统和无分电器的电子点火系统两种。

❶ 有分电器的计算机电子点火系统

如图7-5所示,有分电器的计算机电子点火系统主要由蓄电池、点火开关、点火线圈、各种传感器、ECU、分电器、高压线和火花塞等组成。

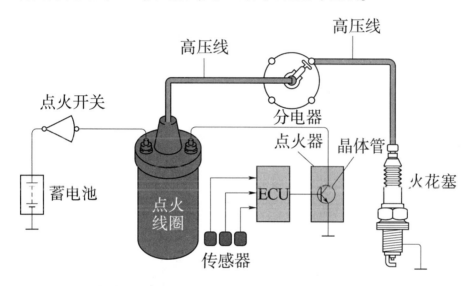

图7-5 有分电器的计算机电子点火系统组成

有分电器的计算机电子点火系统主要运用的传感器有曲轴位置传感器、凸轮轴位置传感器、爆震传感器、节气门位置传感器、空气流量传感器和冷却液温度传感器等。在发动机工作过程中,各个传感器将检测到的反映发动机运行状况的信号输送至ECU,ECU根据各传感器信号确定出最佳点火提前角,并在适当时刻向点火器发出点火信号。点火器在接收到来自ECU的点火信号时,即刻断开点火线圈的初级电路,使点火线圈产生高压电,并通过高压线传输到分电器,分电器按发动机做功顺序分配各缸火花塞跳火。

❷ 无分电器的电子点火系统

分电器工作时,存在浪费能量和产生电磁干扰的情况,因此,现在的轿车都采用无分电器的电子点火系统。无分电器的电子点火系统根据高压电传送方式的不同,分为同时点火和独立点火两种方式。

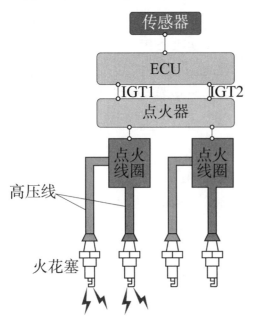

图 7-6 双缸同时点火式电子点火系统

(1) 同时点火方式的电子点火系统。

同时点火方式的电子点火系统由蓄电池、点火开关、ECU、点火线圈、传感器、高压线等组成。同时点火方式一般是指两个汽缸同时点火,即一个点火线圈对应两个汽缸的火花塞(一般是 1、4 缸火花塞共用一个点火线圈,2、3 缸火花塞共用一个点火线圈)。如图 7-6 所示,该系统点火线圈通过高压线直接与火花塞连接,当该点火线圈产生高压电时,会同时使两个汽缸的火花塞跳火。

(2) 独立点火方式的电子点火系统。

如图 7-7 所示,独立点火方式的电子点火系统简称独立点火系统,一般是一个汽缸用一个点火线圈,即一个点火线圈与一个火花塞相连。该系统取消了高压线,将点火线圈产生的高压电直接传递给火花塞,其能量损失小,效率高,电磁干扰少。现阶段的汽车大部分采用了这种点火系统。

图 7-7 独立点火系统发动机

如图 7-8 所示,独立点火系统主要由蓄电池、ECU、传感器、点火线圈、火花塞、点火线路等组成。

如图 7-9 所示,发动机工作时,ECU 根据各传感器的输入信号计算点火时刻,并将点火正时信号送至相应汽缸点火线圈上的点火器,点火器控制点火线圈初级电路的通断,从而使点火线圈产生高压电,高压电直接传递到与其相连接的火花塞上,火花塞跳火来点燃混合气。

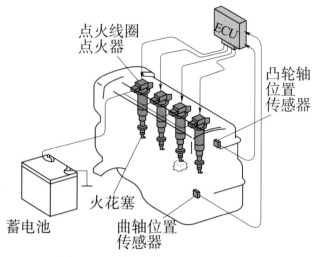

图 7-8 独立点火系统的组成

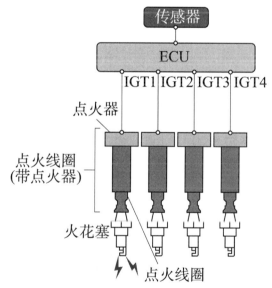

图 7-9 独立点火系统工作原理

三 电子点火系统的主要部件

(一)点火线圈

不同类型的点火系统所用的点火线圈不尽相同,传统点火系统与晶体管电子点火系统所用的点火线圈在结构上类似,而同时点火的电子点火系统和独立点火系统所用的点火线圈都不一样。

❶ 传统点火系统所用的点火线圈

如图 7-10 所示,点火线圈内有初级绕组和次级绕组,线圈中间还有一铁芯。当初级线圈接通电源时,随着电流的增长,四周产生一个很强的磁场,铁芯储存了磁场能;当触点断开使初级线圈电路断开时,初级线圈的磁场迅速衰减,次级线圈就会感应出很高的电压。一般传统点火系统上的点火线圈会附带一个附加电阻,能防止点火线圈初级电流的过度增加,避免严重发热。晶体管电子点火系统所用的点火线圈结构与传统点火系统用的点火线圈基本相同。

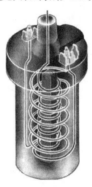

a)带附加电阻点火线圈　　b)点火线圈内部视图　　c)点火线圈剖视图

图 7-10　传统点火系统点火线圈

❷ 双缸同时点火式电子点火系统的点火线圈

如图 7-11 所示,以四缸发动机为例,双缸同时点火系统的点火线圈里面集成了两套点火线圈和一个点火器、两个初级线圈和两个次级线圈,每套点火线圈对应两个汽缸的火花塞。

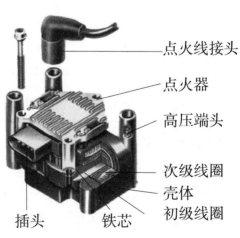

a)实物图　　　　　　b)结构图

图 7-11　四缸发动机双缸同时点火系统点火线圈

❸ 独立点火系统的点火线圈

如图7-12所示,独立点火系统的点火线圈是带有点火器的,并且火花塞能直接连接点火线圈,点火线圈内也有初级线圈与次级线圈,点火器能够根据ECU传来的信号切断点火线圈的初级电路,从而使次级线圈产生高压电,并且点火器会给ECU一个点火反馈信号,ECU根据该信号能监控点火系统工作情况。

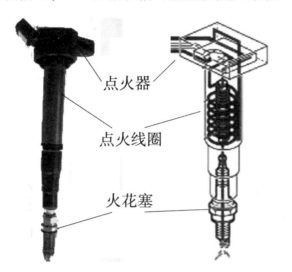

拆卸点火线圈

图7-12 独立点火系统的点火线圈

(二)火花塞

❶ 火花塞的作用与安装位置

火花塞的作用是把点火线圈产生的高压电(1万V以上)引入发动机汽缸,在火花塞电极的间隙之间产生火花点燃混合气。图7-13所示为火花塞在发动机上的安装位置,一般发动机一个汽缸安装一个火花塞,也有个别的发动机每一个汽缸安装有两个火花塞。

图7-13 火花塞的安装位置

火花塞安装在发动机汽缸盖上,电极直接伸进发动机燃烧室内,工作环境非常恶劣,要承受高温、高压和混合气的化学腐蚀。

❷ 火花塞的结构

如图7-14所示,从外观来看,可将火花塞大致分为5个部分。

图7-14 火花塞实物图

❸ 火花塞的类型

(1) 按热值分类。

火花塞热值是指火花塞受热和散热能力的一个指标,可衡量火花塞将燃烧产生的热量从点火端传给发动机缸盖的快慢程度。

火花塞热值一般用阿拉伯数字 1~9 来表示,其中 1~3 为低热值,4~6 为中热值,7~9 为高热值。能够大量散热的称为冷型火花塞,也就是高热值火花塞;散热较慢的称为热型火花塞,也就是低热值火花塞;中热值的火花塞则称为标准型火花塞。

安装火花塞

当火花塞达到一定温度(450°)后,它能烧掉聚集在点火区域内的积炭,以保持点火区域的清洁,此温度称为自洁温度;如果火花塞自身过热(高于950°),不用火花就可点燃可燃混合气,此时的温度称为自燃温度。火花塞工作时应控制自身温度在自洁温度与自燃温度之间,所以选择正确热值的火花塞,能使火花塞寿命更长和保持发动机性能稳定。

(2) 按材料分类。

如图 7-15 所示,根据火花塞电极材料的不同,可以把火花塞分为普通火花塞、白金火花塞和铱金火花塞。

普通火花塞的侧电极和中心电极一般使用镍合金材料,使用寿命约为 3 万 km,为三种类型火花塞中较低端的产品,价格也最低。

白金火花塞的电极使用了铂合金材料,和普通型火花塞相比,在较低的电压下,也能获得稳定的跳火,更耐用,使用寿命长,约为 6 万 km,并且有利于发动机保持良好的工况,但是价格稍贵。

铱金火花塞的电极使用了铱合金材料,有更好的点火性能、导电能力、硬度都高于白金火花塞,但价格也超过白金火花塞,寿命一般为 8 万 ~ 10 万 km。

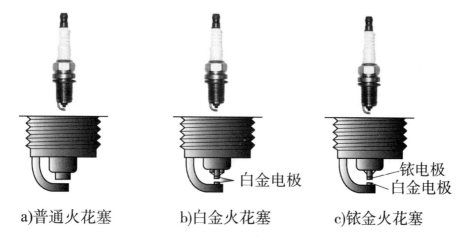

图 7-15　三种材料类型的火花塞

（三）点火控制器

点火控制器即点火器,将来自 ECU 或者点火信号发生器输出的点火信号整形、放大,转变为点火控制信号,控制点火线圈初级绕组中电流的通、断,以便在次级线圈的绕组中产生高压电,供火花塞点火。

独立点火系统的点火控制器一般安装在点火线圈上。

（四）电子控制单元（ECU）

电子控制单元的作用是根据发动机各传感器输入的信息和内存的数据及程序,进行运算、处理、判断,然后输出指令控制电子点火控制器,达到准确控制发动机点火的目的。点火系统的电子控制单元一般就是发动机控制单元。

四　技能训练——火花塞的外观检查

外观检查是火花塞检测中的重要一项,可以观察火花塞的绝缘体、电极有无积炭,火花塞螺纹、垫圈、绝缘体有无损坏等,火花塞表面的颜色以及使用痕迹也可以帮助我们判断出火花塞的好坏。

（1）如图 7-16 所示,观察火花塞绝缘体是否损坏。

（2）如图 7-17 所示,观察火花塞螺纹是否损坏。

（3）观察火花塞垫圈是否损坏。

（4）如图 7-18 所示,观察火花塞的电极和绝缘体,如果电极及绝缘体呈现淡黄色或者铁锈色,则说明该汽缸工作状态良好;如果有很厚的黑色积炭或者油迹等,则说明该汽缸工作不正常。

图 7-16　检查火花塞绝缘体　　图 7-17　检查火花塞螺纹

a) 淡黄色　　b) 积炭严重　　c) 黑色油迹

图 7-18　火花塞电极与绝缘体颜色

思考与练习

(一) 填空题

(1) 根据点火系统整体结构的不同，点火系统可分为_____和_____两种类型。

(2) 点火系统的作用就是将蓄电池或者发电机的_____变成_____，再按发动机各汽缸的工作顺序点燃汽缸内的_____，使发动机运转。

(3) 火花塞由接线螺母、_____、_____、_____、金属主体、固定螺纹和密封圈组成。

(4) 无分电器电子点火系统可分为_____和_____两种方式。

(5) 火花塞根据电极材料的不同可分为_____、_____和_____三种。

(二) 判断题

(1) 现代轿车发动机的点火系统几乎都是晶体管电子点火系统。　　(　　)

(2) 白金火花塞的使用寿命最长。　　(　　)

(3) 发动机功率大、压缩比大、转速高时应选用冷型火花塞。　　(　　)

(4)电子点火系统利用电控单元来控制点火提前角,比传统点火系统的机械提前装置控制得更加精确。（　　）

(5)单缸独立点火系统没有分电器。（　　）

(三)简答题

(1)一般情况下,火花塞的更换里程或者时间是多少？为什么要定期更换？

(2)单缸独立点火系统对比于其他类型的点火系统有什么优势？

(3)简述点火系统有哪些基本要求。

单元八　发动机起动系统

学习目标

1. 能叙述起动系统的组成及工作原理；
2. 能叙述发电机的结构组成和工作原理；
3. 能叙述一键起动系统的功能；
4. 能正确地验证电磁开关是否能正常工作。

建议课时

4课时。

汽车发动机本身不能自行起动,须借助外力来带动曲轴旋转,完成发动机由静止到工作的过程。

一　起动系统的作用与认识

起动系统的作用是在正常使用条件下,通过起动机将蓄电池储存的电能转变为机械能,带动发动机的曲轴转动,当发动机达到一定的转速后,配合进气与点火等,便能自行运转。图8-1所示为起动机在整车上的位置。

二　起动系统的组成与电路

（一）起动系统的组成

如图8-2所示,发动机起动系统主要由蓄电池、起动机、点火开关和起动继电器等组成。

单元八　发动机起动系统

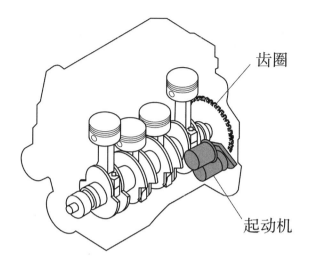

图 8-1　起动机在整车上的位置

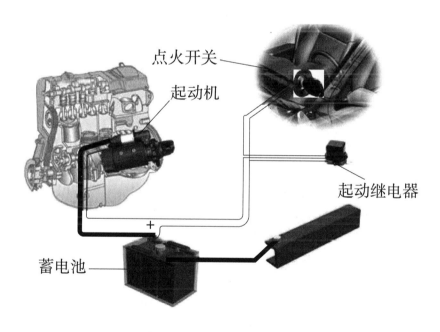

图 8-2　起动系统的组成

(二)起动系统的电路

起动系统电路如图 8-3 所示。汽车起动时,点火开关接通点火继电器线圈(配备自动变速器的车辆还会在电路上串联一个空挡起动开关),点火继电器开关闭合,将蓄电池与起动机的电磁开关控制端接通,电磁开关闭合,电磁开关的闭合将蓄电池正极与起动机内的直流电机接通,起动机开始工作。

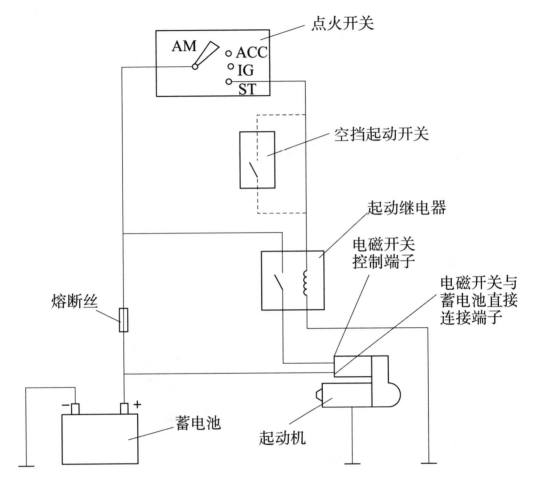

图 8-3　起动系统电路图

三　起动机的结构与工作原理

(一)起动机的作用

起动机的作用是将蓄电池储存的电能转变为机械能,使驱动齿轮与发动机飞轮啮合,带动发动机转动。

(二)起动机的结构与工作原理

如图 8-4 所示,起动机主要由直流电动机、传动机构和控制装置三部分组成。

1　起动机的直流电动机

如图 8-5 所示,直流电动机的作用是产生转矩,主要由机壳、磁极、电枢、换向器及电刷等组成。

单元八　发动机起动系统

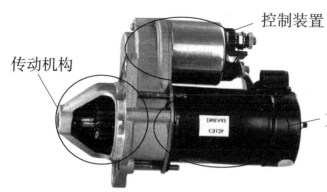

起动机工作原理

图 8-4　起动机组成

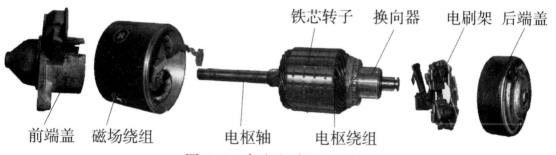

图 8-5　直流电动机的组成

❷ **起动机的传动机构**

如图 8-6 所示,起动机的传动机构又称啮合机构,其作用是将直流电动机产生的转矩传递给飞轮齿圈,再通过飞轮齿圈把转矩传递给发动机的曲轴。发动机起动后,飞轮齿圈与驱动齿轮自动打滑脱离。传动机构一般由驱动齿轮、单向离合器、拨叉与啮合弹簧等组成。

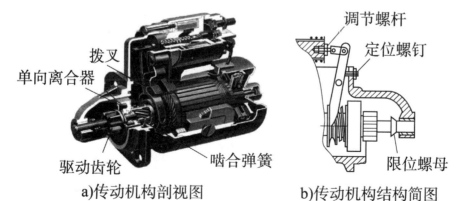

a)传动机构剖视图　　b)传动机构结构简图

图 8-6　起动机传动机构

❸ **起动机的控制装置**

起动机的控制装置可控制驱动齿轮和飞轮的啮合与分离,并且控制电动机电路的接通与切断。如图 8-7 所示,现代汽车上广泛使用电磁式控制装置(电磁开关),主要由吸引线圈、保持线圈、复位弹簧、活动铁芯和接触片等组成。

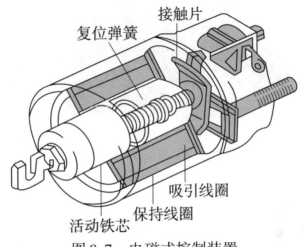

图 8-7 电磁式控制装置

4 起动机的工作原理

如图 8-8 所示,将点火开关打至起动挡时,起动系统控制电路接通电源,电磁开关通电后能产生磁场吸合活动铁芯,使直流电动机通电转动,同时随着活动铁芯的移动,起动机传动机构会使起动机的驱动齿轮与发动机的飞轮齿圈啮合,带动发动机曲轴转动。

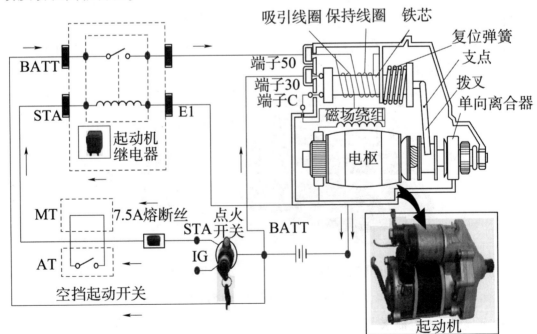

图 8-8 起动机工作原理

单元八 发动机起动系统

四 起动系统的新技术

（一）防起动系统

如图8-9所示,汽车防起动系统的功能是防止车辆非法起动,也就是在没有使用正确的点火钥匙时无法起动车辆。该系统由点火钥匙内的信号传输线圈、防起动控制装置收发器、指示灯以及ECU等组成。

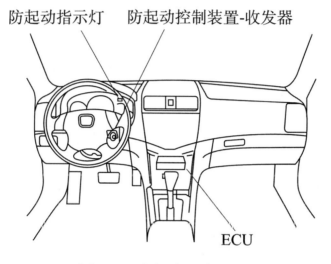

图8-9 防起动系统组成

当点火钥匙插入点火开关,并转动至ON位置时,防起动控制装置收发器将向点火钥匙内的信号传输线圈发送信号,然后信号传输线圈将一个加密信号送回防起动控制装置,防起动控制装置再将此加密信号发送至ECU。如图8-10所示,若ECU检测到正确的可识别密码,将控制打开燃油供给系统,否则ECU将停止燃油供给系统或者点火系统的工作,使车辆无法起动。

（二）一键起动系统

如图8-11所示,一键起动是指带有智能钥匙的驾驶员,无须操作点火钥匙或机械转动,仅用电子式按钮操作就可以实现汽车电源和发动机的起动和关闭功能。

如图8-12所示,当一键起动系统检测到智能钥匙在车内,并且变速器操纵杆位于P挡或N挡位置时,驾驶员只需踩住行车制动踏板(有些手动挡的车型需踩住离合器踏板)同时按一下点火按钮即可起动发动机。如需熄灭发动机,只需按一下点火按钮即可。

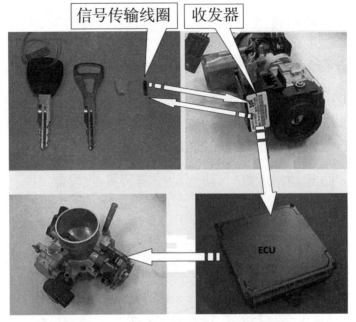

图 8-10 防起动系统工作示意图

图 8-11 一键起动系统按键

(三) 智能起停系统

发动机智能起停技术,是指在车辆行驶过程中临时停车(例如等红灯)的时候自动熄火,当需要继续前进的时候,系统自动重起发动机的一套系统。智能起停系统可以有效降低发动机怠速空转的时间,可以一定程度降低发动机排放和提高燃油经济性。

图 8-13 所示为大众智能起停系统的工作过程。当遇到红灯或塞车时,驾驶员制动使车辆停下来后,将挡位换入空挡并完全释放离合器踏板,这时控制系统会自动将发动机熄火,节省了怠速运转而浪费的燃油;当绿灯放行后,驾驶员踩

下离合器踏板,发动机则自动重新起动,挂入挡位后即可前行。如果是自动挡车型操作更为简单,驾驶员只要施加制动使车辆停止,发动机则自动熄火。在释放制动后,驾驶员踩下加速踏板,发动机将自动起动。

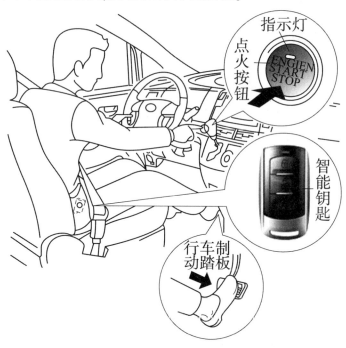

图8-12 一键起动系统操作方法

临时制动

踩制动踏板

发动机自动停止

仪表显示起停标示

准备继续前行

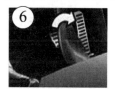
松开制动踏板,加速

发动机重新起动

起停标识消失

继续前行

图8-13 大众智能起停系统工作过程

五 技能训练

❶ 起动系统相关零部件的检查

对各零部件进行清理、清洗、防腐,然后按系统对应放置,检查是否齐全和可再用性,并将检查结果和采取措施填写在表8-1中。

起动机总成
性能检测

起动系统相关件零部检查   表8-1

项　　目	可继续用	可维修	应更换	采 取 措 施
电池电压				
电池外壳				
电缆夹				
搭铁线				
端子50电缆				
连接器				
端子30电缆				
起动机				
安装螺栓				

❷ 验证电磁开关能否正常吸合

(1)准备一块充好电的12V蓄电池;

(2)用一根导线连接蓄电池的负极与电磁开关的金属外壳;

(3)用一根导线连接蓄电池的负极与电磁开关的"端子C";

(4)用一根导线连接蓄电池的正极与电磁开关的"端子50",观察电磁开关的活动铁芯能否往里收缩;

(5)断开"端子C"的连接线,观察电磁开关的活动铁芯会否保持收缩状态;

(6)断开蓄电池正极的连接线,观察电磁开关的活动铁芯会否快速伸出。

(一)填空题

(1)发动机起动系统一般由蓄电池、_____、_____和起动线路等组成。

(2)起动机能把蓄电池的_____能转换为_____能,带动发动机曲轴转动。

(3)起动机由_____、_____和_____三部分组成。

(4)起动机中能产生力矩的部件是_____。

(5)起动机中控制直流电机通电的部件是_____。

(二)判断题

(1)一键起动系统使用的钥匙是纯机械钥匙。　　　　　　　　(　　)

(2)汽车行驶时起动系统一直在工作。　　　　　　　　　　　　(　　)

(3)智能起停系统能实现无人驾驶。　　　　　　　　　　　　　(　　)

(4)起动系统的继电器能实现保护起动电路的作用。　　　　　　(　　)

(5)蓄电池电量较低时也能起动发动机。　　　　　　　　　　　(　　)

(三)简答题

(1)简述智能起停系统能实现什么功能。

(2)简述起动系统三大部分的作用分别是什么。

(3)当汽车蓄电池没电时,起动系统还能工作吗?如果不能,有什么方法可以让汽车着车呢?

单元九　发动机冷却系统

学习目标

1. 能叙述冷却系统的组成与作用；
2. 能了解冷却系统的各部件安装位置及冷却液的流经路线；
3. 能叙述冷却系统各部件的作用；
4. 能检测冷却液质量及更换冷却液。

建议课时

6课时。

发动机冷却系统是使发动机温度升高到正常工作温度后保持工作温度,从而保证发动机正常工作的部件。车辆长期使用后,冷却系统的技术状态发生变化,可能出现发动机过热、过冷或冷却液渗漏等故障。

一　冷却系统的作用与认识

冷却系统的功用

(一)冷却系统的作用

当发动机运转时,燃料燃烧和运动件间摩擦产生大量的热量,发动机温度随之升高。如图9-1所示,冷却系统强制性地将零件所吸收到的热量及时散去,保持发动机温度在一定工作范围内,确保发动机的正常运转。

单元九 发动机冷却系统

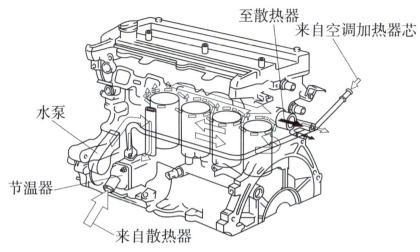

图 9-1 冷却系统的作用

(二)冷却液

冷却液又称防冻液、抗冻液等,由水、防冻剂和添加剂三部分组成,按防冻剂成分不同可分为酒精型、甘油型和乙二醇型等类型。目前国内外发动机所使用的冷却液大部分都是乙二醇型冷却液。通常根据汽车行驶里程或使用时间长短来定期更换发动机的冷却液。冷却液除散热外,还有以下功能。

❶ 冬季防冻功能

为了防止汽车在冬季停车后,冷却液结冰而造成散热器、发动机缸体胀裂,要求冷却液的冰点应低于该地区最低温度10℃左右。

❷ 防腐蚀功能

冷却液中加入一定量的防腐蚀添加剂,防止冷却系统产生腐蚀。

❸ 防水垢功能

冷却液在循环中应尽可能少地减少水垢的产生,以免堵塞循环管道,影响冷却系统的散热功能。

❹ 防开锅功能

冷却液能耐受更高的温度而不沸腾(开锅),在一定程度上满足了高负荷发动机的散热冷却需要。

二 冷却系统的组成及工作原理

发动机的冷却系统一般由水泵、水套、散热器、节温器和冷却风扇等组成。如图9-2所示,为保证发动机正常工作,冷却液必须按照规定的路径流动。

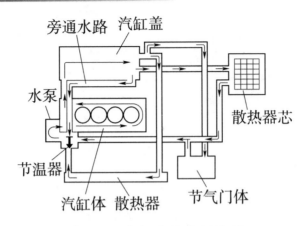

图 9-2 冷却液的流经路线

在冷却系统中有两个散热循环:一个是冷却发动机的主循环,另一个是车内取暖循环。这两个循环都以发动机为中心,使用同一冷却液。

主循环中包括了两种工作循环,即"冷车循环"和"正常循环"。冷车起动后,发动机渐渐升温,但冷却液的温度无法打开节温器。冷却液经过水泵在发动机内进行"冷车循环"即小循环,使发动机尽快达到正常工作温度。当冷却液温度升到节温器的开启温度,冷却液从发动机中流出,经过车前端的散热器后,再经水泵进入发动机。冷却液进行"正常循环"即"大循环"。

车内取暖循环也是发动机的冷却循环。冷却液经过车内的采暖装置,将冷却液的热量送入车内,然后再流回到发动机。取暖循环不受节温器的控制,只要打开暖气,冷却液就开始循环,不管冷却液是冷的还是热的。

三 冷却系统的主要部件

冷却系统的主要部件有节温器、散热器、水泵和风扇等。

(一)节温器

节温器安装在水泵的进水口或汽缸盖的出水口处,能根据发动机负荷大小和冷却液温度的高低自动改变冷却液循环流动的路径及流量,调节冷却系统的冷却强度,以保证发动机工作的正常温度。

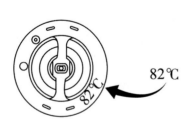

图 9-3 节温器阀上的开启温度标记

❶ 传统节温器

传统节温器有蜡式和膨胀式两种,目前多数发动机采用蜡式节温器。节温器附近的冷却液温度在82℃左右时阀门开始打开(图9-3)。

单元九 发动机冷却系统

如图9-4所示,将节温器浸入水中,慢慢将水加热,阀门的开启温度应为80～84℃。阀门升程在95℃时为10mm或更多,如图9-5所示。当节温器处于较低温度(低于77℃)时,阀门应该完全关闭。

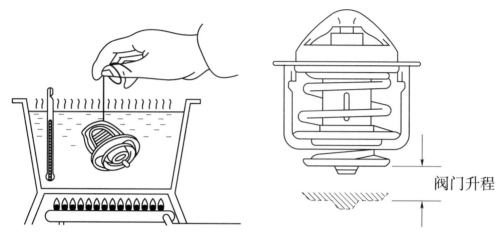

图9-4 加热法检测节温器　　图9-5 测量节温器阀门升程

❷ **电子节温器**

如图9-6所示,电子节温器除了具备传统节温器的功能外还能根据发动机负荷的变化为发动机设定一个适宜的工作温度。

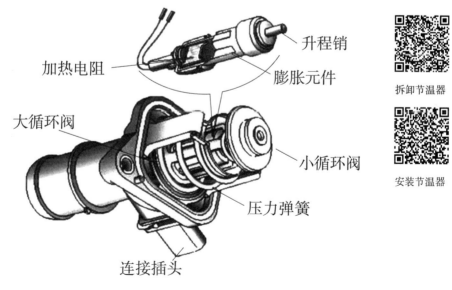

图9-6 电子节温器

(1)冷却液小循环路径。

如图9-7所示,冷却液经过发动机缸盖,小循环阀门打开,冷却液流经小阀门后被水泵直接抽吸回去,形成小循环。此时有利于冷却液快速升温达到正常工作温度。

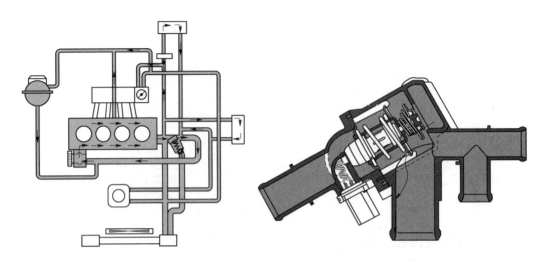

图 9-7　由电子节温器控制的小循环

(2)冷却液大循环路径。

发动机全负荷运转时,冷却系统需具备较高的冷却强度。如图 9-8 所示,发动机控制单元根据相应的传感器信号进行计算后输出电信号给电子节温器,溶解石蜡体。大循环阀门打开,切断小循环,使冷却液温度保持在 85～95℃之间。石蜡的加热程度由发动机控制单元输出的脉冲信号脉宽决定。

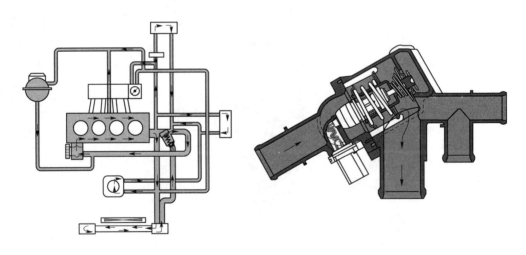

图 9-8　由电子节温器控制的大循环

(二)散热器

如图 9-9 所示,散热器由上储水室、下储水室、散热器芯和散热器盖等组成。

冷却液在散热器芯内流动,空气在散热器芯外通过。热的冷却液由于向空气散热而变冷,冷空气则因为吸收冷却液散出的热量而升温,所以散热器是一个热交换器。

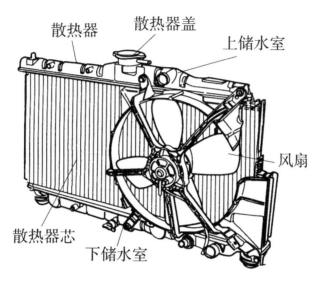

图9-9 散热器的组成

汽车散热器的材质主要有两种:铝质和铜制,目前市场上的散热器一般都是铝制的。

(三)水泵

如图9-10所示,水泵通过叶轮的旋转对冷却液加压,使冷却液循环流动,保证发动机的工作温度。当冷却液进入水泵转子工作室后,冷却液在转子的带动下一起转动,由于离心力的作用,冷却液被甩到转子的边缘,随后由于冷却液分子间的推动作用使冷却液向出水口流出而进入发动机缸体水套。与此同时,在转子的中部形成吸力将冷却液吸入,随后又被甩到转子叶片边缘。冷却液便在水泵的作用下不停地循环流动。

四 技能训练——检查冷却液液位

(1)先将发动机预热,待发动机冷却后,拆下散热器盖并检查补偿散热器或膨胀散热器中冷却液的液位。冷却液液位应该在低位(LOW)与高位(HIGH或FULL)之间,如图9-11所示。

(2)如果冷却液的液位过低,应先检查是否有渗漏,若有渗漏则对渗漏处进行维修,恢复正常后添加冷却液。若目测较难发现渗漏,需进行冷却系统的压力测试。

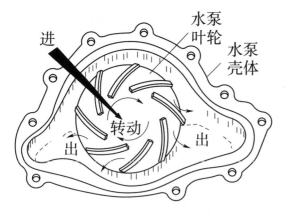
图9-10 水泵的内部结构图

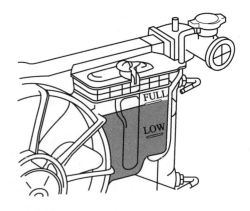
图9-11 检查冷却液的液位

(一)填空题

(1)冷却液由水、防冻剂和_____三部分组成。

(2)节温器安装在水泵的_____或汽缸盖的_____。

(3)散热器由_____、_____散热器芯等部分构成。

(4)传统节温器有_____和_____两种。

(5)通常根据汽车行驶_____或_____来定期更换发动机的冷却液。

(二)判断题

(1)冷却液不具备防开锅功能。(　　)

(2)目前国内外发动机所使用的冷却液几乎都是乙二醇型冷却液。(　　)

(3)发动机冷却液温度表用于指示发动机工作时的汽缸体温度。(　　)

(4)电子节温器能据发动机负荷的变化为发动机设定一个适宜的工作温度。(　　)

(5)应在发动机工作时检查补偿散热器或膨胀散热器中冷却液的液位。(　　)

(6)轿车散热器的材质是铜,其价格更便宜。(　　)

(三)简答题

(1)请简要说明冷却液的主要功能有哪些。

(2)水冷式发动机冷却系统是如何调节冷却强度的?

(3)散热器的作用是什么?

单元十　发动机润滑系统

 学习目标

1. 能叙述润滑系统的组成和作用；
2. 能叙述机油的黏度等级和质量等级分类；
3. 能叙述润滑系统主要零部件的结构和工作原理；
4. 能进行机油液位的检查。

 建议课时

6课时。

如果说发动机是汽车的心脏，那么润滑油道就发动机的血管，润滑油就是发动机的血液。润滑系统的技术状况将影响发动机的工作性能和使用寿命，在使用过程中可能会出现油压过低、过高或机油消耗量不正常、机油品质变差等现象。

一　润滑系统的作用与认识

润滑系统是在发动机工作时连续不断地将足够数量、适当温度的清洁润滑油供给发动机各摩擦表面，从而减小阻力、降低功率消耗和减轻机件磨损，以达到提高发动机工作可靠性和耐久性的目的。

（一）润滑系统的作用和润滑机理

如图10-1所示，发动机工作时，很多零件都是在很小的间隙下做高速相对运

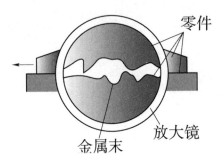

图10-1 运动零件表面放大图

动,如曲轴主轴颈与主轴承,凸轮轴颈与凸轮轴承,活塞、活塞环与汽缸壁等。尽管这些零件工作表面都经过精密加工,但微观上其表面仍凹凸不平。若不对其进行润滑,部件之间将发生强烈的摩擦,这样不仅会消耗发动机的功率,还会加速零件工作表面的磨损。若磨损严重,不仅造成零件工作表面烧损,还会造成其他零件损坏,甚至导致发动机报废。

❶ 润滑

润滑系统将润滑油不断地供给各零件的摩擦表面,形成足够强度的润滑油膜,减小零件的摩擦、磨损和功率消耗。

❷ 清洁

润滑系统使润滑油不断循环流动以清洗摩擦表面,将各种磨屑、颗粒带回曲轴箱。其中,大颗粒沉落到油底壳底部,小颗粒被机油滤清器滤出,从而起到清洁的作用。

❸ 冷却

发动机工作时,由于运动零件的摩擦和混合气的燃烧,使某些零件产生较高的温度,工作温度可达 $400 \sim 600℃$。而润滑油流经零件表面时可吸收其热量并将部分热量带回到油底壳散入大气中,起到冷却作用。

❹ 密封

发动机汽缸壁与活塞、活塞环与环槽间隙中的油膜,减少了气体的泄漏,保证汽缸的应有压力,起到了密封作用。

❺ 防锈蚀

润滑油黏附在零件表面上,避免零件与水、空气、燃气等的直接接触,起到防止或减轻零件锈蚀和化学腐蚀的作用。此外,润滑油在发动机中还可用作液压油,如在液压挺柱中起液压作用;在可变配气正时控制机构中控制进、排气门凸轮轴转角。

(二)机油

发动机润滑油习惯上称为机油,是用来润滑发动机内部的零部件。

在机油的包装上一般都有 SAE 和 API 标识,其中 SAE 是美国汽车工程协会的简称,API 是美国石油协会的简称。SAE 后边的标号标明机油的黏度值,而

API 后边的标号则标明机油的质量级别。

❶ 机油黏度等级

液体受外力作用移动时,其分子之间产生摩擦阻力的量度,叫作黏度。摩擦阻力越大,黏度越大;摩擦阻力越小,黏度越小。

机油的黏度等级是衡量机油黏度的标准,一般采用国际通用的 SAE 等级标识,如 SAE 0W-40、SAE 5W-30、SAE 10W-40 等。其中,"W"表示冬季(winter),其前面的数字越小表示机油的黏度越低,流动性越好,可供使用的环境温度越低,在冷起动时对发动机的保护能力越好;"W"后面的数字则是机油耐高温性能的指标,数值越大说明机油在高温下的保护性能越好。

机油黏度需要适中,因为黏度较高的机油对运动系统的阻力较大,耗费功率和增加油耗,而且机油容易氧化、影响冷起动等。

❷ 机油质量等级

机油质量等级是综合衡量机油质量高低的标准,是根据机油的特性、使用场合和使用对象来确定的。机油质量等级有 ACEA、API、ILSAC 和 ISO 等国际润滑油组织制定的标准,也有各汽车制造厂自行制定的标准,如 BMW、Mercedes Benz 和 VW 等。

我国广泛采用的是 API 等级标识,其基本格式是以两个英文字母标识机油的类别和等级,如 SM 和 SN 等。

第一个字母是表示机油的类别,共有三种类别。其中,"S"表示汽油机油、"C"表示柴油机油、"S/C"表示汽油柴油通用机油。

第二个字母表示机油的等级。对于"S"类汽油机油而言,通常字母越靠后其等级越高,目前最新标准是 SN,而市场上 SM 级别仍然具有一定地位。但"C"类柴油机油,则必须参考 API 的使用说明。S 和 C 机油完全不同,两者不能混用。

❸ 更换间隔

机油的更换应按照汽车生产厂家要求在规定的行驶里程或时间间隔内(先到为限)进行,一般每 10000km 或 1 年更换一次。具体情况随车型、使用状况等不同而不同,所以应严格按照维修手册执行。

二 润滑系统的组成及油路

(一)润滑方式

由于发动机各运动零件的工作条件不同,对润滑强度的要求也就

润滑方式

不同。发动机主要采用三种润滑方式。

压力润滑是利用机油泵,将具有一定压力的润滑油源源不断地送往摩擦表面。例如,曲轴主轴承、连杆轴承及凸轮轴轴承等处承受的载荷及相对运动速度较大,需要以一定压力将机油输送到摩擦面的间隙中,方能形成油膜以保证润滑。这种润滑方式称为压力润滑。

飞溅润滑是利用发动机工作时运动零件飞溅起来的油滴或油雾来润滑摩擦表面的润滑方式。这种润滑方式可使裸露在外面承受载荷较轻的汽缸壁、相对滑动速度较小的活塞销,以及配气机构的凸轮表面、挺柱等得到润滑。

定期润滑是发动机辅助系统中有些零件只需定期加注润滑脂(黄油)进行润滑,例如水泵及发电机轴承就是采用这种方式定期润滑。近年来,在发动机上采用含有耐磨润滑材料(如尼龙、二硫化钼等)的轴承来代替加注润滑脂的轴承。

(二)润滑系统的组成及油路

现代汽车发动机润滑系统的组成及油路布置方案大致相似,只是由于润滑系统的工作条件和具体结构的不同而稍有差别。如图10-2所示,润滑系统一般由油底壳、机油泵、机油滤清器、主油路、限压阀、旁通阀、传感器和机油压力报警指示灯等组成。

润滑系统的组成

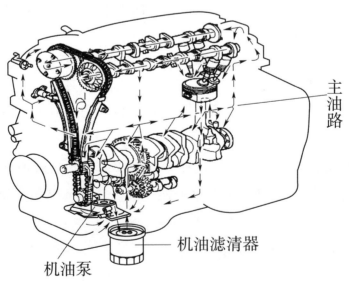

图10-2 润滑系统组成示意图

如图10-3所示,机油必须按照规定的路径流动。

单元十 发动机润滑系统

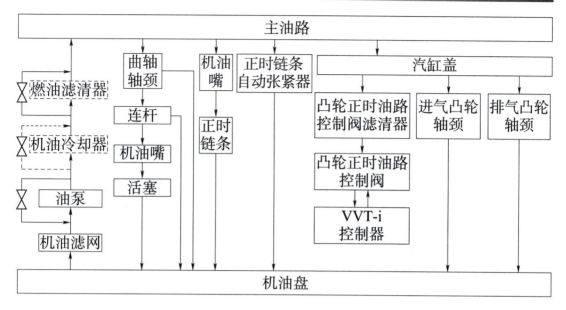

图 10-3 典型发动机润滑油流动路径

三 润滑系统的主要零部件

（一）机油泵

机油泵用于提供机油压力,保证机油在润滑系统内不断循环。目前发动机润滑系统中广泛采用的是转子式机油泵和齿轮式机油泵两种。

1 转子式机油泵

转子式机油泵由壳体、内转子、外转子和泵盖等组成,如图 10-4 所示。内转子为驱动转子,用键或销子固定在转子轴上,由曲轴齿轮直接或间接驱动。外转子为从动转子,在内转子齿轮上滚动并以这种方式在机油泵壳体内旋转。内转子和外转子中心的偏心距为 e,内转子带动外转子一起沿同一方向转动。内转子有 4 个凸齿,外转子有 5 个凹齿,这样内、外转子同向不同步地旋转。

转子齿形齿廓设计得使转子转到任何角度时,内、外转子每个齿的齿形廓线上总能互相成点接触。这样内、外转子间形成 4 个工作腔,随着转子的转动,这 4 个工作腔的容积是不断变化的。在进油道的一侧空腔,由于转子脱开啮合,容积逐渐增大,产生真空形成吸油腔,机油被吸入。转子继续旋转,机油被带到出油道的一侧,随着转子啮合,使这一空腔容积减小,油压升高,机油从齿间挤出并经出油道压送出去。这样,随着转子的不断旋转,机油就不断地被吸入和压出。

❷ 齿轮式机油泵

齿轮式机油泵结构如图10-5所示,它由主动轴、主动齿轮、从动轴、从动齿轮、壳体等组成。

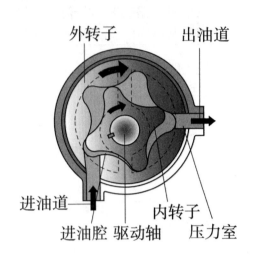

图10-4　转子式机油泵结构原理图

图10-5　齿轮式机油泵结构原理图

工作时,主动齿轮带动从动齿轮反向旋转。两齿轮旋转时,充满在齿轮齿槽间的机油沿油泵壳壁由进油腔带到出油腔,在进油腔一侧由于齿轮脱开啮合以及机油被不断带出而产生真空,使油底壳内的机油在大气压力作用下经集滤器进入进油腔,而在出油腔一侧由于齿轮进入啮合和机油不断被带入而产生挤压作用,机油以一定压力被泵出。

(二)机油滤清器

发动机工作时,金属磨屑和大气中的尘埃以及燃料燃烧不完全所产生的炭粒会渗入机油中,机油本身也因受热氧化而产生胶状沉淀物,机油中含有这些杂质。如果把这样的脏机油直接送到运动零件表面,机油中的机械杂质就会成为磨料,加速零件的磨损,并且引起油道堵塞及活塞环、气门等零件胶结。因此,必须在润滑系统中设有机油滤清器,使循环流动的机油在送往运动零件表面之前得到净化处理,保证摩擦表面的良好润滑,延长其使用寿命。

❶ 集滤器

集滤器是具有金属网的滤清器,如图10-6所示。集滤器安装于机油泵进油管上,其作用是防止较大的机械杂质进入机油泵。

❷ 机油滤清器

机油在发动机工作过程中经常会受到灰尘、积炭和机械磨损的铜、铁屑等其他杂质的污染,因此必须在机油进入主油道之前采用机油滤清器对它进行过滤,使之保持清洁,以减少机件的磨损,延长机件和润滑油的使用寿命。如图 10-7 所示,机油滤清器主要由外壳、纸质滤芯、螺纹盖板和旁通阀等组成。

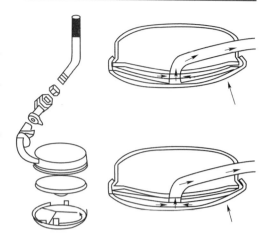

图 10-6　集滤器结构原理图

发动机工作时,机油以一定压力输送到滤清器的进油口(螺纹盖板的多个冲孔),进入滤清器的滤芯表面,经滤芯过滤后进入中心管,再从出油口(即中心螺纹孔)流进发动机的主油道进行润滑。

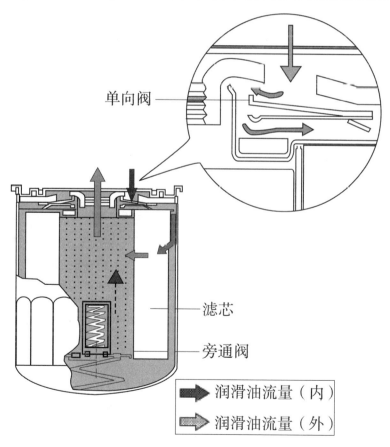

图 10-7　机油滤清器结构原理图

机油滤清器必须定期更换,一般在更换机油时一起更换。

(三) 阀门

在润滑系统中设置了几个限压阀和旁通阀,以确保润滑系统正常工作。

❶ 限压阀

如图10-8所示,限压阀用于限制润滑系统中机油的最高压力,一般安装在机油泵内或主油道中。当润滑系统中油路堵塞、轴承间隙过小或使用的机油黏度过大时,将使机油压力增大,需在润滑系统中设有限压阀,限制机油最高压力,以确保安全。

当机油泵和主油道上机油压力超过预定的压力时,克服限压阀弹簧作用力,打开限压阀阀门,一部分机油将从侧面通道流入油底壳内,使油道内的油压下降。当机油压力下降至设定的正常值后,阀门关闭。

❷ 旁通阀

如图10-9所示,旁通阀一般安装在机油滤清器内。当机油滤清器堵塞时,机油通过并联在其上的旁通阀直接进入润滑系统的主油道,防止主油道断油。旁通阀与限压阀的结构基本相同,只是其安装位置、控制压力和溢流方向不同,通常旁通阀弹簧刚度要比限压阀弹簧刚度小得多。

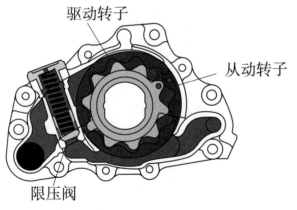

图10-8　限压阀的安装位置图　　　图10-9　旁通阀的安装位置图

(四) 机油散热器和冷却器

❶ 机油散热器

机油黏度会随温度的升高而降低,因此,有些发动机安装了机油散热器或机油冷却器,以降低机油温度,使润滑油保持一定的黏度。

如图10-10所示,机油散热器由散热管、限压阀、开关、进出水管等组成,其结构与冷却系统散热器相似。

单元十　发动机润滑系统

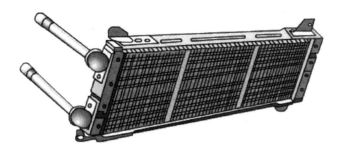

图 10-10　机油散热器结构示意图

❷ 机油冷却器

一般来说，热负荷不大的发动机没有机油冷却器，但对于高性能、高输出功率的发动机来说，机油冷却器必不可少。

如图 10-11 所示，风冷式机油冷却器一般安装在保险杠内等隐蔽的地方，利用流动的空气对机油进行冷却。

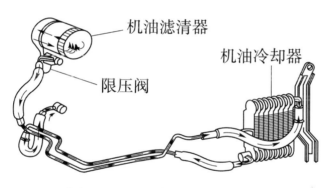

图 10-11　风冷式机油冷却器

（五）机油尺和机油压力过低报警装置

❶ 机油尺

如图 10-12 所示，机油尺是用来检查油底壳内油量和油面高低的部件，是一片金属杆，下端制成扁平结构，并有刻线，机油油面必须处于机油尺上下刻线之间。

❷ 机油压力过低报警装置

润滑系统出现故障将直接影响发动机的性能和使用寿命，因此，在汽车上必须安装报警装置，该装置一般由报警灯（蜂鸣器）和装在发动机主油道上的机油压力传感器组成，中间用导线连接。机油压力过低报警装置一般安装在组合仪表上，如图 10-13 所示。

图10-12 典型车辆机油加注口和机油尺

当发动机润滑系统主油道中的机油压力低于正常值时,对驾驶员发出报警信号,报警指示灯点亮并伴随声音信号。报警装置一旦报警,驾驶员必须在保证安全的条件下停车,关闭点火开关,待发动机冷却后加注该发动机指定牌号的机油或联系专业维修人员。

四 技能训练

（一）机油液位检查

驾驶员在每次定期维护之间或长途行驶之前,都应检查机油液位。进行机油液位检查作业时,可以使用机油标尺（图10-14）。

检查发动机机油液位

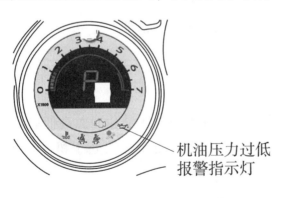

图10-13 典型车辆的机油压力过低报警指示灯

图10-14 机油标尺标识图

使用机油标尺检查机油液位的操作如下：
（1）将车辆停放在水平地面上,发动机停机至少15min。

(2)将机油标尺拔出并擦净机油,然后将机油尺完全插入导管,再次拔出机油尺检查确认机油液位。

(3)如图10-14所示,通过机油尺可显示机油液位区域。若机油液位处于区域①时,必须添加机油以达到区域②,但添加机油后不得超过区域②上限。若机油液位处于区域②时,可以添加机油,但添加机油后不能超过区域②上限。若机油液位处于区域③时,不能添加机油。

(二)更换发动机机油和机油滤清器

(1)排空废油,至废油呈滴状流出。

(2)更换放油螺塞密封圈。

(3)更换机油滤清器或滤芯:擦拭机油滤清器与支座相接合的工作面,更换新的机油滤清器密封圈。重新装上机油滤清器。

(4)加注标准量的机油,或接近机油标尺上限处。

(5)起动发动机运行1min以上,停机后检查油位,以超过机油标尺上、下限标记中线位置为准。

(6)将机油滤清器擦拭干净。

思考与练习

(一)填空题

(1)润滑系统有_____、_____、_____、_____和_____五大作用。

(2)机油SAE标识是指_____,用于表示机油的_____;API标识是指_____,用于表示机油的_____。

(3)发动机润滑系统的润滑方式主要有_____、_____和_____三种;曲轴轴颈采用的润滑方式是_____,活塞采用的润滑方式是_____。

(4)更换机油的周期是_____。

(5)根据API(美国石油协会)等级标识,"S"表示_____机油、"C"表示_____机油、"S/C"表示_____机油。

(二)判断题

(1)SAE机油的黏度等级"W"前面的数字越小表示机油的黏度越低,流动性越好,可供使用的环境温度越低,在冷起动时对发动机的保护能力越好;"W"

后面的数字则是机油耐高温性的指标,数值越大说明机油在高温下的保护性能越好。（　　）

（2）"C"类柴油机油与"S"类汽油机油一样,其字母越靠后其等级越高。（　　）

（3）机油的更换应按照汽车生产厂家要求,在规定的行驶里程或时间间隔内进行。（　　）

（4）机油滤清器在使用过程中一般不会发生故障,因此不需要定期更换。（　　）

（5）机油压力过低报警装置一旦报警,必须在保证安全的条件下停车。（　　）

(三) 简答题

（1）简述发动机机油的流动路径及各主要零件的润滑方式。

（2）为什么机油压力过低报警装置报警后,必须停车进行检查?

单元十一 发动机进排气系统

 学习目标

1. 能叙述进、排气系统的组成及其在发动机中的作用；
2. 能在实物上找出进排气系统部件位置；
3. 能正确使用工具对进、排气系统进行规范检查或拆装。

 建议课时

6课时。

进排气系统是保证发动机正常运转的重要装置之一,进排气系统不断地将新鲜空气或可燃混合气送入燃烧室,将燃烧室燃烧后的废气排放到大气中,实现发动机连续运转。

一 汽油发动机进排气系统作用与认识

如图11-1所示,进排气系统由进气系统和排气系统组成。

如图11-2所示,发动机工作时,进气行程所吸入的可燃混合气由进气系统提供,相应的排气行程所排出燃烧过后的废气则经过排气系统排到大气中。

二 进气系统的作用及组成部件

进气系统为发动机提供清洁、干燥、温度适当的空气进行燃烧,并降低发动机磨损和保证发动机的工作性能。如图 11-3 所示,空气被吸入汽缸时依次经过进气导流管、空气滤清器、空气流量传感器(部分车型)、节气门体、进气歧管,然后由进气歧管的各支管进入对应汽缸。

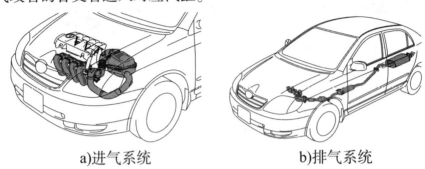

a)进气系统　　　　　　　b)排气系统

图 11-1　进排气系统组成

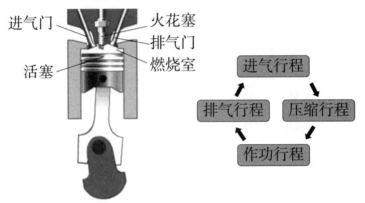

图 11-2　四行程发动机工作循环

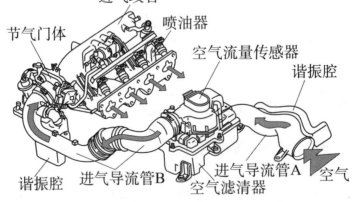

图 11-3　进气系统气流走向

❶ 进气导流管

为了增强发动机的谐振进气效果,空气滤清器进气导流管需要有较大的容积。进气导流管长度较长,以保证空气在导流管内有一定的流速。此外,较长的进气导流管有利于从车外吸气。

❷ 空气滤清器

空气滤清器的作用就是滤除空气中的杂质或灰尘,让洁净的空气进入汽缸,同时降低进气的噪声。如图 11-4 所示,在轿车上通常采用纸质的滤芯式空气滤清器。

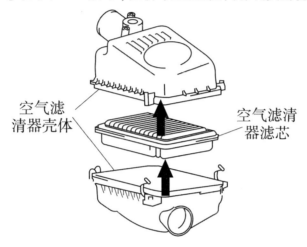

图 11-4　空气滤清器

如果滤清器滤芯被堵塞,将导致进入发动机的空气数量减少,发动机输出功率降低,燃油经济性变差。因此,需定期清洁或更换滤芯。

❸ 空气流量传感器

如图 11-5 所示,空气流量传感器是测量吸入发动机的空气流量的传感器,能准确测定发动机在各种运转工况下进入发动机的空气量,使得 ECU 准确计算并控制喷油量,以获得最佳浓度的混合气。

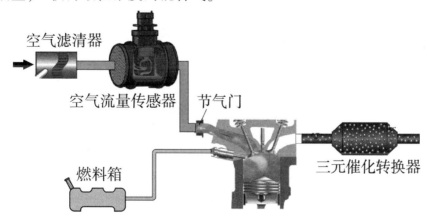

图 11-5　空气流量传感器

4 节气门体

如图 11-6a)所示,控制进气量的多少取决于驾驶员控制的加速踏板的位置。当驾驶员踩下加速踏板时,节气门开启,吸入大量的空气和燃油使发动机输出功率增加。同时,在节气门上还配备了怠速控制阀,用于调节发动机怠速时的进气量。如图 11-6b)所示,现代汽车节气门的控制大部分采用了电子节气门控制方式,将驾驶员对加速踏板的操作转换成电信号,利用 ECU 根据驾驶状况来调节节气门控制电机的转动,实现节气门位置的改变。怠速的控制直接用节气门来实现,因此,取消了怠速控制阀。

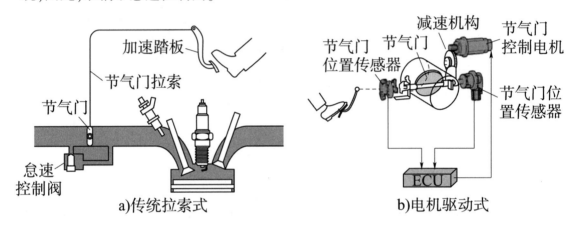

图 11-6 节气门控制方式

5 进气歧管

如图 11-7 所示,进气歧管由若干管路组成,为各个汽缸供气,通常有多少个汽缸就有多少根管路。由于进气端的温度较低,现代汽车的进气歧管大多采用非金属材质的复合材料。

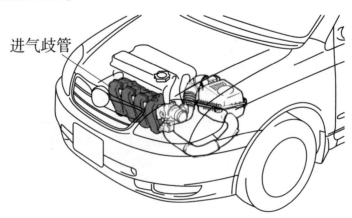

图 11-7 四缸发动机的进气歧管

⑥ 可变进气装置

可变进气装置是在进气歧管的基础上进行了改进。通过控制进气管道的长度(行程)或宽度的方式,改善发动机经济性和动力性,特别是能够改善中、低速和中、小负荷时的经济性和动力性。

如图 11-8 和图 11-9 所示,可变进气道有两种,分别是进气道长度可变式和进气道宽度可变式,分别用于纵置发动机和横置发动机。

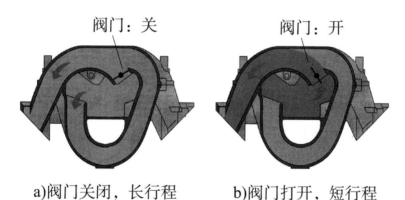

图 11-8 进气管道的长度(行程)调节方式

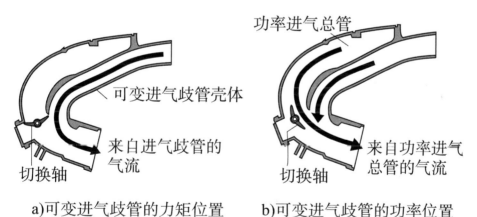

图 11-9 进气管道的宽度调节方式

⑦ 谐振进气系统

如图 11-10 所示,利用一定长度和直径的进气歧管与一定容积的谐振腔组成谐振进气系统,并使其固有频率与气门的进气周期谐调,那么在特定的转速下,就会在进气门关闭之前,在进气歧管内产生大幅度的压力波,使进气歧管的压力增大,从而增加进气量。

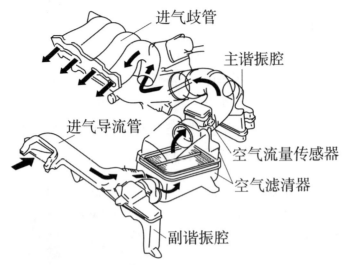

图 11-10 谐振进气系统

8 废气涡轮增压装置

通常情况下,发动机的输出功率是由单位时间内的混合气量来决定的,进气量增加,功率也就相应增加。因此一些小排量的发动机上,在发动机体积不变的情况下利用增压装置产生较高的输出功率。废气涡轮增压装置(图 11-11)是利用空气泵对空气进行加压,以在进气管内产生比大气压力高的压力(增压压力),使进入汽缸的空气质量增加,以此提高发动机的功率输出。

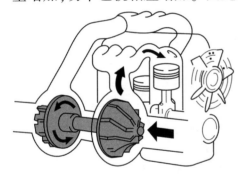

图 11-11 废气涡轮增压装置

图 11-12 所示为涡轮增压原理图。由于涡轮和泵轮安装在同一根轴上,在排气侧的涡轮可以利用排气能量使涡轮高速旋转来带动泵轮的转动,达到增压的效果,其最大增压压力达到 180kPa 的绝对压力。而安装在排气侧的旁通阀(压力单元)由 ECU 控制,可以防止增压压力过高。

如图 11-13 所示,部分车型上安装有中冷器,将一个气液交换器布置在进气歧管内用来冷却增压空气,以降低进气温度,改善进气效率。在发动机大负荷时,经过冷却后的进气温度与大气温度的差值可以达到 20 ~ 25℃。

三 排气系统的作用及组成部件

排气系统是通过改善发动机废气的排放性能,提高发动机功率,同时清除废气中的有害成分和废气,减弱废气发出的爆炸声。如图 11-14 所示,排气系统主要由排气歧管、三元催化转换器、排气管、消声器等组成。

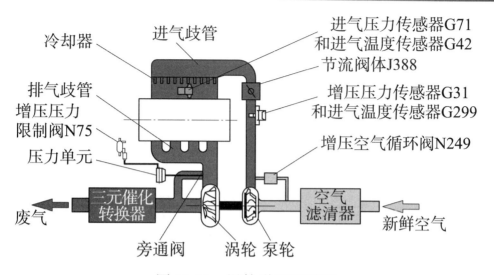

图 11-12　涡轮增压原理图

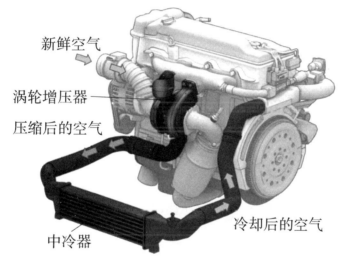

图 11-13　增压空气的冷却

废气涡轮增压器工作原理

废气涡轮增压器结构

图 11-14　排气系统组成

❶ 排气歧管

如图 11-15 所示,排气歧管是与发动机汽缸体相连的,将各缸的排气集中起来导入排气总管。

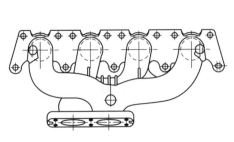
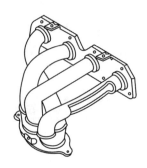

a)铸铁排气歧管　　　　b)不锈钢排气歧管

图 11-15　排气歧管

❷ 催化转换器

如图 11-16 所示,催化转换器是利用催化剂,通过氧化和还原反应将轿车一氧化碳(CO)、碳氢化合物(HC)、氮氧化物(NO_x)等主要排放有害污染物转换为对人体无害气体的一种排气净化装置。

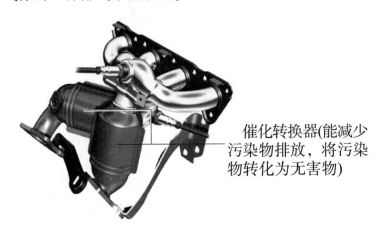

催化转换器(能减少污染物排放,将污染物转化为无害物)

图 11-16　催化转换器

图 11-17 所示为三元催化转换器,它可以同时对 CO、HC 和 NO_x 这三种有害物质进行净化。它以金属铂、钯或铑为催化剂,以排气中的 CO 和 HC 为还原剂,将 CO 和 HC 氧化为 CO_2 和 H_2O,将 NO_x 还原为 N_2 和 O_2。

三元催化转化器起氧化还原作用,只能使用无铅汽油,且仅在其温度超过 350℃时才起催化反应,同时,其需要理论混合比的混合气,防止转换效率下降甚至失效。

单元十一　发动机进排气系统

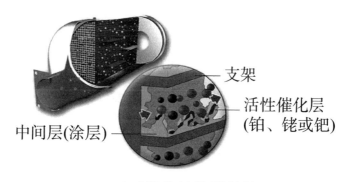

a) 三元催化转换器结构

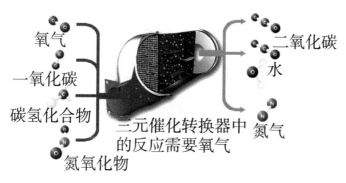

b) 三元催化转换器工作原理

图 11-17　三元催化转换器

❸ 消声器

由于汽车废气排出时仍保持较高的温度,具有一定的能量,加之排气时具有间歇性,会在排气管内产生排气压力的脉动。若将发动机废气直接排放到大气中,将产生强烈的噪声。

如图 11-18 所示,消声器通过逐渐降低废气压力和衰减排气压力的脉动,使废气能量耗散殆尽,从而降低废气噪声及排气温度。

❹ 废气再循环

如图 11-19 所示,废气再循环指把发动机排出的部分废气回送到进气歧管,并与新鲜混合气一起再次进入汽缸,用于减少 NO_x 的生成量。由于废气中含有大量的 CO_2,而 CO_2 不能燃烧却吸收大量的热,使汽缸中混合气的燃烧温度降低,从而减少了 NO_x 的生成量。另外,由于可变气门正时技术的应用,废气再循环可以通过控制排气门的延时关闭,利用"气门叠开"废气被吸回燃烧的控制方式,来实现发动机内部废气再循环,而不用额外配置单独的 EGR(废气再循环系统)阀。

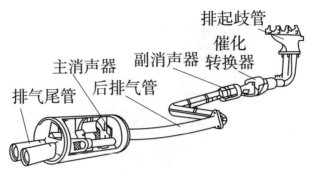

a) 消声器位置

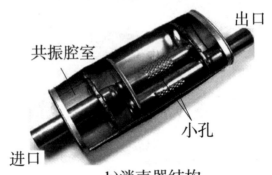

b) 消声器结构

图 11-18 消声器

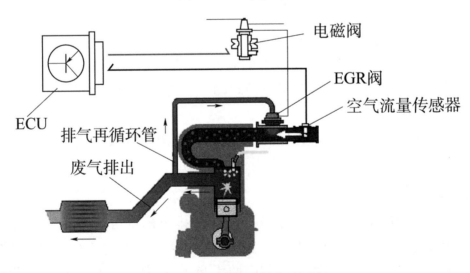

图 11-19 废气再循环原理

5 二次空气喷射系统

如图 11-20 所示,二次空气喷射系统是降低尾气排放的机外净化装置之一,由 ECU、空气滤清器和单向阀等组成。

单元十一　发动机进排气系统

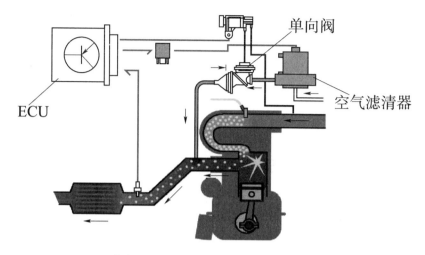

图 11-20　二次空气喷射系统

二次空气喷射系统通过向废气中加入额外的空气(二次空气)以增加其中氧气的含量,使废气中未燃烧的有害物质一氧化碳(CO)以及碳氢化合物(HC)在高温环境下再次燃烧,降低发动机冷起动阶段有害物质的排放。

四　技能训练

（一）空气滤清器的清洁或更换

❶ 更换或清洁空气滤清器

汽车行驶里程到达 20000km 或 2 年需更换空气滤清器滤芯。

拆卸空气滤清器的步骤如下：

(1)将发动机熄火。

(2)掰开空气滤清器壳体卡箍。

(3)用新的空气滤清器替换旧的空气滤清器。

(4)清除空气滤清器盖内污物。

(5)安装及检查空气滤清器滤芯上的橡胶密封是否良好。

❷ 空气滤清器滤芯的检查与清洁

汽车行驶里程未达到 20000km 或 2 年时,在日常维修中需进行清洁和检查。

清洁空气滤清器的步骤如下：

(1)将发动机熄火。

(2)掰开空气滤清器壳体卡箍,如图 11-21 所示。

(3)取出空气滤清器。

(4)清洁。使用压缩空气清除污物和空气滤清器盖内污物,注意从空气滤清器滤芯的发动机侧吹出压缩空气,如图11-22所示。

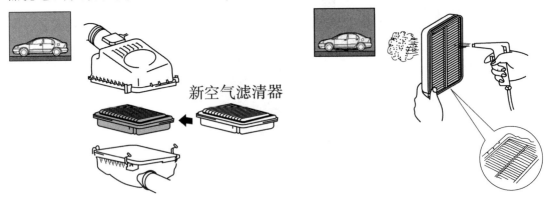

图 11-21　拆卸空气滤清器　　　　图 11-22　清洁空气滤清器

(5)检查空气滤清器滤芯中是否有灰尘、积聚微粒或者破裂。

(6)安装,检查空气滤清器滤芯上的橡胶密封是否良好。

(二)车辆排气系统检查

❶ 目测检查尾气排放情况

如图11-23所示,起动发动机,使发动机冷却液温度达到正常工作温度,让发动机处于怠速运转状态。观察排放出尾气情况,以及是否有蓝烟、白烟和黑烟出现。

图 11-23　查看尾气

❷ 排气管检查

如图11-24所示,起动发动机并怠速运转,举升车辆,检查排气系统。注意:此时排气系统温度较高,需做好防护,例如戴帽子和手套等。

(1)损坏检查:

检查排气管是否损坏。

检查消声器是否损坏。

单元十一 发动机进排气系统

检查排气管支架上的O形圈是否损坏或者脱离。
检查垫片是否损坏。

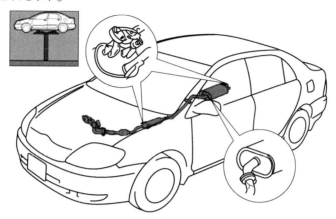

图 11-24 排气管损坏、渗漏检查

(2)渗漏检查：
通过观察接头周围是否存在黑色积炭。
检查排气管连接部分是否泄漏废气。
(3)安装状况检查：
如图 11-25 所示,使用工具对应安装螺栓位置进行力矩检查。

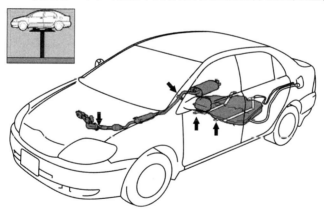

图 11-25 排气管安装状况检查

(一)填空题

(1)进排气系统由_____系统和_____系统组成。
(2)空气滤清器的作用是滤除空气中的_____或_____,让洁净的空气进入汽缸,同时降低进气的噪声。

（3）进气歧管是由若干管路组成,为各个汽缸供气,在四个汽缸的发动机中有_____根支管路。

（4）在可变进气道装置中,发动机在高转速、大负荷时使用_____进气道或者_____进气道。

（5）涡轮增压装置属于一种空气泵,对空气进行_____,因此在_____产生比大气压力高的压力(增压压力),使进气在加压下进入汽缸的空气质量增加。

（6）排气系统组成部件包括_____、三元催化转换器、排气管、_____等。

（7）三元催化转换器是利用_____,通过氧化和还原反应,将轿车主要排放有害污染物一氧化碳、碳氢化合物、氮氧化物转换为对人体_____的气体的一种排气净化装置。

（二）判断题

（1）如果滤清器滤芯被堵塞,将导致进入发动机的空气量变少。（　　）

（2）空气流量传感器是用来控制吸入发动机的空气流量的元件。（　　）

（3）在非直喷的发动机上的喷油器通常都安装在进气歧管的支管上。
（　　）

（4）可变进气道控制在发动机中、低转速和中、小负荷时使用长的进气道或者细进气道。（　　）

（5）涡轮增压系统涡轮和泵轮安装在同一根轴上,在排气侧的涡轮可以利用排气能量使涡轮高速旋转来带动泵轮的转动。（　　）

（6）发动机废气噪声是行车噪声的主要组成部分。（　　）

（7）废气再循环指把发动机排出的部分废气回送到进气歧管,并与新鲜混合气一起再次进入汽缸。（　　）

（三）简答题

（1）一般情况下,空气滤清器的更换里程或时间是多少?为什么要定期更换?

（2）废气涡轮增压发动机相对自然进气的发动机有什么优势?

（3）在什么情况不进行废气再循环,为什么?

（4）三元催化转换器的使用条件有哪些?

单元十二　汽车传动系统

学习目标

1. 能叙述离合器、变速器、驱动桥、万向传动装置的组成、作用和工作原理；
2. 能找到离合器、变速器、驱动桥、万向传动装置的安装位置，辨别其类型；
3. 能叙述不同类型离合器、变速器、驱动桥、万向传动装置的结构特点。

建议课时

12课时。

发动机输出的动力需通过汽车传动系统改变传动比，来改变力矩和转速，以满足车辆不同工况的需要。

一　传动系统的作用与认识

如图12-1所示，传动系统是将发动机产生的动力传递到驱动车轮的装置，主要由离合器、变速器、万向传动装置和驱动桥等组成。

1 减速增矩

发动机输出的动力具有转速高、转矩小的特点，无法克服汽车行驶阻力。通过传动系统的主减速器，可以达到减速增矩的目的，即传给驱动轮的动力比发动机输出的动力转速低,转矩大。

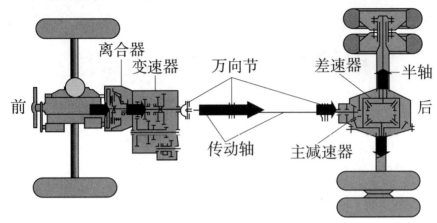

图 12-1　传动系统组成及动力传递路线

❷ 变速变矩

发动机的最佳工作转速范围很小,但汽车行驶的速度和需要克服的阻力却在很大范围内变化。通过传动系统的变速器,可以扩大发动机动力输出范围,满足汽车行驶速度变化和克服各种行驶阻力的需要。

❸ 实现倒车

汽车除了前进外,还要实现倒车,而发动机动力旋转方向不能反转,因此在变速器中设置倒挡使汽车实现倒车。

❹ 必要时中断传动系统的动力传递

起动发动机、换挡过程、行驶途中短时间停车或汽车低速滑行等情况下,都需要中断传动系统的动力传递,利用离合器和变速器的空挡可以中断动力传递。

❺ 差速功能

汽车在转向等情况下需要两驱动轮能以不同转速转动,通过驱动桥中的差速器可以实现差速功能。

二　离合器

(一)离合器的作用、类型和基本原理

❶ 离合器的作用和类型

离合器安装于发动机与变速器之间,其作用是保证汽车平稳起步,变速器平顺换挡,并防止由于传动系统过载而造成发动机及传动

离合器的类型

系统零部件的损坏。

如图12-2所示,按结构原理不同,离合器可分为摩擦式离合器、液力式离合器等。摩擦式离合器依靠主、从动件之间的摩擦力传递动力;液力式离合器利用主、从动件之间的液体介质传递转矩。

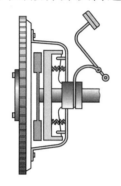
a)摩擦式离合器

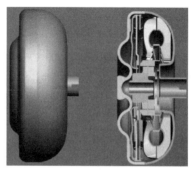
b)液力式离合器

图12-2 离合器按结构原理分类示意图

如图12-3所示,按压紧弹簧形式不同,摩擦式离合器可分为周布螺旋弹簧式离合器和膜片弹簧式离合器。其中,膜片弹簧式离合器由于尺寸较小、结构简化、质量轻、操作轻便、性能可靠等优点,广泛应用于轿车和轻、中型货车。

a)周布螺旋弹簧式离合器

b)膜片弹簧式离合器

图12-3 离合器按压紧弹簧形式分类

❷ 离合器的基本原理

离合器由主动部分、从动部分、压紧装置及操纵机构四部分组成。主动部分包括飞轮、压盘等,是动力输入部件;从动部分包括摩擦片和与其通过花键连接的变速器输入轴,是动力输出部件;压紧装置是使主从动部分接触面贴紧产生摩擦作用的机构;操纵机构是使离合器中断动力传递的机构。

离合器有三个工作状态,即接合状态、半联动状态和分离状态。

图12-4a)所示为离合器的接合状态。当车辆正常行驶时,压紧弹簧将压盘、摩擦片紧紧压靠在飞轮表面,此时摩擦片与压盘、飞轮之间的摩擦力最大,飞轮和变速器输入轴之间保持相对静摩擦,两者转速相同,即为接合状态。

图12-4b)所示为离合器的分离状态。当车辆起步或换挡时,驾驶员完全踩下离合器踏板时,通过操作机构使压盘向后移动,压盘与摩擦片之间产生间隙,此时摩擦片与压盘、飞轮完全不接触,即为分离状态。

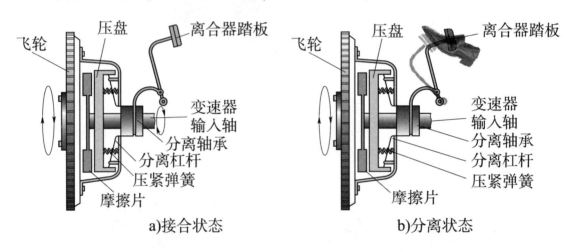

图 12-4　离合器工作原理

当踏板没有完全放松或踩下时,压盘与摩擦片的摩擦力小于接合状态时的摩擦力。压盘与摩擦片与飞轮、压盘之间是滑动摩擦状态。变速器输入轴的转速小于飞轮的转速,只有部分动力传递给变速器,即为离合器的半联动状态。

(二)离合器踏板的自由行程

如图12-5所示,离合器分离时,踏板行程可分为三个阶段。a位置到b位置,踏板产生位移,但是离合器仍处于结合状态。b位置到c位置,离合器由接合状态变为分离状态,在此过程中离合器处于半联动状态。c位置到d位置,踏板产生位移,离合器主、从动件继续分离。

离合器踏板自由行程是消除离合器的自由间隙和操纵机构零件的弹性变形踏板行程,即$a\sim b$的行程。自由行程过大,离合器分离不彻底,则换挡困难;自由行程过小,离合器容易打滑,则不能可靠传递发动机转矩。

检查离合器踏板自由行程

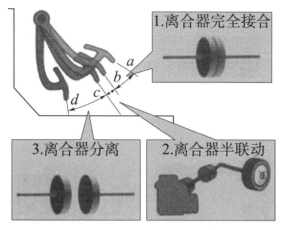

图 12-5　离合器踏板行程

(三)离合器的结构

① 膜片式弹簧离合器结构

如图 12-6 所示,膜片式弹簧离合器主要由飞轮、离合器盖-压盘总成、从动盘总成及分离机构等组成。离合器盖通过螺栓与飞轮连接,两者一起运转。

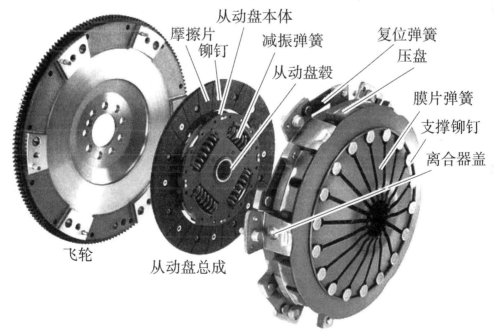

图 12-6　膜片弹簧式离合器结构

膜片弹簧采用碟形,其上开有径向切槽,形成若干个分离杠杆,既起压紧弹簧作用,又起分离杠杆的作用。

如图12-6所示,从动盘总成由从动盘本体、摩擦片和从动盘毂三个基本部分组成。为了避免转动方向的共振,缓和传动系统受到的冲击载荷,大多数汽车都在离合器的从动盘上附装有扭转减振器。

❷ 液压离合器操纵机构的结构

如图12-7所示,现代汽车广泛采用液压离合器操纵机构,其主要由主缸、工作缸和管路系统组成。

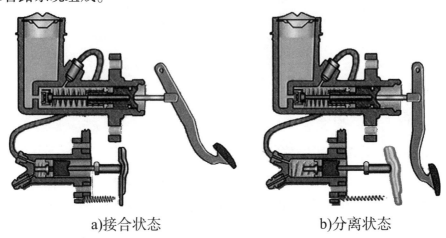

a)接合状态　　　　　　　　b)分离状态

图12-7　液压离合器操纵机构

踏下离合器踏板时,主缸推杆推动主缸活塞,使主缸中的油液压力升高,并通过管路进入工作缸,推动工作缸活塞,活塞再通过工作缸推杆推动分离叉使离合器分离。

踏板缓慢抬起过程中,主缸推杆逐渐减小对主缸活塞的压力,使主缸和工作缸的油液压力逐渐下降,工作缸活塞和主缸活塞便在分离叉复位弹簧和主缸活塞复位弹簧的作用下逐渐退回原位,实现逐渐接合,至完全复回原位时,离合器便处于接合状态。

三 变速器

发动机的最佳工作转速范围很小,但汽车行驶的速度和需要克服的阻力却在很大范围内变化,所以必须要通过变速器实现变速变矩。

(一)变速器的作用、类型和基本原理

❶ 变速器的作用

(1)变速器的作用是改变发动机输出的转矩和转速,以适应经常变化的行驶条件,如起步、加速、上坡等,使发动机在有利的工况下工作。

(2)利用空挡中断动力传递,以使发动机能够顺利起动,长时间怠速。

(3)在发动机的旋转方向不变的前提下,使汽车能倒退行驶。

❷ 变速器的类型

变速器按传动比变化方式分有级式、无级式和综合式。

变速器按操作方式分有手动变速器(MT)、自动变速器(AT)、手自一体变速器、无级变速器(CVT)、双离合器变速器(DSG)等。

❸ 变速器的基本原理

1)传动比的概念

传动比是机械传动装置的输入速度与输出速度的比值,用英文字母"i"表示,其计算公式如下:

$$i = \frac{n_1}{n_2} = \frac{z_2}{z_1}$$

式中:i——传动比;

n_1——主动轴(输入轴)转速;

n_2——从动轴(输出轴)转速;

z_1——从动齿轮齿数;

z_2——主动齿轮齿数。

变速器类型

由公式可得,当 $i=1$ 时,即 $n_1 = n_2$,表示等速传动;$i>1$ 时,即 $n_1 > n_2$,表示减速传动;$i<1$ 时,即 $n_1 < n_2$,表示增速传动。

2)齿轮变速原理

如图 12-8 所示,大小不同的齿轮啮合传动,可改变输出的转速。当两个齿数相同的齿轮啮合传动时,主动齿轮和从动齿轮的转速相等,即等速传动;当小齿轮驱动大齿轮转动时,从动齿轮的转速小于主动齿轮的转速,即减速传动;当大齿轮驱动小齿轮传动时,从动齿轮的转速大于主动齿轮的转速,即增速传动。

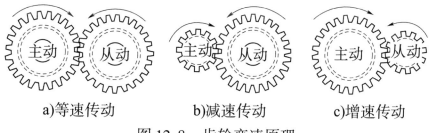

a)等速传动　　b)减速传动　　c)增速传动

图 12-8　齿轮变速原理

3)齿轮变扭原理

如图 12-9 所示,大小不同的齿轮啮合传动,主从动齿轮所受的力矩是不同的,图12-9中箭头粗细表示力矩的大小。当小齿轮驱动大齿轮时,两个齿轮啮合面上的力相等,主动齿轮的半径小于从动齿轮的半径,根据杠杆原理可知,主动齿轮的力矩小于从动齿轮的力矩;当大齿轮驱动小齿轮时,主动齿轮的力矩大于从动齿轮的力矩。

a) 增矩传动　　　　b) 减矩传动

图 12-9　变矩原理

(二) 手动变速器的结构

手动变速器由齿轮传动机构和操纵机构组成。齿轮传动机构主要是通过不同齿数的齿轮副组成不同的动力传递路线,操纵机构主要用于切换动力传动路线,即换挡。

❶ 传动机构

1) 结构

齿轮变速机构安装在变速器壳体内,有两轴式和三轴式。如图12-10所示,三轴式变速器的传动机构主要由输入轴、中间轴、输出轴、倒挡轴及各轴上的齿轮、轴承及同步器组成。

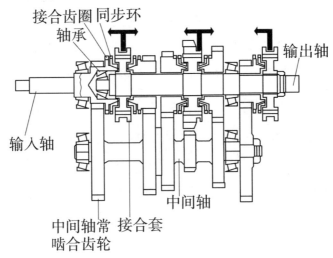

图 12-10　三轴式五挡变速器传动简图

如图 12-11 所示,两轴式变速器的传动机构与三轴式相比,省去了中间轴。

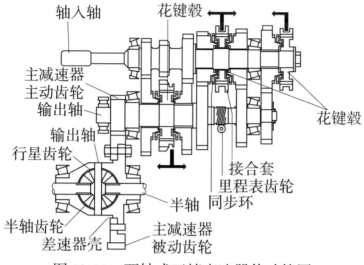

图 12-11 两轴式五挡变速器传动简图

2) 动力传递路线

表 12-1 所列为典型三轴式五挡变速器各挡传递路线,变速器通过控制接合套的位置改变挡位。

典型三轴式五挡变速器各挡传递路线 表 12-1

挡位	图 示	动力传递路线
1 挡		1、2 挡接合套右移,即挂入 1 挡,动力路线为:输入轴→中间轴驱动齿轮→1 挡主动齿轮→1 挡从动齿轮→1、2 挡接合套→接合套毂→输出轴
2 挡		1、2 挡接合套左移,即挂入 2 挡,动力路线为:输入轴→主驱动齿轮→中间轴驱动齿轮→2 挡主动齿轮→2 挡从动齿轮→1、2 挡接合套→接合套毂→输出轴

续上表

挡位	图示	动力传递路线
3挡	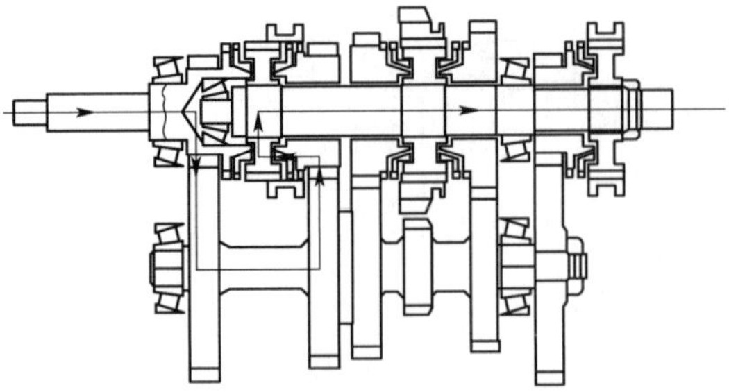	3、4挡接合套右移,即挂入3挡,动力路线为: 输入轴→主驱动齿轮→中间轴驱动齿轮→3挡主动齿轮→3挡从动齿轮→3、4挡接合套→接合套毂→输出轴
4挡	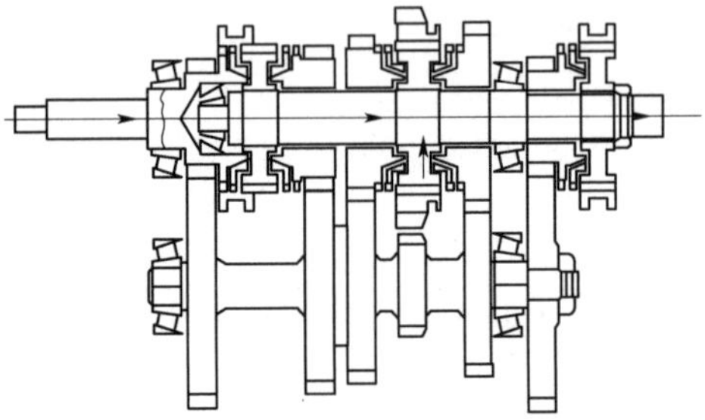	3、4挡接合套左移,即挂入4挡,动力路线为: 输入轴→主驱动齿轮→3、4挡接合套→接合套毂→输出轴
5挡	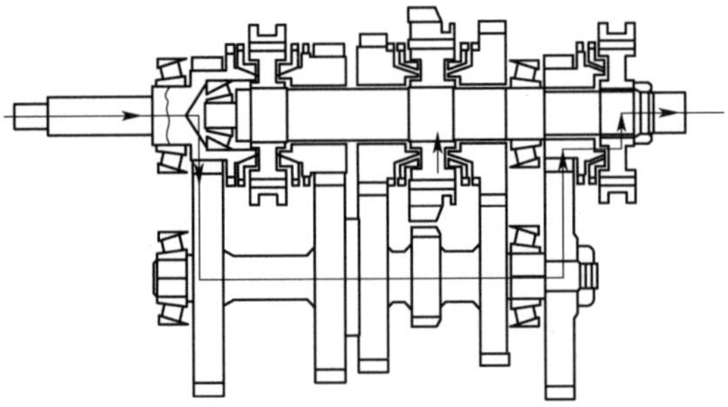	5挡接合套左移,即挂入5挡,动力路线为: 输入轴→主驱动齿轮→中间轴驱动齿轮→5挡主动齿轮→5挡从动齿轮→5挡接合套→接合套毂→输出轴
倒挡	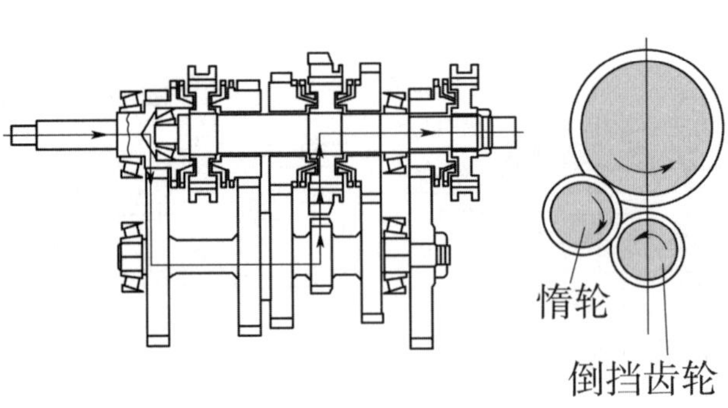	移动惰轮,使惰轮同时与倒挡齿轮和1、2挡接合接外齿圈相啮合,即挂入倒挡。 动力路线为:输入轴→主驱动齿轮→中间轴驱动齿轮→倒挡齿轮→惰轮→1、2挡接合套→结合套毂→输出轴

3）同步器的结构及原理

同步器是使在换挡中相互接合的齿轮实现同步的装置,防止换挡齿轮在转速同步前啮合,而造成换挡冲击、异响甚至机械损坏。

如图12-12所示,现代变速器一般采用惯性同步器,主要由接合套和锁环等组成。接合套、锁环和待接合齿轮的齿圈上均有倒角(锁止角),此结构会产生锁止作用,防止步轮在同步前啮合,且在转速同步后,帮助入挡,锁环和待接合齿轮与接合套转速实现同步。

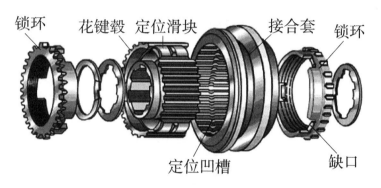

图12-12　惯性同步器结构

如图12-13所示,同步器工作过程可分为同步开始、同步过程和同步啮合三个过程。如图12-13a)所示,当换挡杆开始移动时,拨叉推动接合套、滑块、锁环移动,变速齿轮带动锁环相对于接合套转过一个角度,锁止角阻止接合套继续移动。在换挡杆推力的作用下,锁环与齿轮锥面压紧,两者间产生强有力的摩擦作用,迅速达到同步。如图12-13b)所示,同步前,由于惯性力的作用,锁环与接合套的端齿始终抵触,有效防止同步前的强行结合。如图12-13c)所示,同步后,惯性力消失,锁环在锁止角斜面的分力作用下,退转一个角度,接合套与锁环啮合,然后再与变速齿轮的接合齿圈啮合,顺利挂上挡位。

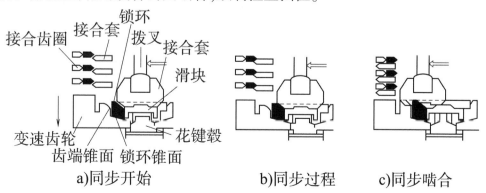

图12-13　同步器工作过程

❷ 变速器的操纵机构

变速器操纵机构主要由换挡操纵机构和换挡锁止装置组成,用于保证驾驶员能随时准确可靠地使变速器挂入所需要的任一挡位,并可随时使之退到空挡。

1)换挡操纵机构

换挡操纵机构主要由外换挡操纵机构和内换挡操纵机构组成。

外换挡操纵机构根据操纵杆的位置不同,分为直接式和间接式(包括远距离操纵式),其特点及应用见表12-2。

表12-2 外换挡操纵机构

类型	结构	特点	应用
直接式操纵机构	(图示:变速器操纵叉形拨杆、换挡轴、5、6挡拨叉轴、5、6挡拨块、5、6挡拨叉、1、2挡拨叉、3、4挡拨叉、倒挡拨叉)	结构简单,操纵方便,换挡位置容易确定,换挡快且平稳	用于发动机前置后轮驱动的汽车上
间接式操纵机构	(图示:换挡标记、变速器操纵杆、变速杆接合器、外变速杆、倒挡手柄座、支撑杆、内变速杆、倒挡保险挡块)	变速器离驾驶位较远,需要在变速器操纵杆与拨叉之间加装一些辅助杠杆或一套传动机构,构成远距离操纵该操纵机构应有足够的刚性,且各连接件间隙不能过大	用于轿车和轻型汽车上

2）换挡锁止装置

如图 12-14 所示,换挡操作机构主要由换挡轴、拨叉轴、拨叉、自锁装置、互锁装置和倒挡锁等组成换挡锁止装置保证变速器在任何情况下都能准确、安全、可靠地工作,其作用及原理见表 12-3。

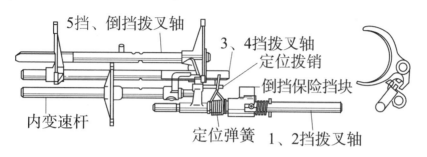

图 12-14　五挡变速器操纵机构的结构示意图

换挡锁止装置作用及原理　　　　　　　　　表 12-3

装置	结构示意图	作用	工作原理
自锁装置	（变速器盖、自锁弹簧、自锁钢球、拨叉轴、空挡）	防止变速器自行挂挡或自行脱挡,且保证接合套与接合齿圈的全部套合	换挡拨叉轴上方有三个凹坑,上面有被弹簧压紧的钢珠。当拨叉轴位置处于空挡或某一挡位置时,钢珠压在凹坑内,起到自锁的作用
互锁装置	（拨叉轴、互锁钢球、互锁销、拨块、换挡杆下端）	防止变速器同时挂入多个挡位,而造成变速器损坏	由钢珠、互锁销等组成。当中间换挡拨叉轴左移换挡时,两侧钢球外移,落入两侧拨叉轴的凹槽,将其锁死

续上表

装置	结构示意图	作用	工作原理
倒挡锁		防止在汽车前进时误挂倒挡，而导致零件损坏	当换挡杆下端向倒挡拨叉轴移动时，必须压缩弹簧才能进入倒挡拨叉轴上的拨块槽中

(三)自动变速器

❶ 自动变速器的类型和基本原理

汽车自动变速器是一种可以在车辆行驶过程中自动改变齿轮传动比的装置。

1) 自动变速器的类型

自动变速器按控制方式可分为液控自动变速器(AT)和电控自动变速器两类(EAT)，其中液控自动变速器已很少采用。按操作方式可分为电动自动变速器(EAT)、手自一体变速器(AMT)、无级变速器(CVT)、双离合器变速器(DSG)等。表 12-4 为各类型自动变速器优缺点对比。

各类型自动变速器优缺点对比　　　　　　　　表 12-4

类型	图示	优点	不足
电动自动变速器(EAT)		操作简单，使用方便，能根据路面状况进行自动变速变矩，减少驾驶者疲劳	传动效率低，经济性不好；结构复杂，维修成本高
手自一体变速器(AMT)		解决了手动挡汽车驾驶乐趣和自动挡汽车安全省事的矛盾，操作简单，使用方便，燃油经济性好	价格、后续维修费用较高

续上表

类型	图 示	优 点	不 足
无级变速器(CVT)		无级控制输出的速比,在行驶中没有换挡的感觉,加速也会比自动变速器快。对节油也大有好处	技术还不完善;价格较高,维修成本较高
双离合器变速器(DSG)		加速连续性非常好,没有换挡的顿挫感,使驾驶既有运动特性又具备便捷舒适性,更重要的是油耗更低	后期维护费用高,承受高强度转矩输出性最差,不适合大排量汽车

2) 自动变速器的基本原理

如图12-15所示,在自动变速器工作过程中,传感器将发动机的转速、节气门开度、车速、发动机冷却液温度、自动变速器油(ATF油)温等参数信号输入ECU,ECU根据这些信号,按照设定的换挡规律,向电磁阀发出控制信号,电磁阀产生液压控制信号,从而控制换挡阀中的控制阀的动作,通过换挡执行元件实现换挡。

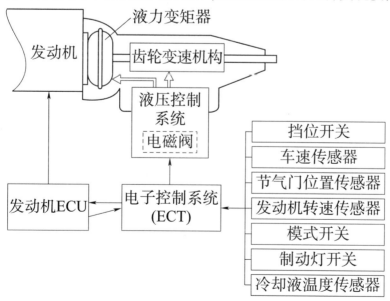

图 12-15 电子控制自动变速器控制原理

2. 自动变速器的基本结构

汽车自动变速器一般由液力传动部分（液力变矩器）、齿轮变速系统、液压控制系统和电子控制系统四大部分组成。

1）液力变矩器

液力变矩器位于变速器与发动机之间，用于传递转速和转矩，同时使发动机和变速机构之间的连接为非刚性连接，以方便自动变速器自动换挡。

如图 12-16 所示，液力变矩器主要由泵轮、涡轮和导轮组成。工作时，其内部充满了工作油液，利用液体平稳地将发动机的动力传递到变速器齿轮机构，是典型的液力传动装置。

图 12-16　液力变矩器

为提高传动效率，在泵轮与涡轮之间设有锁止离合器。当泵轮与涡轮速度接近时，离合器接合，液力传动就转变为机械传动。

2）齿轮变速系统

齿轮变速系统由行星齿轮机构和换挡执行机构组成，行星齿轮机构是改变传动比和传递方向，构成不同的挡位；换挡执行机构是实现挡位的变换。

如图 12-17 所示，行星齿轮机构由太阳轮、行星轮、行星架、齿圈组成。这样一套行星齿轮机构称为一个行星排，太阳轮、内齿圈及行星架是行星齿轮机构的基本元件。三个元件的轴线重合，行星齿轮空套在行星

图 12-17　单排式行星齿轮结构图

架的行星齿轮轴上,既可以绕行星齿轮轴自转,又可以随行星架绕太阳轮公转。如表12-5所示,单排行星齿轮机构理论上可以实现减速挡、超速挡、直接挡、倒挡及空挡传动。但由于不同挡位输入件、输出件及约束不同,控制比较难实现。因此,自动变速器一般由多个行星排组合而成。

单排行星齿轮机构运动规律 表 12-5

方案	固定元件	主动件	从动件	速度状态	旋转方向
1	齿圈	太阳轮	行星架	减速	同向
2		行星架	太阳轮	增速	
3	太阳轮	齿圈	行星架	减速	同向
4		行星架	齿圈	增速	
5	行星架	太阳轮	齿圈	减速	反向
6		齿圈	太阳轮	增速	
7	任意两个元件固定在一起			直接挡	
8	任意元件无任何约束			空挡(不传递动力)	

3)液压控制系统

如图12-18所示,液压控制系统主要由油泵、压力调节阀、手控阀、换挡阀及阀体等组成。油泵为变速器工作提供一定压力和流量的变速器油;压力调节阀根据车辆的工况调节系统压力;手控阀及换挡阀用于改变变速器油流向,从而控制变速机构,实现换挡。

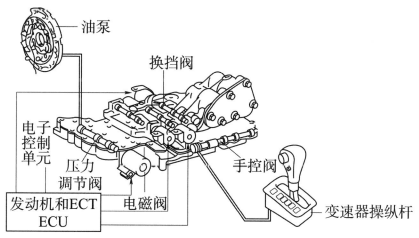

图 12-18 液压控制系统

4) 电子控制系统

电子控制系统由传感器、电子控制单元(ECU)和执行器三部分组成。

如图 12-19 所示,传感器部分主要包括节气门位置传感器、车速传感器、发动机转速传感器、输入轴转速传感器、冷却液温度传感器、ATF 油温传感器、空挡起动开关、强制降挡开关、制动灯挡开关、模式选择开关和 O/D 开关等。执行器部分主要包括各种电磁阀和故障警告灯等。

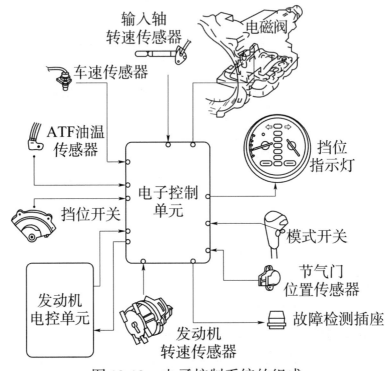

图 12-19 电子控制系统的组成

ECU 根据传感器传来的电信号,即车速和发动机负荷等参数转变的电信号,按照设定的换挡程序对这些信号进行比较计算,作出是否需要换挡的判断。当需要换挡时,通过电磁阀操纵液压的换挡阀去控制执行装置的油路,实现换挡。

❸ 无级变速器

无级变速器(CVT)可在很大范围内连续不断地改变传动比,使传动系统与发动机工况得到最佳的匹配,从而提高整车的燃油经济性。无级变速器与有级变速器的区别在于,其传动比不是间断的点,而是在一个范围内连续变化。

如图 12-20 所示,无级变速器的变速机构主要包括主动轮组、从动轮组、金属带和液压泵等基本部件。主动轮组和从动轮组都由可动盘和固定盘组成,与油缸靠近的一侧带轮可以在轴上滑动,另一侧则固定。可动盘与固定盘都是锥面结构，它们的锥面形成V形槽与V形金属传动带啮合。金属带由两束金属环和几百个金属片构成。发动机的动力首先传递到主动轮组，然后通过金属带传递到从动轮组，最后经减速器、差速器传递给车轮来驱动汽车。

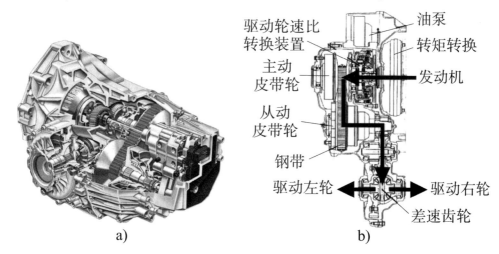

图12-20 典型CVT的结构

图12-21所示为CVT的工作原理。汽车开始起步时，主动轮的工作半径较小，变速器可以获得较大的传动比，从而输出较大转矩来保证汽车有较高的加速度。随着车速的增加，主动轮的工作半径逐渐增大，从动轮的工作半径相应减小，CVT的传动比逐渐减小，使得汽车能够以更高的速度行驶。

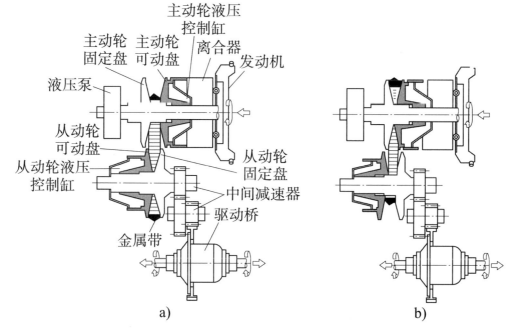

图12-21 CVT的工作原理

四 万向传动装置

在汽车传动系统及其他系统中,为了实现一些轴线相交或相对位置经常变化的转轴之间的动力传递,通常需要采用万向传动装置。

(一)万向传动装置的作用和组成

万向传动装置的作用是在轴间夹角和相对位置经常发生变化的转轴之间实现动力传递。

如图 12-22 所示,万向传动装置主要由万向节和传动轴组成。对于传动距离较远的分段式传动轴,为提高传动轴的刚度,万向传动装置中设置了中间支承。

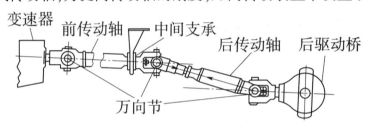

图 12-22 万向传动装置

万向传动装置的组成

万向传动装置的功用

(二)万向传动装置的结构

❶ 万向节

万向节用于连接两个传动轴,可实现有一定相对夹角或位移的轴之间传递运动。

1)不等速万向节

如图 12-23 所示,不等速万向节又称十字轴万向节或十字架万向节。两传动轴叉上的孔分别套在十字轴的四个轴颈上。在十字轴轴颈与传动轴叉孔之间装有滚针和套筒,并用卡环使之轴向定位。不等速万向节为润滑轴承,十字轴内钻有油道,与滑脂嘴、安全阀相通。

不等速万向节具有结构简单、传动可靠和效率高等优点,允许相邻两轴的最大交角为 15°~20°。如图 12-24 所示,汽车上为保证等速传动,一般采用两个万向节传动,并保证传动轴两端的万向节叉在同一平面上,且两个万向节的主、从动轴夹角必须相等。

2)准等速万向节

准等速万向节是根据两个普通万向节实现等速传动的原理设计而成的,该类型万向节可允许较大轴向夹角两轴间动力传递,被广泛应用于越野车。

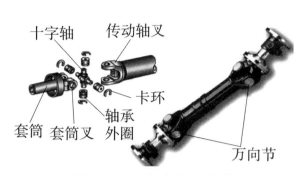

图 12-23　十字轴万向节

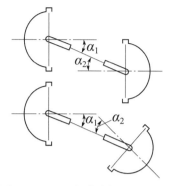

图 12-24　十字轴万向节的安装要求

3）等速万向节

等速万向节是指输出轴与输入轴传动的瞬时角速度相等的万向节，常见结构形式有球叉式、三球销式和球笼式等（表 12-6）。

等速万向节的类型、结构及特点　　　表 12-6

类型	结　构　图	结　构	特　点
球叉式		由主、从动叉，四个传动钢球，一个中心钢球以及定位销和锁止销组成	结构简单，一般用于转向驱动桥中，其允许最大交角为 32°～33°
三球销式		主要由三柱槽壳、三球销轴承组件和传动轴等组成	在传递转矩的过程中，传动轴可以内外滑移，以此来适应驱动轴在车辆运动时产生的长度变化。主要用于四驱车的内万向节，适用于扭转角度不大的内万向节的位置

续上表

类型	结 构 图	结 构	特 点
RF型球笼式万向节		主要由星形套、保持架、球形壳及钢球等组成。工作时,六个钢球全部参加工作,因而磨损小,寿命长,承载能力强	在传递转矩的过程中,主从动轴之间只能相对转动,不会产生轴向位移。允许的两轴相交较大,角度可达42°~47°,灵活性好,故广泛用于轿车转向驱动桥半轴外万向节
VL型球笼式万向节		主要由星形套、保持架、筒形壳和钢球等组成	在传递转矩的过程中,主从动轴之间不仅能相对转动,允许最大交角为15°~22°,而且可以产生轴向位移(轴向伸缩量可达45mm),故广泛用于轿车转向驱动桥半轴内万向节

❷ 传动轴

传动轴用来连接变速器(或分动器)和驱动桥;在转向驱动桥和断开式驱动桥中,则用来连接差速器和驱动轮。

如图12-25所示,对于传统的前置后驱的传动系统,传动轴主要由传动轴管、滑动花键轴、伸缩套、中间支承和万向节叉等共同组成。通过花键及伸缩套补偿位移,通过两端的万向节实现夹角传动。

图12-26所示为转向驱动桥传动轴结构:外侧采用的固定球笼式万向节,满

足车轮转向时较大的传动夹角要求;内侧采用伸缩球笼式或三球销式万向节,以满足驱动轴在车辆运动时产生的位移变化。

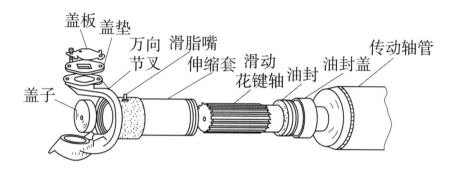

图 12-25　传动轴

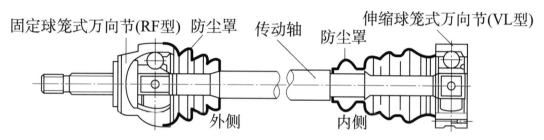

图 12-26　转向驱动桥的传动轴

五　驱动桥

(一)驱动桥的作用、组成和类型

1 驱动桥作用和组成

驱动桥的作用是安装驱动车轮,将发动机产生的动力最终传递给驱动车轮,同时将驱动车轮承受的牵引力、制动力及其他载荷通过悬架传递给车架。

如图 12-27 所示,驱动桥由主减速器、差速器、半轴、半轴套管及桥壳等零部件组成。

2 驱动桥的类型

如图 12-28 所示,驱动桥按照结构特点,分为整体式驱动桥与断开式驱动桥。

整体式采用驱动桥为一刚性的整体。一般非独立悬架与车架连接,左右半轴始终在一条直线上,即左右驱动轮不能相互独立地跳动。

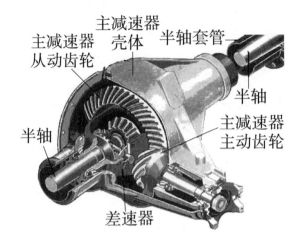

图 12-27 驱动桥

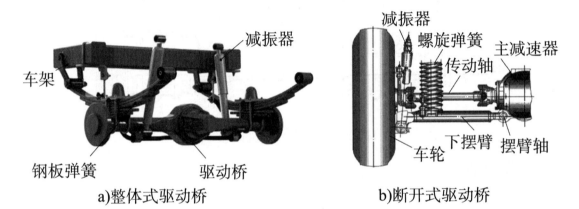

a)整体式驱动桥　　　　b)断开式驱动桥

图 12-28 驱动桥简图

断开式驱动桥采用独立悬架与车架(或车身)连接,壳体制成分段并用铰链连接,半轴也分段并用万向节连接。这样,两侧的驱动轮及桥壳可以彼此独立地相对于车架上下跳动。

(二)主减速器

主减速器的作用是将变速器输出的动力进一步降低和增大转矩,并改变旋转方向,然后传递给驱动轮,以获得足够的汽车牵引力和合适的车速。

汽车主减速器形式较多,主要有单级、双级、双速和轮边主减速器等种类。

如图 12-29 所示,单级主减速器由一个主动锥齿轮和一个从动锥齿轮组成。主动锥齿轮连接传动轴,由于主动锥齿轮直径小,从动齿轮直径大,可起到减速增矩的功能。单级主减速器具有结构简单、体积小、质量轻和传动效率高的优点。

单元十二 汽车传动系统

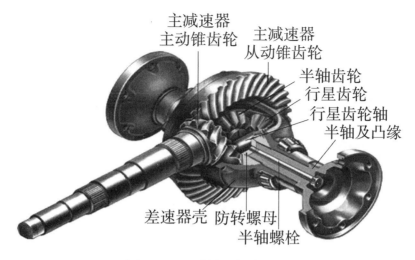

图 12-29　单级主减速器

(三) 差速器

汽车差速器的作用就是在向两边半轴传递动力的同时,允许两半轴以不同的转速旋转,满足两侧车轮尽可能以纯滚动的形式做不等距行驶,减少轮胎与地面的摩擦。

汽车差速器按其工作特征分为普通差速器和防滑差速器两大类。如图 12-30 所示,普通差速器主要由壳体、行星齿轮、半轴齿轮和行星齿轮轴等组成。

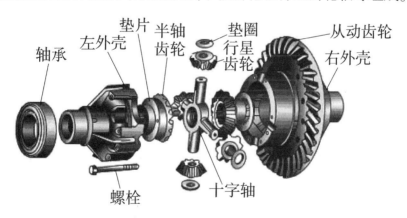

图 12-30　普通差速器

图 12-31 所示为普通差速器工作原理。当车辆直线行驶时,左右两侧车轮所受到的阻力相同,行星齿轮不自转,动力平均传递到两根半轴上,左右车轮转速一样(相当于刚性连接)。当车辆转弯时,左右车轮受到的阻力不一样,行星齿轮绕着半轴转动并同时自转,使两侧车轮能够以不同的速度旋转,保证汽车顺利转弯。

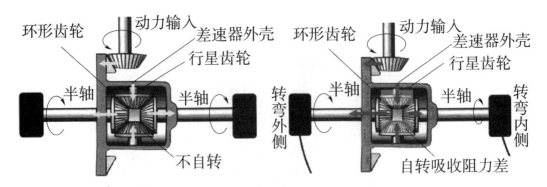

图 12-31　普通差速器工作原理

(四)半轴与车桥

❶ 半轴

半轴的作用是在差速器与驱动轮之间传递较大的力矩。如图 12-32 所示,一般半轴为实心轴,内端用花键与半轴齿轮连接,外端与轮毂连接。

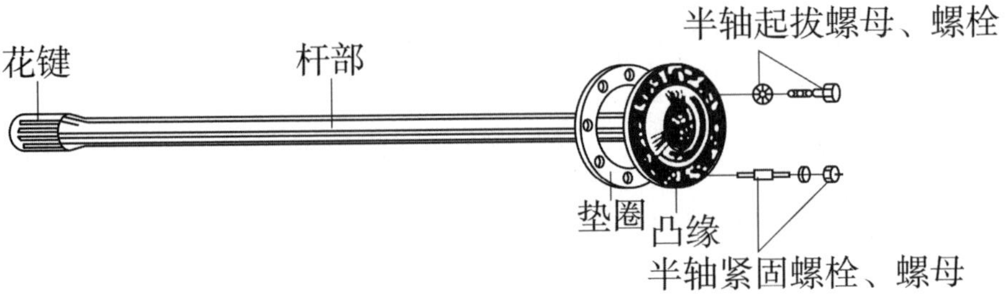

图 12-32　半轴

常用的半轴支承形式主要有半浮式和全浮式。半浮式半轴既承受转矩,又承受弯矩,常用于轿车、微型客车和微型货车。

❷ 桥壳

桥壳的作用是支承并保护主减速器、差速器和半轴等零部件,固定左右车轮的相对位置,支承汽车重量,传递车架与车轮之间各种作用力。桥壳按结构分为整体式桥壳和分段式桥壳。

六　技能训练

(一)离合器踏板的检测

❶ 检查离合器踏板工作状况

如图 12-33 所示,离合器踏板工作状况检查的步骤如下:

调整离合器踏板
自由行程

(1)检查踏板回弹是否有力。
(2)检查踏板工作是否有异响。
(3)检查踏板是否过度松动。
(4)检查踏板踩下是否沉重。

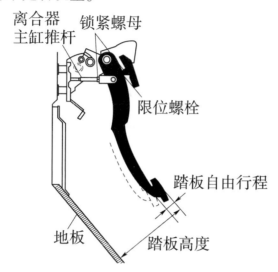

图 12-33　离合器踏板工作状况、高度及自由行程检查

❷ 检查离合器踏板高度

如图 12-33 所示,离合器踏板高度的检查步骤如下:
(1)掀起地毯或地板革。
(2)用直尺测量地面到离合器踏板上表面的距离。
(3)与标准值比较,是否应调整踏板高度。
(4)离合器踏板高度的调整可以通过踏板后的限位螺栓进行。

❸ 检查离合器踏板自由行程

如图 12-33 所示,离合器踏板自由行程的检查步骤如下:
(1)用一个直尺抵在驾驶室地板上,先测量踏板完全放松时的高度。
(2)用手轻按踏板,当感到阻力增大时再测量踏板高度。
(3)计算两次测量的高度差,即为踏板的自由行程。
(4)与标准值比较,是否应调整踏板自由行程。
(5)踏板自由行程的调整。液压式操纵机构一般是调整主缸推杆的长度,先将主缸推杆锁紧螺母旋松,然后转动主缸推杆,从而调整踏板自由行程,调整后应将锁紧螺母旋紧。部分车辆的操纵机构具有自调装置,如捷达轿车,可以免除离合器踏板自由行程的调整。

(二)自动变速器油的检查

1 检查的温度条件

如图 12-34 所示,用自动变速器油尺正反面标记进行检查。

图 12-34　自动变速器油尺正反面标记

自动变速器油温度在 50~80℃ 之间时,用油尺正面"HOT(热)"范围检查液面;温度在 30~50℃ 之间时,用油尺反面"COLD(冷)"范围检查液面,但还要用"HOT(热)"范围再检查。

如果汽车已高速行驶了很长时间,或在炎热的天气下等不能得到液面高度的准确读数时,需待油液冷却约 30min 后再进行检查。

2 检查步骤

(1)将车辆停放在水平地面上,并实施驻车制动。

(2)将变速器操纵杆 P 挡或 N 挡位置,使发动机怠速运转,且温度达到正常的工作温度。

(3)踩住制动踏板,将变速器操纵杆拨至每个位置上停留几秒钟,最后将置于 P 挡位置。

(4)从加油管内拔出自动变速器油尺,将擦干净的油尺全部插入加油管后再拔出,检查油尺上的油面高度。

(5)将油尺上的油液滴在干净的白纸上,检查液压油是否有焦味或发黑。

(6)若油面高度过低,应从加油管处添加合适的液压油,直至油面高度符合标准为止。

(7)继续运转发动机,检查自动变速器油底壳、油管接头等处有无漏油。如有漏油,应立即予以修复。

思考与练习

(一)填空题

(1)离合器由_____、_____、_____和_____四部分组成。

(2)平面三轴式变速器前进挡的动力输出需由_____对齿轮完成,而平面两轴式变速器前进挡的动力输出需由_____对齿轮完成。

(3)变速器操纵机构中设有_____装置避免变速器的自动挂挡或脱挡,设有_____装置防止出现挂双挡的情况,设有_____防止驾驶员误挂倒挡。

(4)万向传动装置用来实现_____的动力传递。它一般是由_____和_____组成,有时还要有_____。

(5)行星齿轮的自转是指_____,公转是指_____。

(二)判断题

(1)汽车传动系统的主要功用是将发动机发出的动力传给驱动车轮。
( )

(2)差速器起差速作用时,一侧半轴转速减少的数值等于另一侧半轴转速增加值的一半。
( )

(3)离合器的从动部分包括离合器盖、压盘、从动盘和压紧弹簧。( )

(4)变速器保证工作齿轮在全齿宽上啮合的是互锁装置。( )

(5)变速器的操纵机构由换挡操纵机构和换挡锁止装置两部分组成。
( )

(三)简答题

(1)汽车传动系统应具有哪些功能?

(2)简述膜片弹簧的结构特点。

单元十三　汽车行驶系统

 学习目标

1. 能叙述行驶系统的功能、作用和类型；
2. 能识别行驶系统的组成和特点；
3. 能正确使用工具对行驶系统主要部件进行规范的检查或拆装。

 建议课时

8 课时。

汽车行驶系统由车身(车架)、车桥、车轮和悬架等组成。车身(车架)是汽车装配的基础,车桥是传递车架与车轮之间各向作用力及其所产生的弯矩和转矩的装置,车轮是经由轮胎直接与地面接触的部件。

一　行驶系统的作用与认识

汽车行驶系统接受发动机经传动系统传来的转矩,利用驱动轮与路面间附着作用产生汽车牵引力,使行驶系统正常运行并缓冲不平路面对车身造成的冲击和振动,实现汽车的平顺行驶。

(一)行驶系统的组成

如图 13-1 所示,行驶系统由车身(车架)、车桥、车轮和悬架组成。

单元十三 汽车行驶系统

图 13-1 行驶系统的组成

1 车身(车架)

车身是全车的装配基体,支承和连接汽车的各总成,使各总成保持相对位置正确,承受汽车内外的各种载荷。为使轿车轻量化,大部分轿车车身都采用图 13-2 所示的承载式结构。承载式车身是无明显骨架,由外部覆盖件和内部板件焊合而成的空间结构。

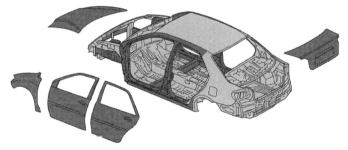

图 13-2 承载式车身

2 车桥

车桥也称"车轴",通过悬架与承载式车身相连接,两端安装车轮,用于传递承载式车身与车轮之间的各向作用力及其产生的弯矩和转矩。

车架的类型

3 车轮

如图 13-3 所示,车轮是介于轮胎和车桥之间承受载荷的旋转组件。

4 悬架

如图 13-3 所示,悬架将路面作用于车轮上的支承力、驱动力、制动力和侧向反力以及这些反力所形成的力矩传递到承载式车身上,保证汽车的正常行驶。

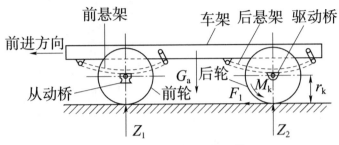

图 13-3　行驶系统机构

(二)车轮定位

1 车轮定位参数

良好的车轮定位可使汽车保持稳定的直线行驶和轻便的转向,减少汽车在行驶中轮胎及转向机件的磨损。

前轮定位是指汽车的车轮、转向节和前轴三者之间安装的具有一定的相对位置。前轮定位包括主销后倾(角)、主销内倾角、车轮外倾角和前轮前束四个参数。

后轮定位是指两个后轮与后轴之间安装的相对位置。如图 13-4 所示,后轮定位包括车轮外倾(角)和后轮前束。前轮定位和后轮定位统称四轮定位。

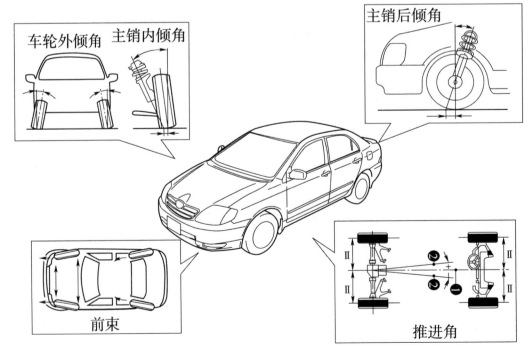

图 13-4　车轮定位各参数在车上的位置

❷ 车轮定位各参数位置及作用

车轮定位参数在车辆出厂前都固定在规定的数值内,各参数位置和作用见表 13-1。

车轮定位参数与作用　　　　　　　　表 13-1

参　　数	位 置 图 示	作　　用
主销后倾角	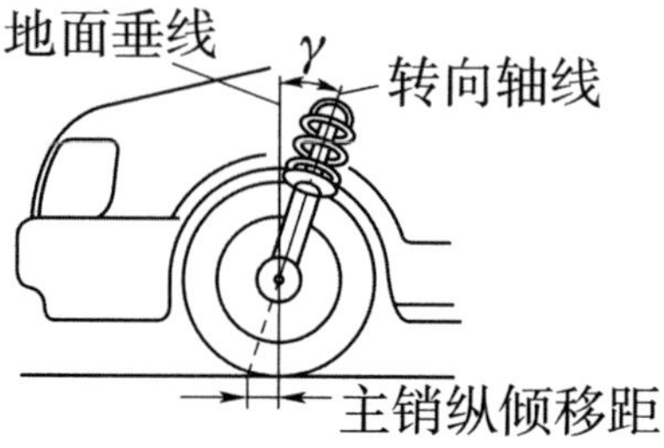 (图示:地面垂线、转向轴线、主销纵倾移距)	车轮的接地点位于转向轴延长线的后端,车轮就会靠行驶中的滚动阻力被向后拉,利于提高直线行驶稳定性,在车轮处于转向行驶时会产生回正力,使轮胎自动回到直线行驶的位置
主销内倾角	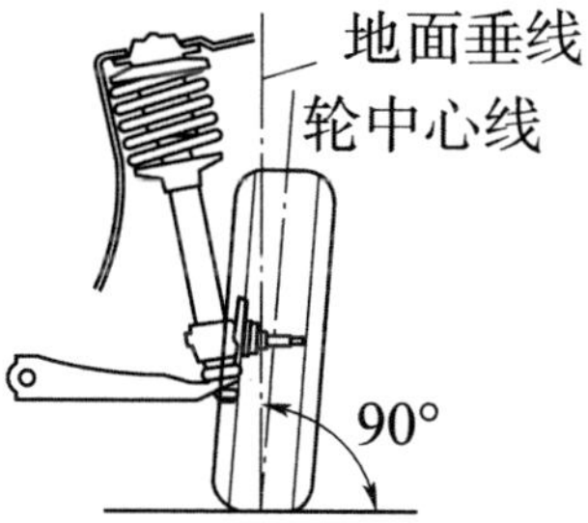 (图示:地面垂线、轮中心线、90°)	在车辆转向时,单侧车轮位置就会下降,单侧车身抬起的力使车轮恢复直线行驶的力(回正力),回正转向盘,车辆行驶方向回到直行位置
车轮外倾角	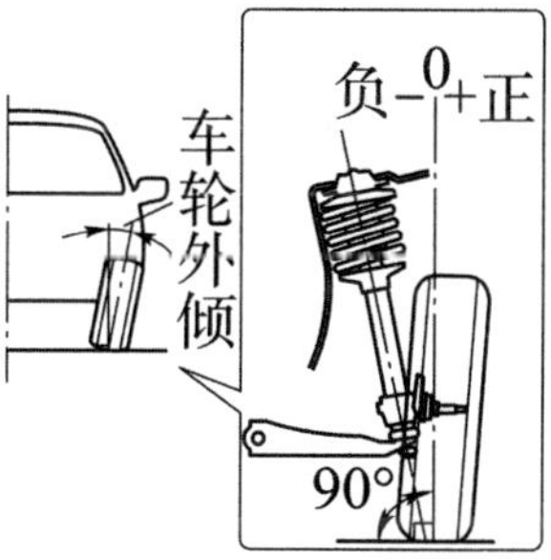 (图示:负-0+正、车轮外倾、90°)	通常,载重汽车中使用正外倾角可改善前桥的耐用性,使轮胎与路面成直角接触,防止因道路中间比两边高而造成的轮胎不均匀磨损。为避免车辆转弯时车身过度倾斜,现代轿车中大多使用负外倾角
车轮前束	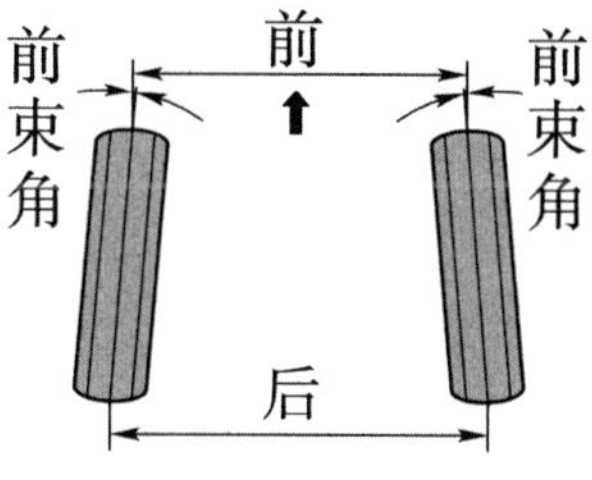 (图示:前束角、前、后)	前束是为了抵消外倾角的滚动趋势,使车轮保持直行方向,减少轮胎磨损

续上表

参　　数	位　置　图　示	作　　用
推进线和推进角	![推进角示意图] 车体中心线与推进线的夹角θ为推进角	汽车后轮总前束的平分线,为汽车的推进线。推进线与车辆几何中心线之间的夹角为推进角,即转向盘处于回正状态时偏离直行的角度。因此,推进角越接近零度越好,即跑偏度越小越好。推进角可以通过调整后轮的个别前束来调整,部分车辆上通常后车轴都是固定的或不可调的独立式后悬架,这样就要检查磨损或损坏的零件

二 悬架

（一）悬架的作用

悬架是车架（或承载式车身）与车桥（或车轮）之间的所有传力连接装置的总称,其位置和组成如图13-5所示。悬架的作用有：

悬架的功用

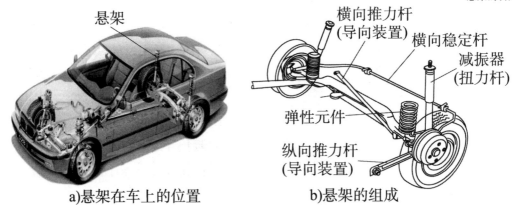

a) 悬架在车上的位置　　　b) 悬架的组成

图13-5　悬架的位置和组成

（1）将路面作用于车轮上的垂直反力、纵向反力和侧向反力以及这些反力所形成的力矩传递到车架（或承载式车身）上,确保车辆正常行驶,即起到传力作用;

（2）悬架的弹性元件和减振器起到缓冲减振作用;

（3）悬架的某些传力构件可使车轮按一定轨迹相对于车架或车身跳动,即导向作用;

（4）在转向等行驶情况下，悬架中的辅助弹性元件横向稳定器可防止车身发生过大的侧向倾斜。

（二）悬架的组成

悬架由弹性元件、减振器和导向机构等组成。

❶ 弹性元件

如图 13-6 所示，弹性元件是使车架与车桥之间形成弹性联系，承受和传递垂直载荷，缓和及抑制不平路面的冲击。弹性元件指的是弹簧，有金属弹簧和非金属弹簧两大类。常见的金属弹簧有钢板弹簧、螺旋弹簧和扭杆弹簧三种类型，非金属弹簧有橡胶弹簧和空气弹簧等。

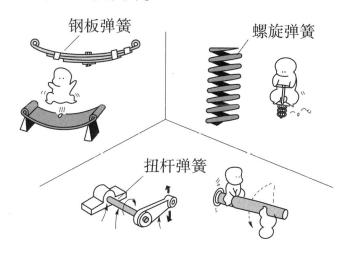

图 13-6　金属弹性元件的类型

弹性元件的结构与特点见表 13-2。

弹性元件的结构与特点　　　　　　　表 13-2

弹性元件	图示结构和位置	结构特点	优缺点
螺旋弹簧		螺旋弹簧是由圆形弹簧钢缠绕成螺旋结构，弹簧的抗扭性可吸收振动和冲击	（1）高效吸收路面冲击产生的垂直冲力； （2）加工和安装方便价格低廉，体积小、质量轻，满足车辆对空间的苛刻要求及提供柔软舒适驾乘感受；

续上表

弹性元件	图示结构和位置	结构特点	优 缺 点
螺旋弹簧			(3) 不能吸收横向能量,还需要其他的辅助机构
钢板弹簧	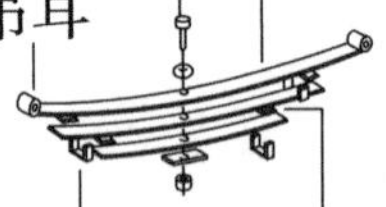  中心螺栓 主簧片 吊耳 夹箍 消声衬垫 车上安装位置	钢板弹簧由多片长度不等、宽度一样的钢片所叠加起来。钢板弹簧除了弹簧功能外还用作支持车桥的臂	(1) 持久耐用,但由于其质量大、结构厚实,故行驶不舒服; (2) 除了载重汽车外,许多车辆改用独立式悬架
扭杆弹簧	 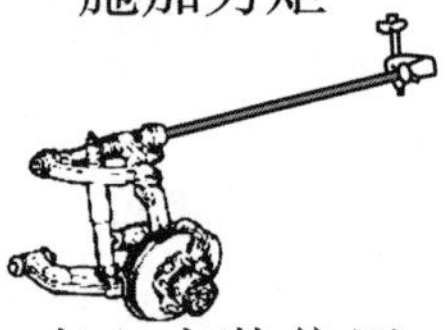 扭杆固定的一端 反向扭转 扭转 使用杠杆向杆端施加力矩 车上安装位置	扭杆弹簧是由高弹性的弹簧钢加工成一条钢杆。扭杆安装在车辆上时,扭杆弹簧一端固定在车辆的固定部分,限制扭转能力,另一端连接到车辆的悬架控制臂上,可以自由扭转	(1) 扭杆弹簧可节省纵向空间,适用于小型汽车及厢式汽车的悬架; (2) 扭力杆扭曲角变大,弹簧刚度急速变大,影响乘坐舒适度

续上表

弹性元件	图示结构和位置	结构特点	优缺点
空气弹簧	副空气室 主空气室 滚柱膜片 压缩器	空气弹簧是利用空气弹性的弹簧,取代金属弹簧,利用压缩空气弹性,可以缓冲小振动提升行驶稳定性	通常用于电控悬架,计算机根据行驶条件改变空气压力和体积,弹簧的柔软性和长度(车身高度)可以随之改变

❷ 减振器

减振器是通过限制弹簧的振动来改善乘坐舒适度的装置。当车轮受到来自路面的冲击后,弹簧变形并持续一段时间可减缓冲击,同时减振器吸收弹簧振动。这样不仅改善乘坐舒适度,还能避免弹簧反复变形疲劳,延长弹簧的使用寿命。如图 13-7 所示,在无减振器的情况下,弹簧持续较长振动时间;在有减振器的情况下,弹簧振动能在较短时间内被吸收掉。

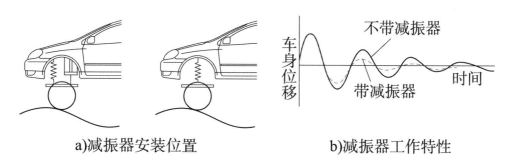

a)减振器安装位置　　b)减振器工作特性

图 13-7　减振器安装位置和工作特性

1)减振器的结构和工作原理

图 13-8 所示为汽车使用的伸缩筒式减振器,减振器使用专用的油液称为减振器油,作为工作介质。减振器活塞的拉伸和压缩运动迫使油液流经节流孔(小

孔)产生流动阻力,从而产生减振力,此阻力也称为阻尼力。

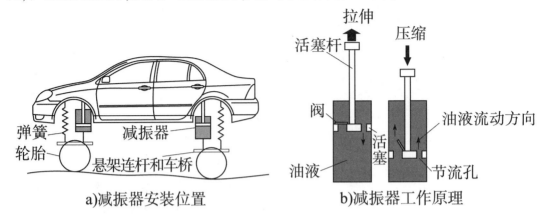

图 13-8　减振器安装位置和工作原理

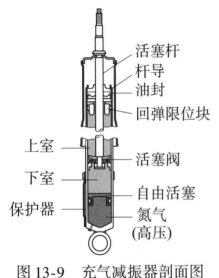

图 13-9　充气减振器剖面图

2) 充气减振器

较多新型的轿车使用充气减振器,其能对内部的油液增压,从而使汽车平稳通过不平路面。

如图 13-9 所示,当油液通过减振器节流小孔时,高压氮气提供更为稳定的缓冲,能防止形成气穴,延长减振器使用寿命。

❸ 导向装置

如图 13-10 所示,导向装置也称连接机构,由上臂、下臂、上控制臂和下控制臂等连接杆件组成。导向装置杆件将弹簧、减振器、稳定杆、车轮和车身等部件连接起来,保持相对位置和承载、支撑车体重量,同时支撑车轮运动以及控制车轮的纵向和横向运动。

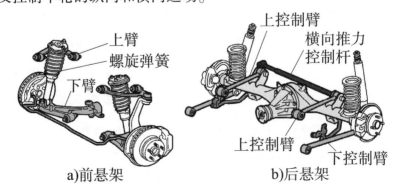

图 13-10　导向装置示意图

❹ 横向稳定杆

横向稳定杆或侧倾稳定杆可防止汽车横向摆动,其安装位置和工作原理如图 13-11 所示。

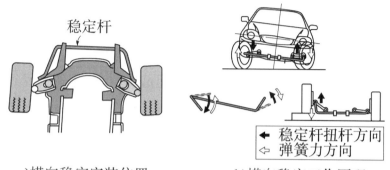

a)横向稳定安装位置　　b)横向稳定工作原理

图 13-11　横向稳定杆安装位置和工作原理

横向稳定杆一般用于前桥,部分用于后桥。弹性稳定杆产生扭转内力矩可阻碍悬架弹簧变形,减少车身的横向倾斜和纵向振动。横向稳定杆由弹簧钢制成,呈扁平的 U 字形状,中间部位利用橡胶衬套安装在车身上,两端固定于悬架控制臂上。当车辆倾斜并且一侧车轮下沉时,稳定杆扭曲并像弹簧一样工作,将下沉一侧的车轮向车身提升。横向稳定杆结构和工作特性和扭杆弹簧一样,所以横向稳定杆也属于扭杆弹簧。

❺ 汽车悬架的类型和特点

如图 13-12 所示,汽车悬架按结构组成分为非独立悬架和独立悬架。

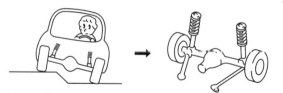

双轮连接到单一车桥,而该车桥安装于车身

汽车悬架的类型

a)非独立悬架

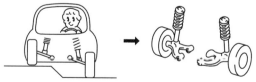

每个车轮由独立悬架臂支撑,而悬架臂安装于车身

b)独立悬架

图 13-12　非独立悬架与独立悬架

1）非独立悬架

非独立悬架主要用于载重汽车，具有结构简单、成本低廉、强度高和耐久性强等优点。但其非簧载质量大，左右轮动作产生干涉，不利于乘坐舒适性及操纵稳定性。

2）独立悬架

如图13-13所示，独立悬架主要用于轿车，与非独立悬架相比其舒适性能和操纵稳定性能高。独立悬架还具有降低汽车重心、减少汽车造型受约束的作用。

图13-13 独立悬架的特性

如图13-14所示，独立悬架常见的类型主要有麦弗逊式、双横臂式和半纵臂式等。

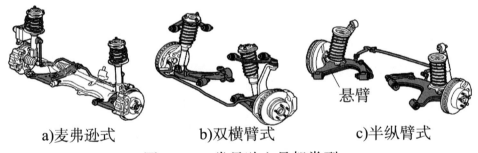

a）麦弗逊式　　b）双横臂式　　c）半纵臂式

图13-14 常见独立悬架类型

（三）电控悬架

1 电控悬架的作用

电控悬架（Electronic Modulated Suspension，简称EMS）通过各种传感器对汽车的运行状况进行检测，即能够根据汽车的瞬时驾驶条件自动调节悬架组件的性能。当ECU收到传感器检测到的转向和制动状况信号后，能控制车身高度、弹簧刚度和减振器阻尼力。如图13-15所示，车辆在不同行驶条件下可能会出现相应的问题。此时电控悬架可通过调节弹簧刚度和减振器阻尼力进行控制，提高驾驶稳定性。

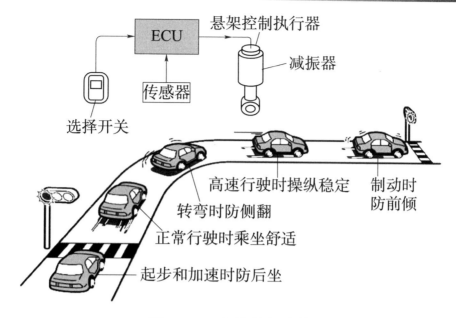

图 13-15　电控悬架功能

电控悬架的功能见表 13-3。

电控悬架的功能　　　　　　　　　　　表 13-3

行驶情况	控制状态	功　　能
倾斜路面	弹簧变硬	抑制侧倾,改善操纵性
不平路面	弹簧变硬或阻尼力中等	抑制汽车上下跳动,改善行驶时乘坐舒适性
制动时	弹簧变硬	抑制汽车制动前倾(点头)
加速时	弹簧变硬	抑制汽车加速后坐
高速时	弹簧变硬和阻尼力中等	改善汽车高速行驶稳定性和操纵性

❷ **电控悬架的结构组成**

如图 13-16 所示,电控悬架主要由传感器、执行器和 ECU 组成。传感器主要有车速传感器、加速传感器、节气门位置传感器、转向盘转角传感器和停车灯开关等,执行器主要有前后四个减振器执行器。

三　轮胎与车轮

轮胎是执行完成汽车的行驶、转弯以及停止这些基本运动性能的重要部件。

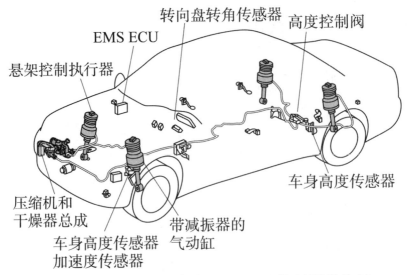

图 13-16　电控悬架传感器、ECU 和执行器的位置

(一)轮胎

❶ 轮胎的作用

如图 13-17 所示,轮胎可起到承载负荷、保证乘坐舒适性、牵引和制动汽车和提供操纵稳定性的作用。

车轮和轮胎的功用

图 13-17　轮胎的功能

❷ 轮胎的类型

如图 13-18 所示,轮胎根据胎体帘线层排列的不同,分为子午线状构造和斜交状构造两种。子午线轮胎的优点包括有较高的操纵性、稳定性、耐磨损性,滚

动阻力小、发热较少和牵引力较大等。目前轿车用轮胎大部分是子午线轮胎。

❸ 轮胎的结构

图 13-19 所示为子午线轮胎的结构。

a) 子午线轮胎　　b) 斜交轮胎

图 13-18　轮胎的类型

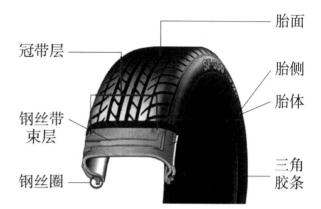

图 13-19　子午线轮胎的结构

轮胎中各结构的名称及作用见表 13-4。

轮胎的结构与作用　　　　　　　　　　表 13-4

序号	名称	结构与作用
1	胎体（外胎）	是轮胎的框架,具有足够的刚性,可以阻止高压空气外泄,具有足够的弹性,以吸收载荷的变化和冲击。它由许多层与橡胶黏接在一起的轮胎帘线构成
2	胎面	是外部橡胶层,保护胎体免受路面造成的磨损和外部损坏。胎面与路面直接接触,并产生摩擦阻力,使车辆驱动力和制动力得以输至路面。胎面花纹由压入胎面的模压沟槽构成
3	胎侧	由数层橡胶构成,覆盖轮胎两侧,并保护胎体免受外部损坏。作为面积最大、弹性最强的轮胎部件,胎侧在行驶过程中,不断地在载荷作用下弯曲变形。胎壁上标有厂家名称、轮胎尺寸及其他资料
4	三角胶条	轮胎中钢丝圈上面的填充材料,其作用是减缓胎圈冲击,防止成型时空气进入,增加下胎侧刚性

续上表

序号	名称	结构与作用
5	钢丝圈	各层侧边部缠绕有坚固钢丝,称为钢丝圈。轮胎内的加压空气迫使胎缘胀紧在轮辋边沿,使其牢固定位
6	冠带层	是子午胎的带束层上使用的帘布层,在轮胎行驶中抑制带束层移动,并防止高速行驶时带束层的脱离,保持高速状态下轮胎尺寸的稳定性
7	钢丝带束层	在胎面与胎体之间使用钢丝帘布,其作用是提高胎面刚性和耐磨性,防止外部冲击损伤胎体

④ 轮胎的花纹

轮胎花纹具有排水和散热作用,同时能提高操纵性和稳定性,增加轮胎的制动力、驱动力和牵引力。如图13-20所示,轮胎花纹常见的类型有纵沟型、横沟型、混合型和块状型。

纵沟型花纹	横沟型花纹	混合型花纹	块状型花纹

(1)操纵性和稳定性较出色。 (2)滚动阻力较小。 (3)轮胎噪声较小。	驱动力和制动力较出色。	通过纵沟型和横沟型的混用,把双方的特点结合到一起。	(1)多用于积雪及泥泞的路面。 (2)驱动力和制动力较出色。

图13-20 花纹的种类

⑤ 轮胎的常见参数型号

如图13-21所示,轮胎的侧面有许多轮胎标识。

图13-21所示轮胎标识的含义见表13-5。

轮胎型号反映轮胎的规格尺寸,如图13-22中的轮胎型号是"195/65R15 91T",其规格尺寸含义如图13-22所示,最大承载能力和最大允许速度可分别查阅表13-6、表13-7。

单元十三 汽车行驶系统

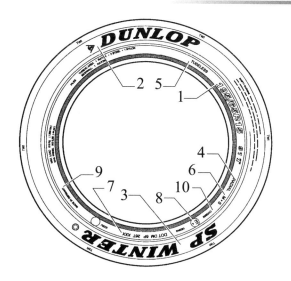

图 13-21 轮胎的标识

轮 胎 标 识 含 义   表 13-5

序号	标 记 含 义	序号	标 记 含 义
1	轮胎型号：195/65R15 91T	6	冬季轮胎
2	轮胎制造商(厂牌名称)	7	轮胎制造日期
3	胎面类型	8	E1 = 批准代码
4	子午线帘布结构	9	轮胎制造国(德国)
5	无内胎轮胎	10	公司内部代码

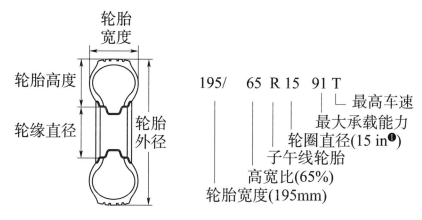

图 13-22 轮胎型号

❶ in 是英寸的缩写，1in = 2.54cm。

轮胎最大承载能力代码(部分)　　　　　表 13-6

轮胎承载能力代码	最大承载能力(kg)	轮胎承载能力代码	最大承载能力(kg)
80	450	90	600
81	462	91	615
82	475	92	630
83	487	93	650
84	500	94	670
85	515	95	690
86	530	96	710
87	545	97	730
88	560	98	750
89	580	99	775

轮胎最大允许速度代码(部分)　　　　　表 13-7

车速代码	最高车速(km/h)	车速代码	最高车速(km/h)
Q	160	H	210
R	170	V	240
S	180	W	270
T	190	VR	>210
U	200	ZR	>240

(二)车轮

车轮是构成轮胎形状的骨架,同时也是将轮胎与车轴连接起来的旋转部件。车轮的制造材料除要求质量轻、具有较高刚性和弹性外,还必须具有较好的耐疲劳性能和导热性能,一般采用钢板、铝合金和镁合金等。

❶ 车轮的结构

如图 13-23 所示,车轮由镶入轮胎的轮辋和安装在车轴上的轮盘组成。

单元十三 汽车行驶系统

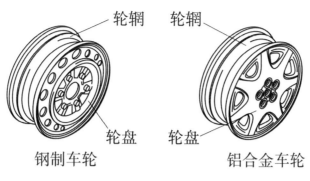

图 13-23 车轮结构

❷ 轮辋结构和规格

如图 13-24 所示,轮辋是安装车轮外周轮胎的部分,若轮辋规格与轮胎不符,就会导致轮胎变形,影响轮胎的性能。

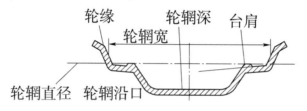

图 13-24 无内胎轮胎的轮辋结构

图 13-25 所示为在轮盘和轮辋上轮辋规格编码标示位置。

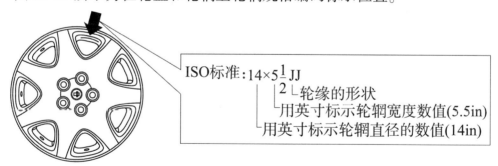

图 13-25 轮辋规格编码位置与含义

车轮规格虽与轮辋的规格表示方法相同,但并非所有车型都可以相互替换,轮辋规格只表示轮胎与轮辋的匹配,不能确定是否与车身匹配。

四 技能训练

(一)轮胎检查

❶ 轮胎气压测量

(1)查找该车型使用说明书,找出轮胎气压(车轮冷态)参数,填写表 13-8。

车轮胎气压(车轮冷态)参数　　　　　表13-8

项　　目		技　术　参　数
充气压力 (kPa)	半载　前轮	
	后轮	
	满载　前轮	
	后轮	

图 13-26 所示为轮胎充气压力标准值常见的位置。

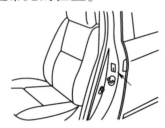

图 13-26　轮胎气压标签在车上的常见位置

图 13-27　用轮胎气压表充气过程

（2）如图 13-27 所示，按以下步骤完成轮胎充气。

① 拆下轮胎气门嘴帽。

② 将轮胎充气机的管嘴直接压在轮胎气门上，以防压缩空气泄漏，然后开始对轮胎进行充气。

③ 充气完毕后检查空气压力是否符合标准。

④ 检查轮胎是否漏气，常见方法包括用耳朵听、用手摸和在轮胎气门嘴涂抹肥皂水。

❷ 轮胎胎面深度检查

使用轮胎深度规测量胎面沟槽深度，如图 13-28 所示。

❸ 检查轮胎磨损

检查轮胎的整个外围是否有均匀磨损，如图 13-29 所示。

（二）车轮换位

汽车厂家在使用说明书中建议用户定期改变车轮的安装位置，请按对应方式进行换位操作。

单元十三 汽车行驶系统

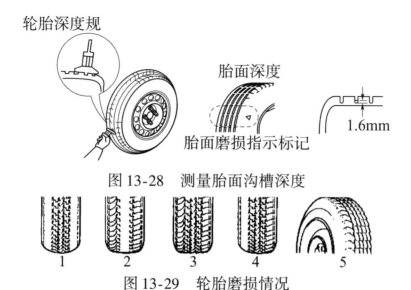

图 13-28 测量胎面沟槽深度

1-双肩磨损;2-中间磨损;3-薄边磨损;4-单肩磨损;5-跟部磨损

图 13-29 轮胎磨损情况

❶ 车轮拆装

(1)将车辆举升至 4 个车轮离开地面。

(2)如图 13-30 所示,使用风动工具,按顺序拆卸轮胎螺栓。

(3)另外 3 个车轮按同样方法拆卸。

车轮换位与安装

❷ 车轮换位

如图 13-31 所示,进行单向轮胎的车轮换位。将同一侧轮胎从前向后进行换位。

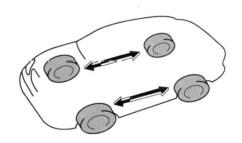

图 13-30 拆卸轮胎　　　　图 13-31 单向轮胎换位方式

❸ 车轮安装

(1)如图 13-32 所示,用手将车轮螺栓拧入螺栓孔。

(2)用套筒扳手将 4 颗螺栓按对角交叉的先后顺序预紧。

(3)如图 13-33 所示,降下举升器致 4 个车轮着地,用扭力扳手将 4 个车轮的螺栓按对角交叉顺序紧固至规定力矩。

图 13-32　拧入螺栓并预紧

图 13-33　紧固车轮螺栓

思考与练习

(一) 填空题

(1) 行驶系统是由承载式车身(车架)、车桥、_____和_____组成。

(2) 主销后倾的作用是当车轮处于转向行驶时会产生_____,使轮胎自动回到直线行驶的位置,并提高车辆_____的稳定性。

(3) 前轮定位包括主销后倾(角)、_____、_____和前轮前束四个参数。

(4) 按系统的划分,悬架的组成部件主要由三大装置构成,分别是_____、_____和导向装置。

(5) 常见的金属弹簧有_____弹簧、_____弹簧和扭杆弹簧三种类型。

(6) 轮胎型号为 195/65R15 91T,其中的 R 表示_____;15 表示_____。

(二) 判断题

(1) 车轮定位的作用是使汽车保持稳定的直线行驶和转向轻便,并减少汽车在行驶中轮胎和转向机件的磨损。　　　　　　　　　　　　　　　(　　)

(2) 在载重汽车中,使用的是正外倾角,以便改善前桥的耐用性并使轮胎与路面成直角接触,防止因道路中间比两边高而造成轮胎不均匀磨损。　(　　)

(3) 螺旋弹簧能高效吸收路面冲击产生的垂直力,但是螺旋弹簧不能吸收横向能量。　　　　　　　　　　　　　　　　　　　　　　　　　　(　　)

(4) 独立悬架与非独立悬架相比,其结构复杂,造价较高,主要用于轿车。
　　　　　　　　　　　　　　　　　　　　　　　　　　　　　　　(　　)

(5) 目前轿车用轮胎几乎都是子午线轮胎。　　　　　　　　　　　(　　)

(6) 轮辋规格只表示轮胎与轮辋的匹配程度,而不明确是否与车身匹配。
　　　　　　　　　　　　　　　　　　　　　　　　　　　　　　　(　　)

(7)汽车轮胎选用可以忽略轮胎花纹的影响,只要轮胎规格符合要求即可。
( )

(三)简答题

(1)行驶系统的作用是什么?
(2)车轮定位有哪些定位参数?各参数分别有什么作用?
(3)非独立悬架和独立悬架分别具有什么优点?

单元十四　汽车转向系统

 学习目标

1. 能叙述机械转向系统的组成、作用和工作原理；
2. 能识别不同类型的转向器；
3. 能叙述液压助力转向系统和电动助力转向系统的结构和工作原理；
4. 能对液压助力转向系统进行简单的维护操作。

 建议课时

6课时。

汽车转向系统是用来改变或保持汽车行驶方向的装置，对汽车的行驶安全至关重要。

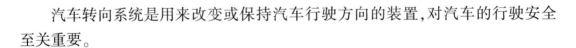 一　汽车转向系统的作用与认识

汽车转向系统的功用是按照驾驶员的意愿控制汽车的行驶方向，并尽可能减小驾驶员的劳动强度。

（一）转向系统的分类及基本组成

汽车转向系统按转向能源的不同可分为机械转向系统和动力转向系统。

1 机械转向系统

机械转向系统以驾驶员的体力作为转向能源，其中所有传力件都是机械的。

其组成和布置与前桥悬架类型相适应。图 14-1 所示为独立悬架机械转向系统；图 14-2 所示为非独立悬架机械转向系统。

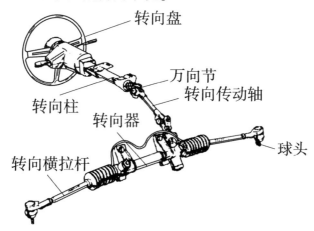

图 14-1　独立悬架机械转向系统

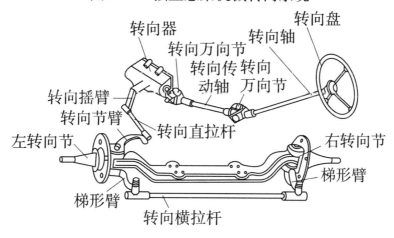

图 14-2　非独立悬架机械转向系统

❷ **动力转向系统**

动力转向系统可减轻驾驶员操纵转向盘的作用力，是在机械转向系统的基础上加设一套转向加力装置而形成的。转向能源来自驾驶员的体力和发动机（或电动机）。

图 14-3 所示为液压式动力转向系统，属于转向加力装置的部件有储油罐、转向助力泵、转向控制阀和动力缸及油管等。

(二) 转向盘的自由行程

转向盘的自由行程是指转向盘在空转阶段（即不使转向轮发生偏转）的角行程。转向盘的自由行程有利于缓和路面冲击，避免驾驶员过度紧张，使驾驶员操纵柔和。过大的自由行程会影响转向灵敏性,出现转向摇摆现象。如图 14-4 所示,一般转向盘自由行程为 10°~15°(圆弧长 10~15mm)。当零件磨损严重导致转向盘自由行程超过 25°时,需要调整或更换相关零部件。

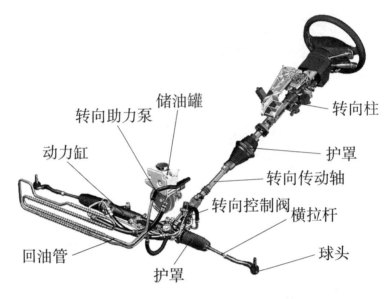

图 14-3 液压式动力转向系统

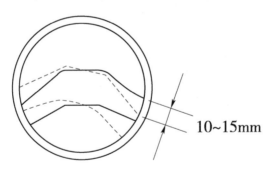

图 14-4 转向盘自由行程

二 机械转向系统

机械转向系统主要由转向操纵机构、转向器和转向传动机构三大部分组成。

(一)转向操纵机构

从转向盘到转向器之间的所有零部件总称为转向操纵机构。如图 14-5 所示,转向操纵机构可将驾驶员转动转向盘的操纵力传给转向器。转向操纵机构主要由转向盘、转向柱管、转向轴、万向节和转向传动轴等组成。

单元十四 汽车转向系统

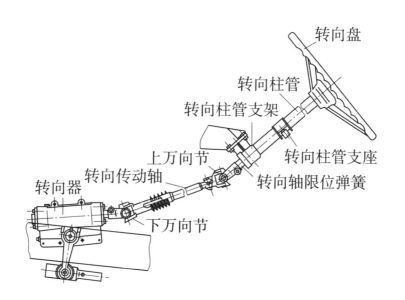

图 14-5 转向操纵机构

转向操纵机构的功用

❶ 转向盘

如图 14-6 所示，转向盘由轮缘、轮辐和轮毂组成，轮辐一般有 2~4 根辐条。

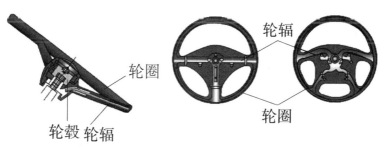

图 14-6 转向盘的构造

转向盘的结构

❷ 转向轴、转向柱管及其吸能装置

转向轴是连接转向盘和转向器的传动件，转向柱管固定在车身上，转向轴从转向柱管中穿过，支承在柱管内的轴承和衬套上。

如图 14-7 所示，转向柱管必须装备能够缓和冲击的吸能装置。当转向轴受到巨大冲击而产生轴向位移时，通过转向柱管或支架产生塑性变形、转向轴产生错位等方式吸收冲击能量。

❸ 转向柱上的点火开关和锁止机构

如图 14-8 所示，在点火开关上通常都安装有机械的锁止机构。当汽车钥匙旋至 LOCK 位置时，转向轴即被锁止，汽车不能转向，起到防盗作用。

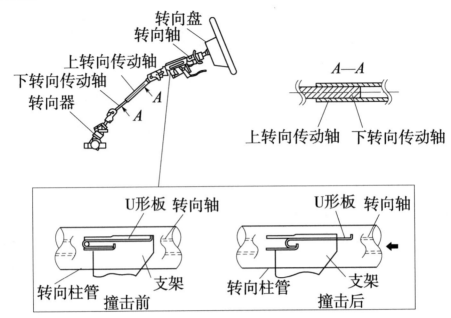

图 14-7 转向柱管吸能装置

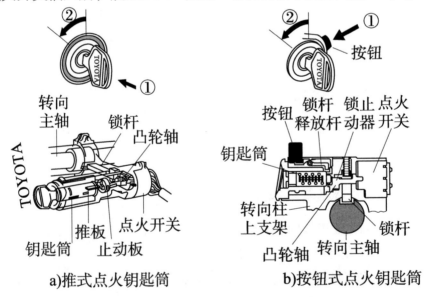

a) 推式点火钥匙筒　　　b) 按钮式点火钥匙筒

图 14-8 转向柱上的点火开关和锁止机构

④ 高度与倾斜度调节机构

如图 14-9 和图 14-10 所示,汽车上一般都装设了可调节式转向柱,使驾驶员可以在一定的范围内调节转向盘位置,以满足不同的驾驶员的要求。转向柱装设的调整机构主要有高度调整机构和倾斜度调整机构。

单元十四 汽车转向系统

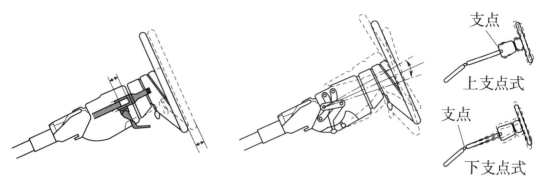

图 14-9 高度调整机构　　　图 14-10 倾斜度调整机构

(二)机械转向器

转向器是完成由旋转运动到直线运动(或近似直线运动)的一组齿轮机构,同时也是转向系统中的减速传动装置。汽车上较常用的有齿轮齿条式、循环球式、蜗杆曲柄指销式和蜗杆滚轮式等。

❶ 齿轮齿条式转向器

齿轮齿条式转向器是以齿轮和齿条传动作为传动机构,具有结构简单、紧凑、质量轻、刚性大、转向灵敏、制造容易和成本低等优点,适合与麦弗逊式独立悬架配用,常用于轿车、微型货车和轻型货车。如图 14-11 和图 14-12 所示,齿轮齿条式转向器分两端输出式和中间(或单端)输出式两种。

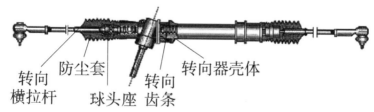

图 14-11 两端输出式齿轮齿条转向器

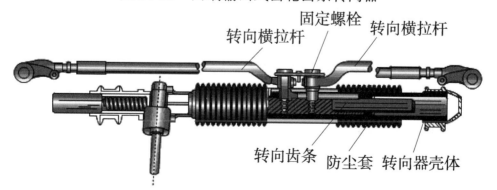

图 14-12 中间输出式齿轮齿条转向器

❷ 循环球式转向器

图 14-13 所示为循环球式转向器,其一般有两级传动副,第一级是螺杆螺母传动副,第二级是齿条齿扇传动副。循环球式转向器常用于各种轻型和中型货车,也用于部分轻型越野汽车。

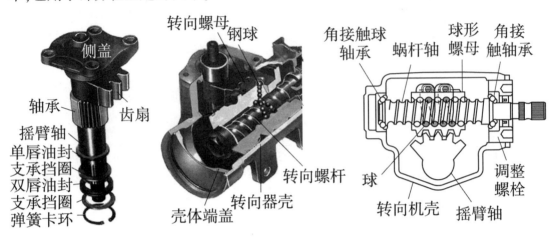

图 14-13　循环球式转向器

❸ 蜗杆曲柄指销式和蜗杆滚轮式转向器

图 14-14a)所示为蜗杆曲柄指销式转向器,图 14-14b)所示为蜗杆滚轮式转向器。这两种转向器目前使用较少。

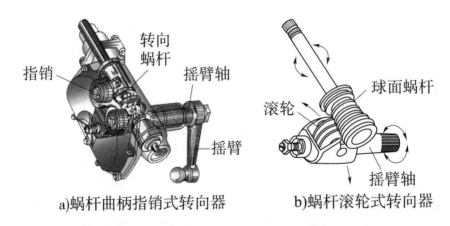

图 14-14　蜗杆曲柄指销式转向器和蜗杆滚轮式转向器

(三)转向传动机构

从转向器到转向轮之间的所有传动杆件总称为转向传动机构,其作用是将转向器输出的力和运动传给转向轮,使两侧转向轮偏转角按一定关系变化,以保证汽车转向时车轮与地面的相对滑动尽可能小。一般与非独立悬架配用的转向传动机构主要由转向摇臂、直拉杆、横拉杆、转向节和梯形臂等组成。齿轮齿条式转向传动机构则由转向横拉杆、球头和转向节等组成,如图14-15所示。

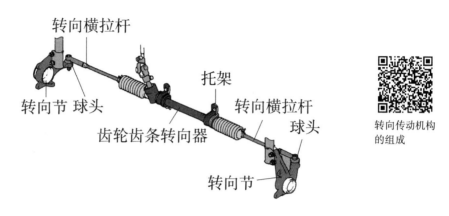

图 14-15 转向传动机构示意图

三 动力转向系统

动力转向系统由机械转向器和转向加力装置组成。按动力源的不同可以分为液压助力转向系统、电动液压助力转向系统和电动助力转向系统。

(一)液压助力转向系统

如图14-16所示,液压助力转向系统主要由储液罐、液压泵、转向控制阀、油管、助力缸和活塞等组成。液压泵由发动机带动而产生液体压力,压力油通过软管流到转向控制阀总成,转向控制阀总成将进入的液体调节到助力缸的左、右工作室,以辅助左、右转向。当助力系统失效时,机械转向系统仍具有转向能力,可保证汽车的行驶安全。

1 液压泵

液压泵是液压助力转向系统的供能装置,其作用是将输入的机械能转换为液压能输出,由发动机通过传动带驱动,只要发动机运转,转向油泵就会工作。转向油泵的结构形式有齿轮式、叶片式、转子式和柱塞式等,其中以齿轮式和叶片式转向油泵应用最多。

图 14-17 所示为叶片式转向油泵内部结构图。当叶轮轴带动转子旋转时,叶片在离心力作用下被甩出,紧贴在定子的内表面上。叶片与转子、定子形成的工作容积开始由小变大,从而吸入油液;随后工作容积由大变小,压缩油液向外供油。转子每旋转一周,每个工作腔都各自吸、压油2次。由于叶片式油泵具有工

作压力高、体积小等优点,因此在汽车助力转向系统中应用广泛。

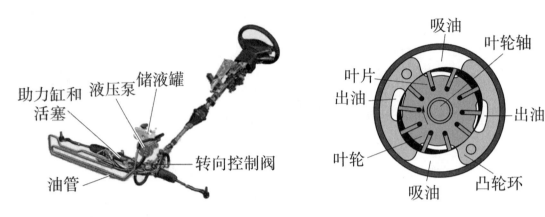

图 14-16 液压助力转向系统   图 14-17 叶片式转向油泵内部结构图

❷ 转向控制阀

按照阀体的运动方式不同,转向控制阀可分为滑阀式和转阀式两种。阀体沿轴向移动来控制油液流量的转向控制阀称为滑阀式转向控制阀,简称滑阀。图 14-18 所示为常流式滑阀与常压式滑阀。

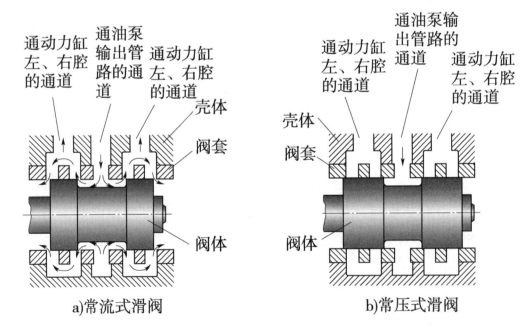

图 14-18 常流式滑阀与常压式滑阀

如图 14-19 所示，阀体绕其轴线转动来控制油液流量的转向控制阀，称为转阀式转向控制阀，简称转阀。通道 A 为进油道，与液压泵出油口相连，通道 B、C 分别与动力缸的左、右腔相连，中空的阀芯与储油罐相连。不转向时，阀芯处于中立位置，A、B、C、D 四个通道相互连通，转向动力缸左、右腔压力相同，活塞不工作，压力油从进油道 A 进入控制阀后直接从回油道 D 流回储油罐，因此属于常流式转阀。

滑阀与转阀相比，具有结构简单、工艺性好、布置方便的优点；而转阀因灵敏度高、密封件少、结构更为先进而得到广泛应用。

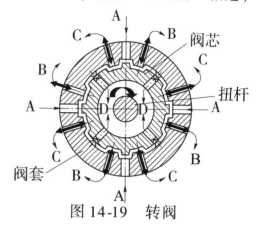

图 14-19 转阀

A-进油道；B、C-通动力缸的左、右腔出油口；D-回油道

❸ 电控液压助力转向系统

在传统液压助力转向系统的基础上应用电控技术，则形成了电控液压助力转向系统。

电控液压助力转向系统利用 ECU，根据车速调节作用在转向盘上的阻力，通过控制转向控制阀的开启程度以改变液压助力系统辅助力的大小，实现辅助转向力随车速而变化的助力特性。

（二）电动液压助力转向系统

如图 14-20 所示，电动液压助力转向系统主要由储油罐、ECU、电动泵、动力转向器、助力转向传感器等组成，其中 ECU 和电动泵是一个整体结构。

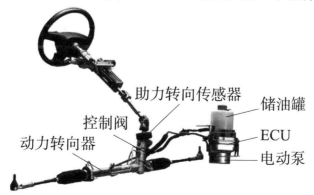

图 14-20 电动液压助力转向系统

电动液压助力转向系统的转向油泵由电动机来驱动。ECU接收各种传感器的信号(包括转向盘转角变化量、车速和发动机转速等),通过控制电动泵的转速来控制动力转向器中油压和辅助转向力的大小。当汽车低速行驶时助力作用大,驾驶员操纵轻便灵活;高速行驶时转向系统的助力作用减弱,驾驶员的操纵力增大,具有明显的"路感",既保证转向操纵的舒适性和灵活性,又提高了高速行驶中转向的稳定性和安全感。

(三)电动助力转向系统

如图14-21所示,电动助力转向系统(EPS)是一种直接依靠直流电动机提供辅助转矩的动力转向系统,可以根据不同的使用工况控制电动机提供不同的辅助动力。EPS主要由机械转向器、转矩传感器、车速传感器、电动机、离合器、减速机构和ECU等组成。

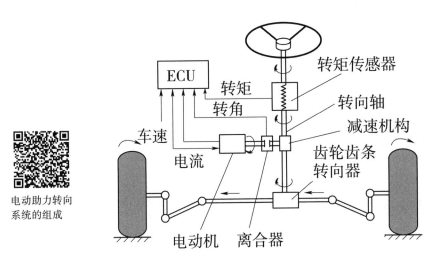

图14-21 电动助力转向系统示意图

当驾驶员操纵转向盘时,转矩传感器会产生相应的电压信号传给ECU,ECU根据接收到的各种信号,控制电动机的电流大小和方向,在不同车速下提供不同的转向助力力矩。

如图14-22所示,EPS根据电动机布置位置的不同,可以分为转向轴助力式、齿轮助力式和齿条助力式三种类型。

与传统的液压助力转向相比,EPS具有节能、环保、反应灵敏、结构简单、质量小和布置方便等优点,但由于其提供的辅助动力较小,不适合用于大型车辆。

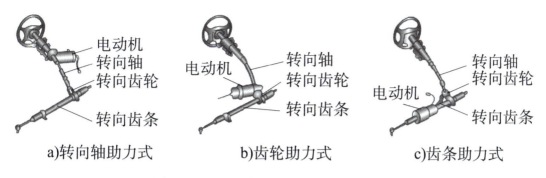

a) 转向轴助力式　　　b) 齿轮助力式　　　c) 齿条助力式

图 14-22　电动助力转向系统的类型

四 转向系统新技术

目前新型转向系统有四轮转向系统和线控转向系统两种。

1 四轮转向系统

四轮转向（4WS）是指汽车在转向时，4个车轮都可以相对车身主动偏转。四轮转向大多应用在大型车辆上，也有部分高级轿车、SUV以及跑车具有四轮转向的功能。

如图14-23所示，典型的电动4WS主要由前轮转向机构、传感器、ECU、电动机、减速机构和后轮转向机构等组成。前轮采用传统的转向系统，后轮采用直接助力式电动转向系统，前、后轮转向系统之间没有任何机械或液压的连接装置。

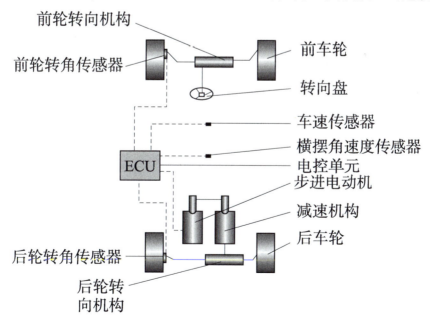

图 14-23　电动4WS布置示意图

4WS 主要有同向位和逆向位两种方式,如图 14-24 所示。同向位转向适用于快速行驶时变换车道,提高转向响应的灵敏度;而逆向位转向适用于低速行驶时迅速改变汽车的方向,减小汽车的转弯半径。

② 线控转向系统

如图 14-25 所示,线控转向系统(Steering-By-Wire,简称 SBW)主要由转向盘模块、转向执行模块和主控制器(ECU)三个主要部分以及自动防故障系统、电源等辅助模块组成。

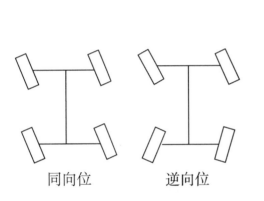

图 14-24　四轮转向的两种方式

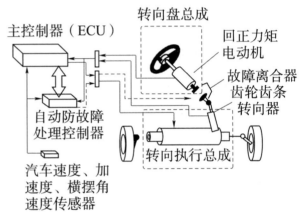

图 14-25　线控转向系统示意图

线控转向系统去掉了转向盘和转向轮之间的机械连接,减轻了汽车质量,消除了路面的冲击,具有能降低噪声和隔振等优点。与传统转向系统相比较,线控转向系统使发动机的布置空间增大且安装方便,转向系统的布置更加灵活,撞车时能够减轻转向系统对驾驶员的伤害。

五　技能训练——液压助力转向系统维护

液压助力转向系统维护主要从外观、皮带、油量和转向系统是否有空气等几方面进行。

① 液压助力转向系统外观检查(图 14-26)

(1)检查油管接头是否漏油;
(2)检查油管是否有断裂或弯折;
(3)检查转向器壳体是否有裂纹引起的漏油。

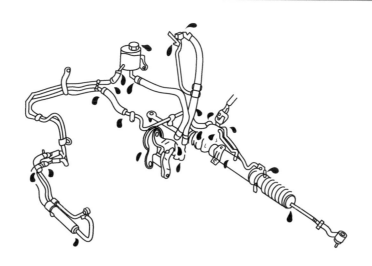

图 14-26　助力转向系统外观检查

❷ **皮带检查**（图 14-27）

皮带的松紧度与助力息息相关,若皮带过松会导致助力过小甚至没有助力,而皮带过紧则会产生异响、皮带过载被拉断等,因此需对皮带松紧度进行检查调整。

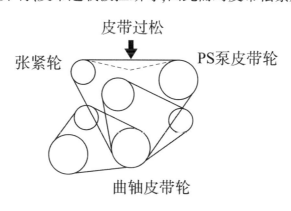

图 14-27　皮带的检查

（1）压紧皮带力矩:□ 30N·m　　□ 60N·m　　□ 90N·m
（2）松紧度:　　　□ 10～15mm　□ 20～25mm　□ 30～35mm

❸ **油量检查**（图 14-28）

油量过少或过多,都可能导致液压系统不能正常工作,因此维持液压系统的正常工作需要适量的液压油。

储液罐的油尺标有 HOT 和 COOL 标记,表示在热态或冷态下检查油量位置。冷态是指助力转向油处于常温状态;热态是指助力转向油的温度在 80℃以上,一般在起动发动机后,来回转动转向盘 3min 左右即可达到热态。

(1)在常温状态下,通过储液罐的油尺来检查油量是否充足;

(2)在80℃以上时,通过储液罐的油尺来检查油量是否充足。

只有按照以热态检查为标准,以冷态检查为参考的原则所进行的检查才能正确反映转向器工作时的油量。

❹ 检查转向系统是否有空气(图14-29)

起动发动机后来回转动转向盘,若储油罐出现气泡或乳化物,则表明液压油:

□ 含有空气　　□ 脏污　　□ 变质

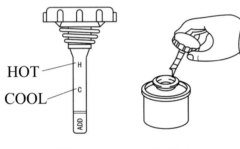
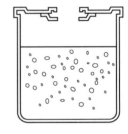

图14-28　油量的检查　　　　图14-29　空气的检查

如果动力转向系统中有空气滞留,会导致系统工作时产生噪声或出现不正常现象,必须参阅维修资料进行排气。

一般的排气操作方法为:

(1)发动机不起动,把前轮升离地面,左右转动转向盘到极限位置(至少20次)。此过程要不断地检查转向油的情况是否正常。

(2)降下前轮,起动发动机并怠速运转,左右转动转向盘到极限位置,直到气泡消失。

(一)填空题

(1)汽车转向系统按转向能源不同可分为＿＿＿＿和＿＿＿＿两大类。

(2)机械转向系统主要由＿＿＿＿、＿＿＿＿和＿＿＿＿三大部分组成。

(3)转向操纵机构是指从＿＿＿＿到＿＿＿＿之间所有零部件的总称。

(4)目前汽车上较常用的转向器类型有＿＿＿＿、＿＿＿＿和＿＿＿＿。

(5)液压助力转向系统主要由＿＿＿＿、＿＿＿＿、＿＿＿＿、油管、动力缸等组成。

(6)转向助力油泵是液压助力转向系统的供能装置,主要有_____、_____、_____和柱塞式等。

(7)电动助力转向系统(EPS)主要由_____、_____、_____、_____、减速机构和 ECU 等组成。

(二)判断题

(1)汽车转向时,左右两侧转向轮所偏转的角度相同。　　　　(　)

(2)叶片式转向油泵的转子每旋转一周,其工作腔各自吸、压油 2 次。
　　　　　　　　　　　　　　　　　　　　　　　　　　(　)

(3)所有汽车的转向盘高度和倾斜角度均可自由调节。　　　　(　)

(4)采用液压助力转向系统的汽车,在行驶过程中无论是否转向,助力油泵一直处于工作状态。　　　　　　　　　　　　　　　　　　(　)

(5)动力转向系统的加力装置失效后,驾驶员无法控制汽车的行驶方向。
　　　　　　　　　　　　　　　　　　　　　　　　　　(　)

(6)电动助力转向系统(EPS)是利用交流电动机作为转向动力能源的。
　　　　　　　　　　　　　　　　　　　　　　　　　　(　)

(三)简答题

(1)简述液压助力转向系统的组成和工作原理。

(2)简述电动助力转向系统(EPS)的组成和工作原理。

(3)分析 EPS 的优缺点。

单元十五　汽车制动系统

　学习目标

1. 能叙述制动系统的组成和分类；
2. 能叙述制动器的种类及其特点；
3. 能叙述真空助力器的作用和工作原理；
4. 能简述 ABS 的作用和工作原理；
5. 能正确排除液压制动系统管路内空气。

　建议课时

6 课时。

车轮的滚动阻力、上坡阻力和空气阻力等与汽车行驶方向相反的外力都能对汽车制动，但这些外力的大小都是随机的、不可控制的。对汽车进行的可控制制动外力称为制动力，产生制动力的装置称为制动系统。

一　制动系统的作用与认识

（一）制动系统的作用及原理

制动系统的作用是使行驶中的汽车按照驾驶员的要求进行强制减速甚至停车；使已停驶的汽车在各种道路条件下（包括在坡道上）稳定驻车；使下坡行驶的汽车速度保持稳定。

如图 15-1 所示，制动系统的原理是通过摩擦的方式将行驶中车辆的动能转化为热能散发到空气中,由摩擦块夹紧制动盘或由摩擦片压紧制动鼓产生摩擦力制动。

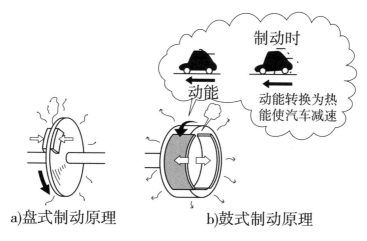

a) 盘式制动原理　　b) 鼓式制动原理

图 15-1　汽车制动原理示意图

(二) 制动系统的组成

如图 15-2 所示,制动系统一般都具有以下 4 个基本组成部分。

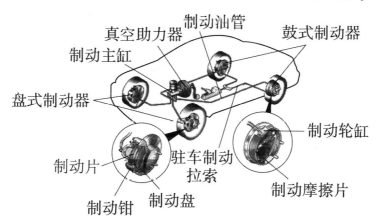

图 15-2　制动系统的组成

供能装置:用于为制动系统提供能量,如真空助力器或人的肌体作为制动能源。

控制装置:用于控制传动装置的运动以产生制动力,如制动踏板、驻车制动操纵杆等。

传动装置:将制动能量传输到各制动器,如制动主缸、制动轮缸、制动液及相关管路等。

制动器:用于产生制动摩擦力矩的部件。

(三) 制动系统的分类

按制动系统的作用,可分为行车制动系统(图 15-3)和驻车制动系统(图15-4)。

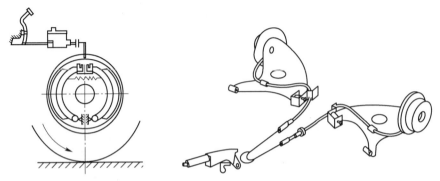

图15-3　行车制动系统　　　图 15-4　驻车制动系统

按制动能量的传输方式可分为机械式、液压式、气压式和电磁式等。机械式制动系统目前主要用于驻车制动,液压式制动主要用于乘用车(轿车)的行车制动,气压式制动系统主要用于商用车(客车)和货车;电磁式制动系统主要用于列车。

按制动管路的布置方式可分为单回路制动系统(图 15-5)和双回路制动系统(图 15-6)。目前所有汽车都采用双回路制动系统,其优点是当一个回路失效时,另一个回路仍能工作,可有效提高汽车的行车安全性。

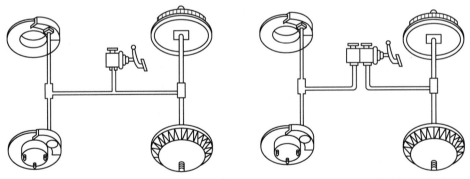

图 15-5　单回路制动系统　　　图 15-6　双回路制动系统

二 行车制动系统

行车制动系统的作用是使行驶中的汽车减速甚至停车。

(一) 制动器

制动器是用于产生制动摩擦力矩的部件,主要由旋转元件、固定元件、张开机构(促动装置)和调整机构等部分组成,利用固定元件与旋转元件工作表面间的摩擦而产生制动力矩。制动器按照结构可分为盘式制动器和鼓式制动器。

❶ 盘式制动器

如图15-7所示,盘式制动器主要由制动盘、制动钳、制动摩擦片、制动轮缸(分泵)和油管等部分构成。

盘式制动器主要有全盘式(图15-8)和钳盘式两种,其中钳盘式制动器又可分为定钳式(图15-9)和浮钳式(图15-10)两种。

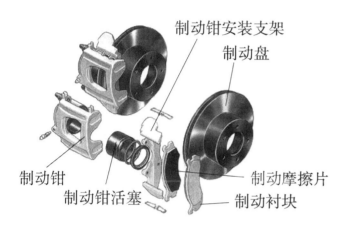

图15-7　盘式制动器结构图

图15-8　全盘式制动器

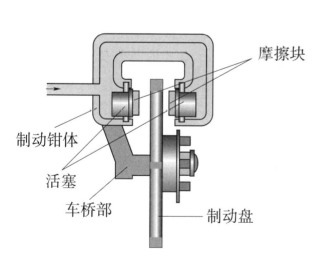

图15-9　定钳式制动器示意图

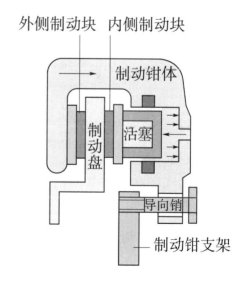

图15-10　浮钳式制动器示意图

全盘式制动器结构复杂,但制动效能高,主要用于重型载货汽车,一般轿车常用钳盘式制动器。钳盘式制动器的旋转元件是制动盘,固定元件是制动钳。

各种盘式制动器的分类及结构特点见表15-1。

盘式制动器的分类及结构特点　　　　表15-1

类　　型		结　构　特　点	工　作　过　程
全盘式		固定元件和旋转元件都是圆盘形的,分别称为固定盘和旋转盘,内侧壳体上装有4个液压油缸,其工作原理与摩擦离合器相似	制动时,液压缸活塞将所有的固定盘和旋转盘都推向外侧壳体,各盘相互压紧产生制动力; 解除制动时,活塞在弹簧作用下复位
钳盘式	定钳式	制动钳固定安装在车桥上,既不能旋转,也不能沿制动盘轴向移动。制动盘两侧都有液压油缸,以便将两侧的制动块压向制动盘	制动时,制动液进入制动钳体中左、右相通的轮缸,将左、右两侧的制动块压向制动盘产生制动力; 解除制动时,由密封圈产生的弹性变形将活塞复位
	浮钳式	制动钳通过导向销与车桥相连,可以相对制动盘做轴向移动,只在制动盘内侧设有液压油缸,而外侧的制动块由浮动的制动钳体推动	制动时,制动液进入轮缸,活塞将内侧制动块推向制动盘,作用在钳体上的反作用力推动钳体沿导向销移动,将外侧制动块压向制动盘,直到两侧制动块夹紧制动盘

盘式制动器活塞的密封圈除了起密封作用外,还兼起活塞回位作用和自动调整间隙的作用。

❷ 鼓式制动器

如图15-11所示,鼓式制动器的旋转元件是制动鼓,固定元件是制动蹄,张开机构是制动轮缸,制动时制动蹄在促动装置(制动轮缸)作用下向外张开,外表面的摩擦片压靠到制动鼓的内圆柱面上,对鼓产生制动摩擦力矩。鼓式制动器一般用于制动负荷较小的后轮和驻车制动。

鼓式制动器的分类及结构特点见表15-2。

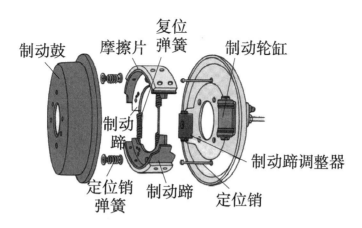

图 15-11 鼓式制动器构造分解图

鼓式制动器的分类及结构特点　　　　表 15-2

类型	结构特点	示意图
领从蹄式制动器	两个制动蹄各有一个支点，一个蹄在轮缸促动力作用下张开时的旋转方向与制动鼓的旋转方向一致，称为领蹄；另一个蹄张开时的旋转方向与制动鼓的旋转方向相反，称为从蹄	
单向双领蹄式制动器	汽车前进方向制动时两个制动蹄均为领蹄，倒车制动时，两个制动蹄均为从蹄。每一制动蹄都用一个单活塞制动轮缸促动，固定元件的结构呈中心对称布置	

续上表

类型	结构特点	示意图
双向双领蹄式制动器	使用了两个双活塞轮缸,无论前进还是后退,两个制动蹄均为领蹄	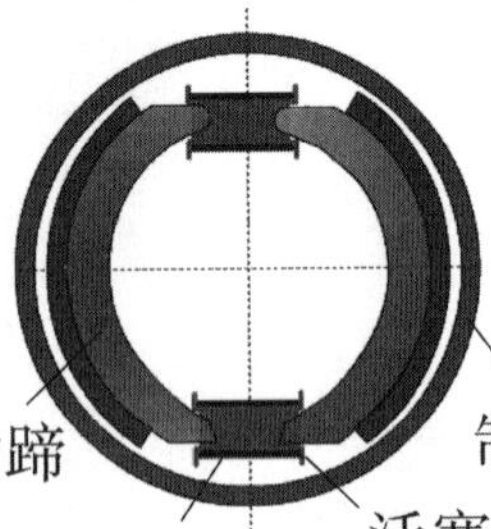 （图示：制动蹄、制动鼓、制动轮缸、活塞）
单向自增力式制动器	两个制动蹄只有一个单活塞的制动轮缸,第二制动蹄的促动力来自第一制动蹄浮动顶杆的推力。两个制动蹄在汽车前进时均为领蹄。倒车时都是从蹄,产生的制动力很小	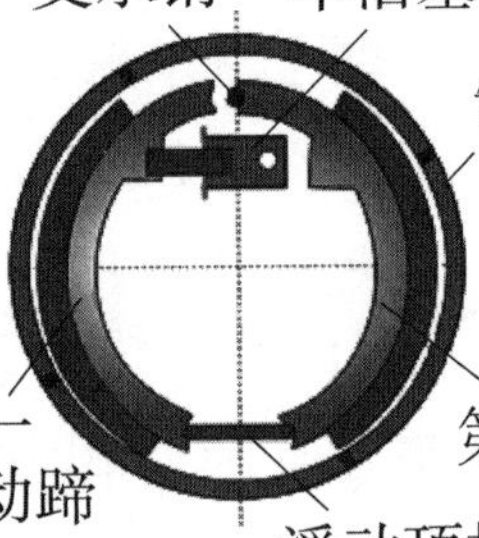 （图示：支承销、单活塞制动轮缸、制动鼓、第一制动蹄、第二制动蹄、浮动顶杆）
双向自增力式制动器	两个制动蹄的上方有一个双活塞制动轮缸,轮缸的上方有一个制动蹄支承销,两制动蹄的下方用浮动顶杆相连。无论汽车前进还是倒车制动,都与自增力式制动器相当	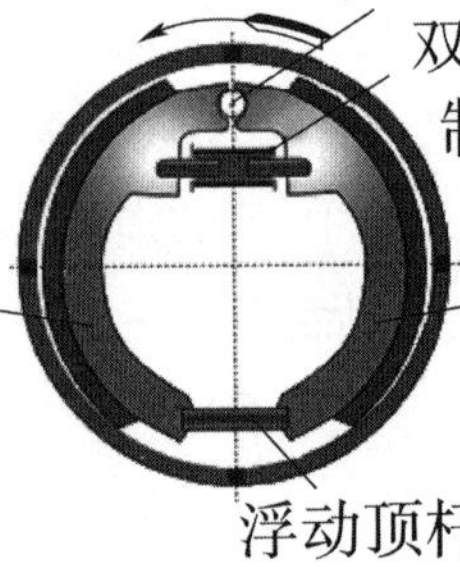 （图示：支承销、双活塞制动轮缸、第一制动蹄、第二制动蹄、浮动顶杆）

续上表

类型	结构特点	示意图
凸轮式制动器	用凸轮取代制动轮缸对两制动蹄起促动作用,通常利用气压使凸轮转动	
楔式制动器	制动蹄依靠在柱塞上,柱塞内端面是斜面。制动时,轮缸活塞在液压作用下使制动楔向左移动,从而使两柱塞向外移动,推动制动蹄压靠到制动鼓上。轮缸液压一旦撤除,这一系列零件即在制动蹄复位弹簧的作用下各自复位	

(二)液压制动传动装置

液压制动传动装置一般由制动主缸、制动轮缸、制动管路和制动液等组成。

如图 15-12 所示,当踩下制动踏板时,制动主缸中产生的高压油液通过制动管路传到各个轮缸,从而将制动摩擦片推向制动鼓产生制动作用。

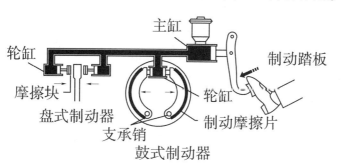

图 15-12 液压制动系统工作原理示意图

1 制动主缸

制动主缸是液压制动系统的核心部件,是将驾驶员踩踏制动踏板的力转换成制动液的液压力,一般与储油罐装配在一起。

制动主缸有单活塞制动主缸与串联双活塞制动主缸。单活塞制动主缸对应的单回路制动系统安全性较差,已被淘汰。

串联双活塞制动主缸结构如图15-13所示,当踩下制动踏板时,推杆推动1号活塞前移,1号腔油压升高进而推动2号活塞前移,2号腔压力随之升高。继续踩下制动踏板,前、后腔的油压继续升高并传递到各自的轮缸,使前、后轮制动器制动。

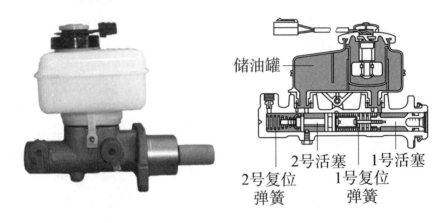

图 15-13 串联双活塞制动主缸

2 制动轮缸

制动轮缸是把制动液压力转变为轮缸活塞的推力,推动制动蹄靠在制动鼓上,产生制动作用。制动轮缸有单活塞和双活塞(图15-14)之分,由缸体、活塞、调整螺钉(顶块)和放气阀等组成。放气阀是制动系统的必备部件,用于排除制动管路中混入的空气。

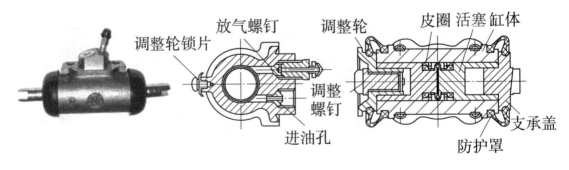

图 15-14 双活塞制动轮缸

3 制动液

制动液是液压制动系统的重要组成部分,其对制动系统的工作可靠性有很大影响。对制动液的基本要求如下:

(1)高温下不易汽化,否则将在管路中产生气阻现象,使制动系统失效;

(2)低温下有良好的流动性;

(3)不会使与之经常接触的金属件腐蚀,橡胶件发生膨胀、变硬和损坏;

(4)能对液压系统的运动件起良好的润滑作用;

(5)吸水性差而溶水性良好,即能使渗入其中的水汽形成微粒而与之均匀混合,否则将在制动液中形成水泡而大大降低汽化温度。

常用的制动液有 DOT3、DOT4 两种,属醇醚型合成制动液。

制动液必须定期更换,更换周期一般为 4 万 km 或 2 年。注意不同牌号的制动液不能混合使用。此外,制动液会吸收水分,所以开封并放置已久的制动液不能再次使用。

(三)真空助力器

如图 15-15 所示,真空助力器是制动系统的主要供能装置,装在制动踏板和制动主缸之间。它是利用发动机进气歧管的真空和大气之间的压力差,增大驾驶员踩踏制动踏板的推力,从而起到制动助力的作用。

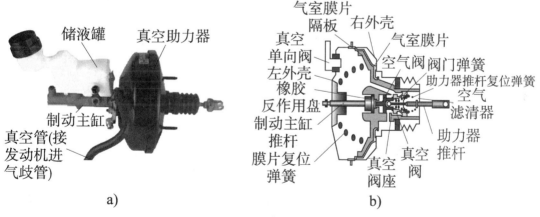

图 15-15 真空助力器

(1)如图 15-16 所示,不踩制动踏板时,空气阀处于关闭状态,真空阀处于打开状态。此时,真空腔与空气腔互通,两腔不存在压力差,助力器不起助力作用。

(2)如图 15-17 所示,踩下制动踏板时,真空阀被关闭,真空腔与空气腔被隔开;同时空气阀被打开,空气腔与大气连通。真空腔与空气腔形成压力差,助力器开始工作。

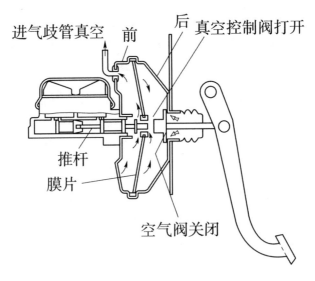

图 15-16　不踩制动踏板时助力器的状态

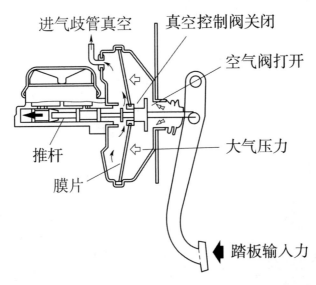

图 15-17　踩下制动踏板时助力器的状态

（3）踩下并保持制动踏板时，推杆停止前移，膜片继续移动关闭空气阀，空气腔不再进气，真空阀也保持关闭状态。两腔压力差保持不变，助力器助力保持不变。

三　驻车制动系统

驻车制动系统的作用是使已停驶的汽车驻留原地不动。

驻车制动系统有电子式和机械式两种。其中，机械式分为手操纵式（图 15-18）和脚操纵（踏板）式（图 15-19）两种。

单元十五 汽车制动系统

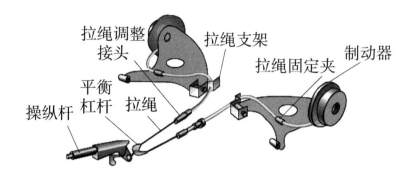

图 15-18 手操纵式驻车制动系统示意图

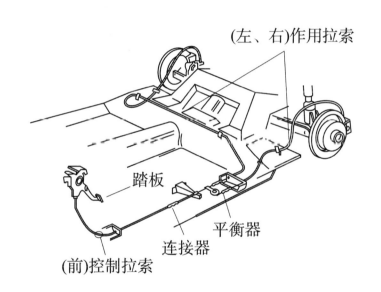

图 15-19 脚操纵(踏板)式驻车制动系统示意图

机械式驻车制动系统的控制装置主要由驻车制动手柄或踏板、平衡杠杆、拉索(杆)和摇臂等机械零件组成。

如图 15-20 所示,电子驻车制动系统(EPB)俗称电子手刹,其工作原理与机械式驻车制动相同,只是控制方式从机械式驻车制动拉杆或脚踏板变成电子按钮,比传统的拉杆驻车制动更安全,可以保证车辆在 30% 的斜坡上稳定驻车,不会因驾驶者的力度而改变制动效果。

如图 15-21 所示,电子驻车制动从基本的驻车功能延伸到自动驻车功能(AUTOHOLD),只要启用 AUTOHOLD 功能,便可使车辆在等红灯或上下坡停车时自动驻车;需要起步时,只要轻踩加速踏板即可使汽车平稳起步。

图 15-20　电子驻车制动按钮　　图 15-21　自动驻车制动按钮

四　制动控制系统

(一)防抱死制动系统(ABS)

防抱死制动系统(Anti-Lock Braking System,简称 ABS),是一种制动力控制装置,通过计算机自动控制制动管路压力的大小,防止车轮由于紧急制动而抱死。

当车轮被抱死滑移时,车轮与路面间的侧向附着力将完全消失。如果是前轮(转向轮)抱死滑移,汽车将失去转向能力(跑偏)。如果是后轮抱死滑移,汽车将容易产生侧滑(甩尾)现象。因此汽车在制动时不希望车轮制动抱死滑移,而是希望车轮制动时边滚边滑的状态。

❶ ABS 的基本组成和工作原理

如图 15-22 所示,ABS 主要由轮速传感器、制动压力调节器和电子控制器等组成。

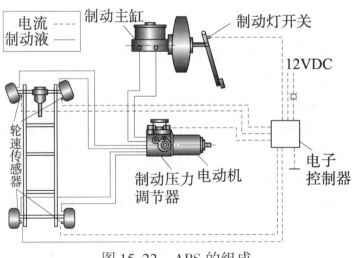

图 15-22　ABS 的组成

汽车制动时,若轮速传感器发出车轮即将被抱死的信号,电子控制器则向压力调节器发出控制指令,降低该车轮制动轮缸的油压,以减小其制动力矩,而后再恢复原有的油压,如此不断循环,始终使车轮处于边滚边滑的状态而又有最大的制动力矩,从而起到防止车轮制动抱死的作用。

❷ **ABS 的部件及其工作原理**

1) 车轮转速传感器

如图 15-23 所示,轮速传感器一般安装在车轮上,也有的安装在主减速器或变速器中。

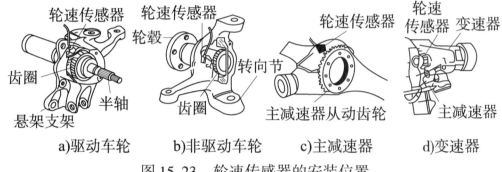

图 15-23　轮速传感器的安装位置

如图 15-24 所示,齿圈在磁场中旋转时,齿圈齿顶和电极之间的间隙以一定的速度变化,使磁路中的磁阻发生变化,磁通量周期地增减,在线圈的两端产生感应电压,该电压信号输送给电子控制器。

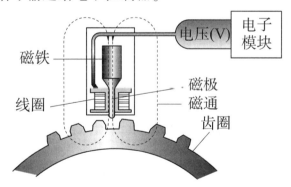

图15-24　轮速传感器的组成及工作原理

2) 电子控制器

电子控制器是防滑控制系统的控制中枢,其作用是接收来自轮速传感器的信号,计算出车轮速度,并与参考车速进行比较,得出滑动率 S 及加减速度,并将这些信号加以分析,对制动压力调节器发出控制指令。此外,电子控制器还监控整个 ABS 的工作情况,如有故障则可将 ABS 关闭,并存储相应的故障码。

图 15-25　制动压力调节器（ABS 泵）

3）制动压力调节器

如图 15-25 所示，制动压力调节器俗称 ABS 泵。制动压力调节器接收来自 ECU 的控制指令，控制制动压力的增减，属于 ABS 的执行器。液压制动系统中用的制动压力调节器，按工作原理的不同，可分为循环式制动压力调节器和可变容积式制动压力调节器。目前，在液压制动系统中大多采用循环式制动压力调节器。

（二）其他制动控制系统

1　驱动防滑转系统（ASR 系统）

驱动过程中防止驱动轮发生滑转的控制系统称为驱动防滑转系统（Acceleration Slip Regulation，简称 ASR 系统）。由于 ASR 是通过调节驱动轮的驱动力实现驱动轮滑转控制的，因此也将此系统称为牵引力控制系统（Traction Control System，简称 TCS）。

和 ABS 一样，ASR 主要由电子控制器、传感器和制动压力调节器三大部分组成。ASR 中的电子控制器可以是独立的，也可以与 ABS 共用，ASR 与 ABS 的制动压力调节器也可以共用。如图 15-26 所示，通常将 ASR 和 ABS 组合在一起。

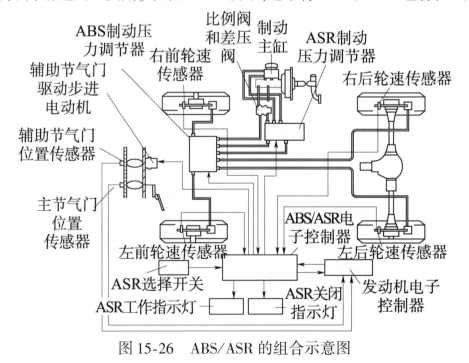

图 15-26　ABS/ASR 的组合示意图

❷ 车身电子稳定系统(ESP 系统)

车身电子稳定系统(Electronic Stability Program,简称 ESP 系统),是博世公司的专利产品,所以只有博世公司的车身电子稳定系统才称为 ESP 系统。

如图 15-27 所示,ESP 系统由控制单元及转向盘角度传感器、轮速传感器、侧滑传感器、横向加速度传感器等组成。控制单元通过这些传感器的信号对车辆的运行状态进行判断,进而发出控制指令。

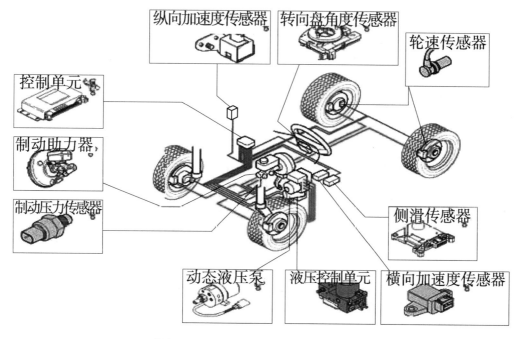

图 15-27　ESP 系统组成示意图

❸ 电子制动力分配(EBD 系统)

电子制动力分配(Electronic Brake force Distribution,简称 EBD 系统)是 ABS 的辅助功能。在汽车制动的瞬间,制动力分配高速计算出四个轮胎由于附着力不同而导致的摩擦力不同的数值,然后调整制动装置,使其按照设定的程序在运动中高速调整,达到制动力与摩擦力(牵引力)的匹配,以保证车辆的平稳和安全。当紧急制动车轮抱死的情况下,EBD 在 ABS 动作之前就已经平衡了每一个车轮的有效地面抓地力,可以防止出现甩尾和侧移,并缩短汽车制动距离。即使 ABS 失效,EBD 也能保证车辆不会出现因甩尾而导致翻车等恶性事件的发生。

❹ 制动辅助(EBA、BAS 或 BA 系统)

制动辅助是一种紧急制动辅助装置,EBA 系统一旦监测到驾驶员踩制动踏板的速度陡增,便会在几毫秒内启动全部制动力,驾驶员一旦释放制动踏板,EBA

系统就转入待机模式。由于更早地施加了最大的制动力,EBA 系统可显著缩短制动距离,能有效防止追尾事故的发生。

❺ 上坡辅助系统(HAC)

上坡辅助系统(Hill-start Assist Control,简称 HAC 系统),是在 ESP 系统基础上衍生开发出来的一种功能,当车辆在斜坡起动时,驾驶员松开制动踏板后,车辆仍能保持 2~3s 制动,防止车辆后溜。

❻ 陡坡缓降系统(HDC)

陡坡缓降系统(Hill Descent Control,HDC)也称斜坡控制系统,是一套用于下坡行驶的自动控制系统,在系统启动后,驾驶员无须踩制动踏板,车辆会自动以低速行驶,并能逐个对超过安全转速的车轮施加制动力,保证车辆平稳下坡,使驾驶员专注于对转向盘的控制。

❼ 制动优先系统(BOS)

制动优先系统(Brake Override System,简称 BOS)是指一个让驾驶员在踩下加速踏板的情况下(即便是踩到底),仍然能够通过踩制动踏板将车停下的系统,即制动优先系统在探测到驾驶员试图实施制动时,会自动控制供油系统,将发动机转速降至怠速状态。

五 技能训练——液压制动系统管路排空作业

(1)在轮缸排气螺塞上套上一根透明塑料管,将管的另一端浸入装有清洁制动液的透明容器的液面下。

(2)如图 15-28 所示,一人连续踩下制动踏板 5~6 次,然后踩住不放,另一人旋松排气螺塞,让空气连同部分制动液一同排出,随后立即旋紧排气螺塞,如此重复直至流出的制动液中无气泡为止。

(3)按照右后—左前—左后—右前的顺序在其他车轮重复以上操作。

(4)排气完毕后应将制动液加至最高液位的标记以下 2~4mm 处,并盖好储液罐盖。

(5)以下是排空作业的注意事项,请在正确的选项前打"√":

☐排气过程要时刻关注储液罐的制动液位,任何时刻都不能低于最低液位的标记;

☐不同牌号的制动液不能混合使用;

☐要从距主缸最远的车轮开始排气,最后才是距主缸最近的车轮;

□ 对于装备对角双管路系统或装备防抱死制动系统的车辆,要按照车辆维修手册规定的步骤对制动系统进行排气;
□ 制动液不能加得过满,过量加注会导致制动液溢出并腐蚀部件;
□ 制动液对眼睛和皮肤有刺激性,应避免与人体直接接触,如有接触,应及时清洗。

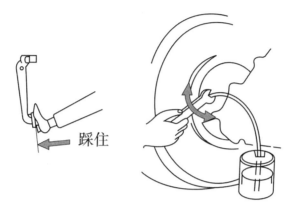

图 15-28 制动管路排气

思考与练习

(一)填空题

(1)每一辆汽车都必须具备两套各自独立的制动系统,即_____和用于停车时制动的_____。

(2)制动系统一般有 4 个基本组成部分,即:_____、_____、_____和_____。

(3)鼓式制动器的旋转元件是_____,盘式制动器的旋转元件是_____。

(4)车轮制动器主要由_____、_____、_____和_____四部分组成。

(5)钳盘式制动器活塞密封圈的作用有_____、_____和_____。

(6)防抱死制动系统(ABS)主要由_____、_____和_____三部分组成。

(二)判断题

(1)最佳的制动状态是车轮完全被抱死而发生滑移时。 ( )

(2) 一般情况下,人力机械制动系统只用于驻车制动。　　　　　(　)

(3) 钳盘式制动器可自动调节间隙。　　　　　　　　　　　　　(　)

(4) 行车制动系统必须采用双回路制动系统。　　　　　　　　　(　)

(5) 真空助力器在发动机运转的情况下才能起作用。　　　　　　(　)

(6) 汽车制动时,后轮抱死将失去转向能力,容易跑偏。　　　　(　)

(7) 装有 ABS 的制动系统,因其限制车轮抱死,所以其制动距离会比普通制动距离大。　　　　　　　　　　　　　　　　　　　　　　　　(　)

(三) 简答题

(1) 简述汽车制动系统的作用和工作原理。

(2) 叙述真空助力器的工作原理。

(3) 简述 ABS 的工作原理。

单元十六 汽车车身

 学习目标

1. 能叙述轿车车身的组成；
2. 能叙述轿车车身的分类；
3. 能叙述承载式车身的结构、连接方式及特点；
4. 能对车身主要零部件进行拆卸和安装，以及安装后质量检查。

 建议课时

10 课时。

车身是汽车的基础，汽车上的大部分零部件都装配在车身本体上，车身可保护驾驶员以及构成良好的空气力学环境。汽车车身不仅能直接影响汽车性能，同时能体现出车主的个性。

一 汽车车身的组成

轿车车身由车身本体（俗称白车身）、车身外装件、车身内件和车身电气附件四部分组成。

（一）车身本体

车身本体是轿车承载的主体，是车身内、外饰件和电气附件的装

轿车车身
基本组成

载基体,如图16-1所示。车身本体由梁、支柱、加强板等车身结构件和车身覆盖件组合而成。

图16-1 车身本体

如图16-2所示,通过梁和支柱等车身结构件焊接成框架结构,使车身形成一个整体式结构,具有一定的强度和合适的刚度,起主体承载作用。车身结构件主要包括前纵梁、A柱、B柱、C柱和车顶纵梁等。

图16-2 车身结构件

车身覆盖件是指车身上各种具有不同曲面形状及大小尺寸的薄板。车身覆盖件覆盖安装在车身本体上,使车身形成完整封闭体,同时通过它来满足室内乘员乘坐的要求和体现轿车的外形并增强轿车车身的强度和刚度,主要包括翼子板、车门、发动机舱盖和行李舱盖等。

(二)车身外装件

如图16-3所示,车身外装件是指车身外部起保护或装饰作用的一些部件,以及具有某种功能的车外附件。

后保险杠 门把手 车门装饰条 外后视镜 前保险杠 散热器格栅

图 16-3　车身外装件

车身外装件主要有前后保险杠、车门机构及附件、各种车身外部装饰条、车外后视镜、密封条及散热器格栅等。前、后保险杠一是当轿车发生纵向碰撞时起一定的保护作用,减轻汽车的破坏程度;二是起装饰作用。密封条除了起密封作用外,其外露部分的形状与颜色应与整车相匹配,起装饰作用。其他外装件除了完成车身应具有的功能外,还应对整车起点缀和装饰的作用。

(三)车身内装件

车身内装件是指车内对人体起保护作用和起内饰作用的部件,以及具有某种功能的车内附件。车身内装件主要有仪表板、座椅及安全带、安全气囊、车内后视镜、遮阳板、车门及地板内饰等。

(四)车身电气附件

车身电气附件指除用于轿车底盘以外的所有电气及电子装置,如各种仪表及组合开关、前照灯、音响和收视装置及设备、空调装置、刮水器、洗涤器、除霜装置以及只有某些功能的电子装置(如 GPS 等)。

二　汽车车身的分类

(一)根据车身形状分类

小客车车身按其形状主要分为单厢车、两厢车、三厢车、掀背车、旅行车、敞篷车、轿跑车、MPV、SUV、多用途货车及概念车等。

常见轿车的基本形式见表 16-1。

轿车车身类型——按承载形式分

常见轿车的基本形式　　　　　　　表 16-1

类别名称	特　　点	代　表　车　型
单厢车	单厢车是在两厢车的基础上发展而来。它的前部发动机舱进一步缩短,变得很不明显,其发动机舱盖与风窗玻璃几乎成一斜面,整个车身像一个大箱子,与面包车较相似	
两厢车	是一种将驾驶室和行李舱做成同一个厢体,并且发动机独立的布置形式的轿车。这种布局形式能增加车内空间,相应地,行李舱空间有所减小,因此多用于小型车和紧凑型车	
三厢车	三厢车是轿车的标准形式,它的车身结构由前部的发动机舱、车身中部的乘员舱和后部的行李舱三个相互封闭用途各异的"厢"所组成	
掀背车	是汽车车身设计的一种形式,除了 2~4 个侧开的车门之外,尾部通常会有一个垂直的尾门(如标致 307)或一个倾斜的尾窗门(如马自达 6 掀背版),以打开行李舱。这是此类车种在外观上的主要特色	

续上表

类别名称	特　点	代　表　车　型
旅行车	大多数旅行车都是以轿车为基础,把轿车的行李舱加高到与车顶齐平,用来增加行李舱空间,兼具轿车的舒适及较大的存储空间	
轿跑车	指具有跑车性能以及优美外形的小客车,后座较狭窄。轿跑车的种类很多	
敞篷车	一般是指带有折叠式可开启车顶的跑车,根据车顶材料可以分为软顶敞篷车和硬顶敞篷车。此外,还有敞篷SUV和敞篷豪华车	
SUV	SUV一般是指那些以轿车平台为基础生产、在一定程度上既具有轿车的舒适性,又有越野车通过性的车型	

续上表

类别名称	特　　点	代　表　车　型
MPV	MPV由旅行轿车逐渐演变而来，集旅行车宽大乘员空间、轿车的舒适性和厢式货车的功能于一身，一般为两厢式结构	
多用途货车	俗称皮卡，是一种采用轿车车头和驾驶室，同时带有敞开式货车车厢的车型，既有轿车般的舒适性，又有强劲动力，载货多且对不良路面适应能力强	
概念车	是最先进、最前卫、最环保、最能代表造车工艺的技术与科技发展的设计，通常也是世界各大汽车公司显示其科技实力和设计观念的主要方式	

（二）根据车身结构分类

如图16-4所示，小客车车身按车身结构分为两大类。一是非承载式车身，其大梁与主车身是分开的，非承载式车身结构本书将不详细讨论；二是承载式车身，其最大特征是将乘客舱和车架焊接成一体。

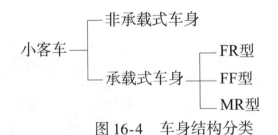

车身壳体3D
结构展示

图16-4　车身结构分类

❶ 非承载式车身

如图16-5所示，非承载式车身的汽车有刚性车架，又称底盘非承载架。车身本体悬置于车架上,用弹性元件连接。

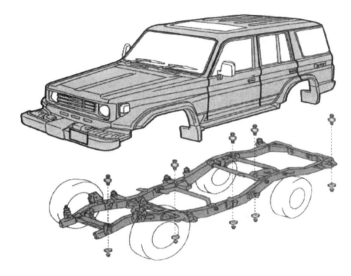

图 16-5　非承载式车身

　　车架的振动通过弹性元件传到车身上,大部分振动被减弱或消除。当车辆发生碰撞时,车架能吸收大部分冲击力,另外四个车轮受力由车架承担,不会传递到车身上,因此车厢变形小,抗颠簸性和安全性好,厢内噪声低。但非承载式车身较笨重,汽车质心高,高速行驶稳定性较差。

❷ **承载式车身**

　　如图 16-6 所示,承载式车身没有独立的车架,发动机和底盘各总成安装在车身上,全部载荷由车身承受。承载式车身的构想是源自现代飞机机身设计,是将车身视为一个应力壳结构,因此作用在车身上的载荷不是集中于某一位置,而是分散至整个车身上。

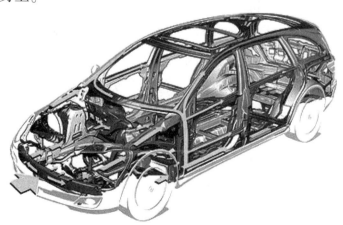

图 16-6　承载式车身

承载式车身为目前轿车车身的主流,没有刚性车架,只是加强了车头、侧围、车尾、底板等部位,发动机、前后悬架和传动系统的一部分总成部件装配在车身上设计要求的位置,车身负载通过悬架装置传给车轮。其优点是行驶非常平稳,整个车身为一体,固有频率振动低,噪声小,承载式车身比较安全;缺点是当四个车轮受力不均匀时,车身会发生变形,制造成本和修理成本偏高。

三 承载式车身结构(FF轿车)

如图16-7所示,FF车辆是指前置发动机前轮驱动的车辆,是目前市面上承载式车身中最常见的类型。由于不需要后轮驱动的组件,所以FF车辆可以降低车底板中间位置拱起的高度,能提供较大的乘客舱空间。此外,FF车辆的后悬架系统构造比较简单,可减轻车辆的质量。FF车辆车身结构由前车身结构、侧车身结构(车身中部)、后车身结构以及下车身结构组成。

图16-7 FF车辆车身结构

(一)FF车辆前车身结构

FF车辆的前部结构形式和刚度非常关键,车身的前部不仅装有前悬架部件和转向操纵装置,还装有车辆的发动机、变速器及驱动轴等。另外,当汽车受到前方撞击时也靠前车身来有效吸收撞击能量。为保证车辆的正常行驶,不仅要求合理布置前部车身,确保足够的强度和刚度,还对位置准确度和耐久性、可靠性有着十分严格的要求。

如图16-8所示,FF车辆前车身主要由前翼子板、前纵梁、前围板、散热器支架、发动机舱盖以及前保险杠等部件组成,这些部件除发动机舱盖、前翼子板和前保险杠采用螺栓连接以外,其他部件多采用焊接形式连接,以加强车身的强度。

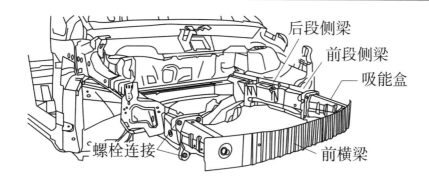

图 16-8 FF 车辆前部车身结构

如图 16-9 所示,吸能盒也称为碰撞单元,在车辆发生正面碰撞和稍呈对角方向的碰撞时,通过变形或剪切作用来吸收碰撞能量,在侧梁上吸能盒通过螺栓连接被固定。由于使用了螺栓连接,吸能盒可以花费很少的时间更换。另外,变形的吸能盒不允许重新整形或修复。

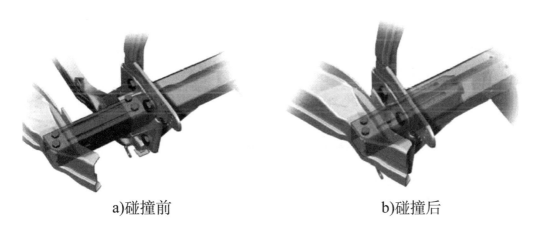

a)碰撞前　　　　　　　　b)碰撞后

图 16-9 吸能盒结构

汽车前保险杠是吸收和减缓外界冲击力、防护车身前后部的安全装置,位于汽车前方的大部分区域,表面上被设计用于避免车辆外部损坏对车辆安全系统造成的影响,具有在高速撞击时减少驾乘人员伤害的能力,同时也被设计用于行人保护。

如图 16-10 所示,保险杠除了保持原有的保护功能外,还要追求与车体造型的和谐统一,以及本身的轻量化。为了达到这种目的,轿车的前后保险杠采用了塑料,人们称为塑料保险杠。塑料保险杠是由外板、缓冲材料和防撞加强横梁三部分组成。其中外板和缓冲材料用塑料制成,横梁用厚度为 1.5mm 左右的冷轧薄板冲压而成或采用铝合金制成;外板和缓冲材料附着在防撞加强横梁上,横梁与车架侧梁螺栓连接,可以随时拆卸下来。

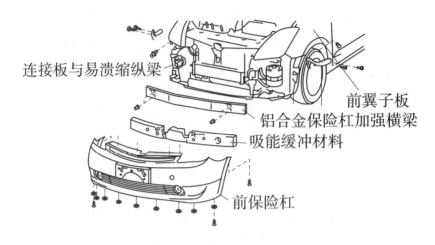

图 16-10　汽车前保险杠

(二) FF 车辆侧车身结构(车身中部)

如图 16-11 所示,侧车身与前车身和车顶钢板结合而形成乘坐空间。在行驶中,FF 车辆侧车身中部钢板分散来自下车身的负荷到车辆上侧并且防止两侧弯曲。此外侧车身也提供了车门支撑以及万一车辆倾覆时维持乘坐空间的完整性。因此,为增强刚性,将外板、加强梁和内板组合成为一个厢型结构。

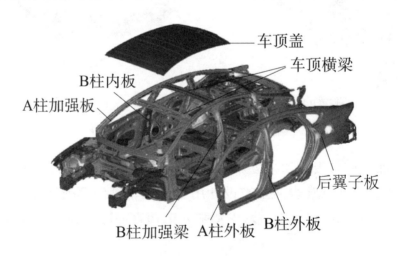

图 16-11　FF 车辆侧车身结构

(三) FF 车辆后车身结构

如图 16-12 所示,轿车后车身是指乘客舱后侧用于放置行李、物品的部分。三厢车有与乘客分开的行李舱,而两厢车则与乘客舱相通合为一体,主要有后翼子板、后侧梁、后门槛及后部覆盖件。

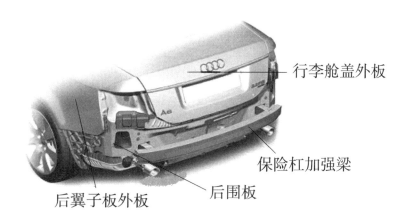

图 16-12　FF 车辆后车身结构

(四)FF 车辆下车身结构

1　前下车身

如图 16-13 所示,前下车身由前侧梁、前横梁等加强梁所构成,以确保拥有足够的强度和刚性。前侧梁与车底板加强梁及主车底板侧梁相连接,以利于撞击时能将撞击力分散至车身的各个部位。

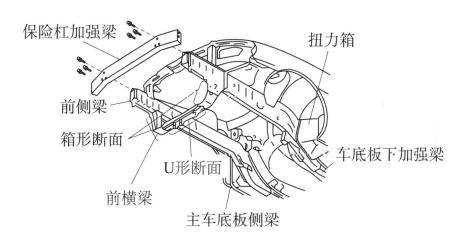

图 16-13　前下车身结构

2　中央下车身

如图 16-14 所示,中央下车身由主车底板侧梁、前车底板下加强梁、车底板横梁、前车底板组成。主车底板侧梁使用高强度钢板,位于乘客舱两侧下端,又称门槛板内板。车底板下加强梁和车底板横梁使用加强件来增强车底板强度和中央下车身的刚性。

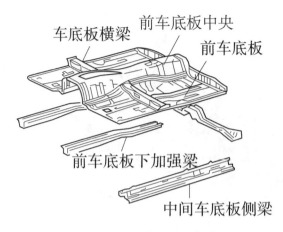

图 16-14　中央下车身

❸ 后下车身

如图 16-15 所示,后下车身由后车底板侧梁、后车底板横梁、后车底板组成。燃油箱安置于后座下方,可以降低后车底板高度,从而使其行李舱空间增大。当发生后方追尾事故时,大部分的撞击力就可由行李舱空间吸收。同时后车底板侧梁的后段都经过波纹加工,以提高吸收撞击的效果。后车底板侧梁的后段与后车底板侧梁为可分离式,方便维修。

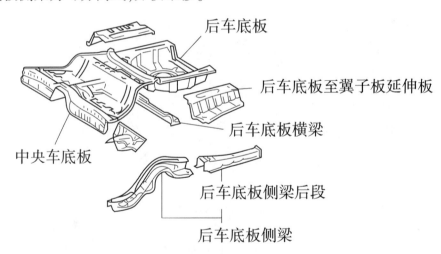

图 16-15　后下车身结构

四　技能训练

(一)汽车前保险杠的拆卸

(1)开始作业前,准备好拆装工具一批、整车一辆。

(2)如图 16-16 所示,发动汽车向一边打满方向,再熄火并拔下车钥匙,然后打开发动机舱盖,断开蓄电池负极。

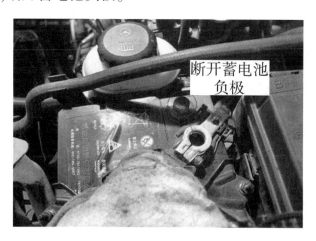

图 16-16　断开蓄电池负极

(3)用胶带等保护任何可能受损的部位。拆装零部件时容易刮花相邻部件的油漆等,因此这一步非常重要。

(4)如图 16-17 所示,依次拆卸散热器格栅防护罩螺栓及卡子。

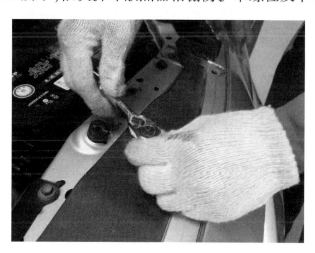

图 16-17　拆卸散热器格栅防护罩

(5)拆卸前保险杠底部的连接螺栓及卡子。

(6)拆卸前保险杠内衬板上的螺栓。

(7)确认前保险杠与车身连接的所有螺栓及卡子已经全部拆卸。

(8)如图 16-18 所示,慢慢扒开保险杠,可见前防撞杆(保险杠加强梁)和能量吸收器(前杠泡沫),将前保险杠中与雾灯连接的连接器拔下(注意不要把线束扯断)。

图 16-18　拆卸雾灯线束连接器

(9)确认所有安装部件和连接器已拆下后,即可将前保险杠完全拆下。

(10)存放好保险杠,使其不受损坏。

(11)拆下的螺栓和卡子必须存放好,以防止遗失或装配时拿错。

（二）汽车前保险杠的安装

安装时按照拆卸的步骤逆顺序安装即可。

(1)将前保险杠安装回车身上(注意不要忘记将雾灯线束插上)。

(2)将前保险杠与车身的连接螺栓按拆卸的逆顺序依次上紧。

(3)将前保险杠与车身的连接卡子按拆卸的逆顺序依次装回原位。

(4)如图 16-19 所示,连接蓄电池负极端子。

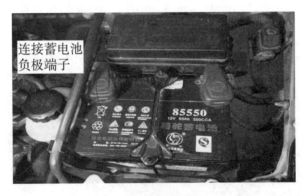

图 16-19　连接蓄电池负极端子

(5)关上发动机舱盖,并整理工具。

(6)检查保险杠安装后相邻板件的缝隙是否均匀合理。

(7)插入钥匙起动汽车,并检查雾灯是否正常。

思考与练习

（一）填空题

(1)按照车身结构情况不同,可将小客车车身分为_____和_____。

(2)轿车车身由_____、_____、_____和_____四部分组成。

(3)我们常见的轿车一般是三厢车,它的车身结构由三个相互封闭用途各异的"厢"所组成,即:_____、_____和_____。

(4) 前下车身由前侧梁、前横梁等加强梁所构成,以确保足够的_____和_____。

(二) 判断题

(1) 承载式车身有独立的车架,车架与主车身是分开的,其间衬有橡胶垫,载荷主要由车架承受,车身不承受大的载荷。（　　）

(2) 车身内装件是指车身外部起保护或装饰作用的一些部件,以及具有某种功能的车外附件。（　　）

(3) 非承载式车身比较笨重,质量大,汽车质心高,高速行驶稳定性较差。（　　）

(4) FR 车辆可以降低车底板中间位置拱起的高度,而提供较大的乘客舱空间。（　　）

(5) 后车底板侧梁的后段与后车底板侧梁做成可分离式,方便维修。（　　）

(6) 螺钉安装主要用于不受作用力且注重外观的部位。（　　）

(三) 简答题

(1) 现代轿车车身主要由哪几部分组成?

(2) 什么是 MPV? 请举例说明。

(3) 写出承载式车身和非承载式车身的优缺点。

(4) 车身零件的安装方法有哪些?

单元十七　发动机控制系统

学习目标

1. 能叙述发动机控制系统的基本组成与功用；
2. 能准确查找各传感器、执行器的安装位置；
3. 能对发动机控制系统各元件进行外观检查。

建议课时

6 课时。

　　汽车是现代社会最重要的交通工具之一，随着技术的不断进步，汽车电子控制的内容和精度也不断增加。以发动机控制系统为例，该系统已经由原来单一的燃油喷射控制系统发展到当前的集燃油喷射控制、电子点火、怠速控制、进气控制、增压控制、尾气排放控制、失效后备控制及诊断和数据通信为一体的发动机管理系统。

一　发动机控制系统的作用与认识

（一）发动机管理系统

在以汽油机为动力的现代汽车上，发动机管理系统(Engine Management System，简称 EMS)以其低排放、低油耗、高功率等优点而获得迅速发展，且日益普及。

EMS 将发动机吸入的空气量、冷却液温度、发动机转速与加减速等状况转换成电信号输送到发动机控制模块。发动机控制模块将这些信息与储存信息比较,精确计算后输出控制信号。EMS不仅可以精确控制燃油供给量,而且可以控制点火提前角和怠速时的空气流量等,极大地提高了发动机性能。

(二)发动机控制系统的组成

如图17-1所示,发动机控制系统主要由传感器、发动机控制单元和执行器三大部分组成。

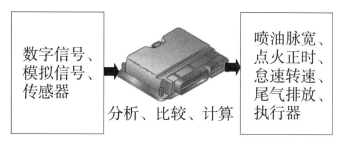

图17-1　发动机控制系统的组成

传感器是装在发动机各个位置的信号转换装置,用来检测发动机运行状态下的各种参数,并将其转换成电信号,再输送给ECU,相当于发动机的"眼睛和耳朵"。

发动机控制单元即ECU,能根据发动机运转状况和车辆运行状态确定燃油喷射量和点火时刻,相当于发动机的"大脑"。

执行器用于接收ECU的指令,进行必要的动作,相当于发动机的"手和脚"。

二　主要传感器

电控发动机主要的传感器有空气流量(进气歧管压力)传感器、曲轴位置传感器、节气门位置传感器、温度传感器、氧传感器和爆震传感器等。

(一)空气流量(进气歧管压力)传感器

空气流量传感器经历了不同的发展历程,其结构与原理存在一定差异。电控发动机测量进入汽缸的空气量主要有两种方式:一种是采用空气流量传感器测量进气的体积流量或质量流量;另一种是利用进气歧管压力传感器测量进气歧管的绝对压力,然后由ECU结合发动机转速和节气门开度信号,换算出相应的空气流量。

❶ 空气流量传感器

空气流量传感器应用在L型电控燃油喷射系统中,其作用是对进入汽缸的空气流量进行测量,并将空气流量信息输送到ECU,作为决定喷油器基本喷油量和基本点火提前角的主控信号。如图17-2所示,空气流量传感器一般安装在空气滤清器后面、节气门体前面。

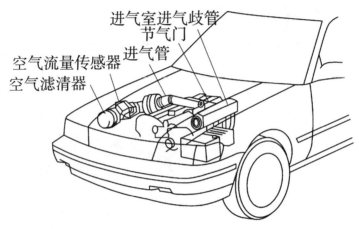

图17-2　空气流量传感器安装位置

❷ 进气歧管压力传感器

进气歧管压力传感器应用在D型电控燃油喷射系统中,常安装在节气门体上或进气歧管上。通过测量进气歧管内的压力,并将压力信号转变成电信号输送给发动机控制模块,作为决定喷油器基本喷油量和基本点火提前角的主控信号。进气歧管压力传感器有可变电感式、膜盒传动式、电容式和半导体压敏电阻式等几种形式,常用的有半导体压敏电阻式和电容式。

(二)曲轴位置传感器

❶ 曲轴位置传感器的作用与安装位置

曲轴位置传感器的功用是检测发动机曲轴运转角度和曲轴角度相对应的活塞运行位置,并将该信号输送到发动机计算机,从而控制点火正时和喷油正时。

不同车型的曲轴位置传感器,其安装位置也可能不同。图17-3所示为丰田1ZR-FE发动机的曲轴位置传感器和凸轮轴位置传感器的安装位置。

❷ 曲轴位置传感器的类型

曲轴位置传感器根据产生信号的原理不同可分为磁感应式、霍尔式和光电式三种。其中磁感应式曲轴位置传感器产生的是模拟信号(图17-4),霍尔式曲轴位置传感器和光电式曲轴位置传感器产生的是数字信号,如图17-5所示。

单元十七 发动机控制系统

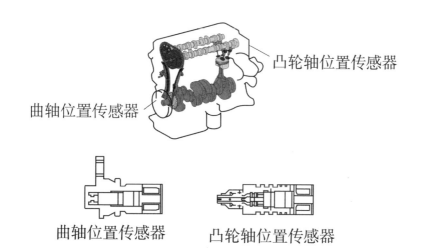

图 17-3 丰田 1ZR-FE 发动机曲轴位置传感器的安装位置

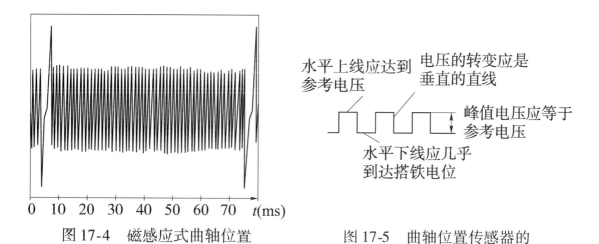

图 17-4 磁感应式曲轴位置传感器信号波形

图 17-5 曲轴位置传感器的数字信号波形

（三）节气门位置传感器

1 节气门位置传感器的作用与安装位置

节气门位置传感器主要用来检测节气门的开度和节气门开闭的速率。节气门位置信号是发动机电控系统用于控制喷油量、点火正时、怠速转速和尾气排放的修正信号。如图 17-6 所示，节气门位置传感器安装在电子节气门体上，主要包括节气门位置传感器、加速踏板位置传感器、节气门电子控制单元和节气门控制电动机等。

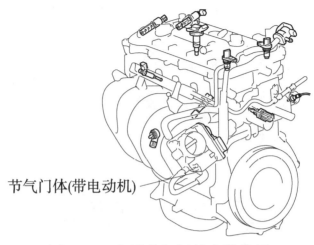

图 17-6 电子节气门的安装位置

❷ 节气门位置传感器的类型

如图 17-7 所示,节气门位置传感器根据运用原理的不同,主要分成三种类型:开关式、线性电阻式和霍尔式。

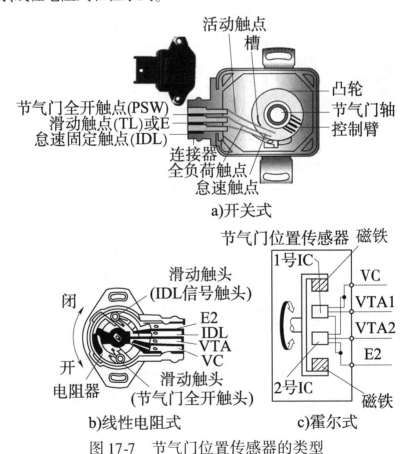

图 17-7 节气门位置传感器的类型

(四)温度传感器

发动机温度传感器主要包括发动机冷却液温度传感器(ECT)与进气温度传感器(IAT)。

❶ 温度传感器的作用与安装位置

发动机冷却液温度传感器又称水温传感器,用来检测冷却液温度并将温度信号转变成电信号输送给发动机控制模块,是汽油喷射、点火正时、怠速和尾气排放控制的重要修正信号。

进气温度传感器(IAT)用来检测进气温度,并将进气温度信号转变成电信号输送给发动机控制模块,是汽油喷射点火正时的修正信号。

如图17-8所示,水温传感器安装在发动机的冷却液通路上,常见安装位置有出水口、水套等处。进气温度传感器通常与空气流量传感器(进气歧管压力传感器)安装在一起。

图17-8 水温传感器安装的位置

❷ 温度传感器的类型和工作原理

根据温度传感器结构的不同,常用温度传感器有绕线电阻式、热敏电阻式、扩散电阻式、半导体晶体管式、金属芯式和热电偶式等形式。

目前应用较多的是热敏电阻式温度传感器。它是利用半导体材料的电阻随温度变化而变化的特性制成的,按照电阻-温度特性的不同又可分为负温度系数(NTC)和正温度系数(PTC)两种。

(五)氧传感器

❶ 氧传感器的作用与安装位置

氧传感器是现代发动机控制系统中非常重要的传感器之一,主要用来检测排放废气中的氧含量,并反馈给发动机ECU,用于控制喷油器喷油量的增减,将燃油混合气的浓度控制在理想的范围内,从而减小油耗,提高三元催化转换器的工作效率。

发动机ECU根据氧传感器传来的电压信号,判断原混合气的浓度,然后对喷油量进行修正,从而使空燃比始终保持在理论空燃比附近,最终达到理想的排气净化效果。

氧传感器的安装位置如图17-9所示。根据安装的氧传感器的数量的不同,氧传感器的作用也不相同。现代汽车上一般安装有两个氧传感器,分别安装在三元催化转换器的前后位置上。

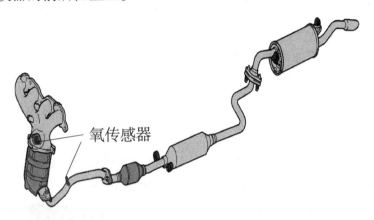

图 17-9 氧传感器的安装位置图

❷ 氧传感器的类型

氧传感器按使用材料的类型进行分类,常见的有二氧化锆式(图 17-10)和二氧化钛式两种。按氧传感器是否安装加热器进行分类,有加热型氧传感器和非加热型氧传感器两种。

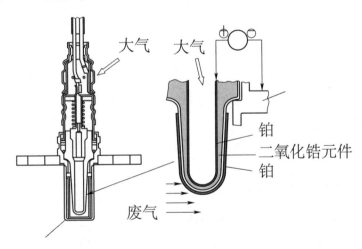

图 17-10 二氧化锆氧传感器

(六)爆震传感器

❶ 爆震传感器的作用与安装位置

发动机发生爆震时,爆震传感器将发动机的机械振动转变为信号电压送至ECU。ECU根据其内部事先储存的点火及其他数据,及时计算修正点火提前角,调整点火时间,防止爆震的发生。

如图17-11所示,爆震传感器安装在缸体中间。四缸发动机有的安装在2、3缸之间,有的在1、2缸中间与3、4缸中间各安装一个。

❷ 爆震传感器的类型和工作原理

常见的爆震传感器有压电式和瓷质伸缩式两大类。其中压电式共振型传感器应用最多,一般安装在发动机机体上

图17-11　爆震传感器的安装位置

部,利用压电效应将爆振时产生的机械振动转变为信号电压。当产生爆振时的振动频率(约6000Hz)与压电效应传感器自身的固有频率一致时,即产生共振现象。这时传感器会输出一个很高的爆震信号电压送至ECU,ECU及时修正点火时间,避免爆震。

三　主要执行器

(一)喷油器

❶ 喷油器的作用

如图17-12所示,喷油器俗称喷油嘴,是电控发动机中重要的执行器之一。喷油器接受来自ECU的喷油脉冲信号,可精确地控制燃油喷射量。

❷ 喷油器的安装位置

对于缸外喷射的汽油机而言,喷油器安装在进气歧管末端,将汽油喷到发动机的进气管,被喷入进气管的汽油形成雾状,然后与空气混合,发动机在进气时将汽油和空气的混合物吸入汽缸进行燃烧。对于缸内喷射的汽油机而言,喷油器安装在汽缸盖上,将汽油直接喷入汽缸内部,被喷入的汽油形成雾状,与空气混合后,火花塞点燃雾状汽油。

(二)燃油泵

❶ 燃油泵的作用

如图17-13所示,燃油泵是电控发动机中重要的执行器之一,其作用是将燃油从燃油箱中吸出、加压后输送到供油管中,与燃油压力调节器配合建立一定的燃油压力。

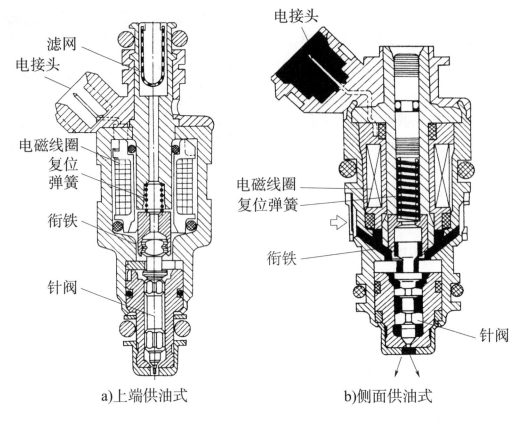

图 17-12 喷油器构造

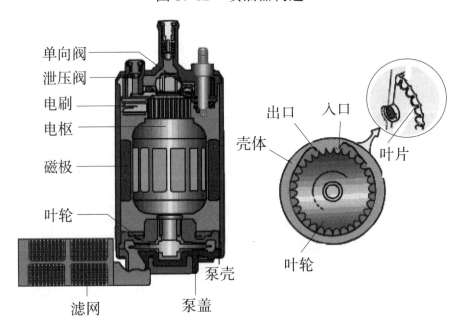

图 17-13 燃油泵的内部结构图

单元十七 发动机控制系统

❷ 燃油泵的安装位置

目前,汽车上的电控燃油泵有两种安装方式:一种是装在油箱外面的,不带总成及油量传感器的外置式燃油泵;另一种是装在油箱内的,一般由燃油泵泵芯、总成支架、燃油压力调节阀和油量传感器组成内置式燃油泵总成(大多数车辆采用此种方式)。

四 技能训练

查询相关维修资料,请在实训车上查出发动机控制系统的元件,并描述安装位置,将结果填写在表17-1中。

发动机控制系统的元件安装位置　　表17-1

元件名称	是否装备		安装位置
空气流量传感器	□是	□否	
进气歧管压力传感器	□是	□否	
曲轴转速传感器	□是	□否	
凸轮轴转速传感器	□是	□否	
节气门位置传感器	□是	□否	
冷却液温度传感器	□是	□否	
进气温度传感器	□是	□否	
氧传感器	□是	□否	
爆震传感器	□是	□否	
喷油器	□是	□否	
燃油泵	□是	□否	

思考与练习

(一)填空题

(1)发动机控制系统主要由_____、_____、发动机控制单元三大部分组成。

(2)空气流量传感器的作用是对进入汽缸的空气量进行测量,并将空气流量信息输送到ECU,作为决定喷油器喷油量和点火提前角的_____信号。

(3)曲轴位置传感器根据产生信号的原理不同可分为磁感应式、_____和光电式三种。

(4)节气门位置传感器根据运用的原理不同,主要分成三种类型:开关式、_____和霍尔式。

(5)氧传感器主要用来检测排放废气中的_____。

(6)氧传感器按使用材料的类型进行分类,常见的有_____式和二氧化钛式两种。

(二)判断题

(1)执行器相当于发动机的"眼睛和耳朵"。　　　　　　　　　　(　　)

(2)空气流量传感器一般安装在空气滤清器前面。　　　　　　　(　　)

(3)进气歧管压力传感器应用在L型电控燃油喷射系统中。　　　(　　)

(4)磁感应式曲轴位置传感器产生的是模拟信号。　　　　　　　(　　)

(5)节气门位置传感器只用来检测节气门的开度大小。　　　　　(　　)

(6)当发动机发生爆震时,ECU根据爆震传感器输送过来的信号及时调整喷油脉宽,防止爆震的发生。　　　　　　　　　　　　　　　(　　)

(7)目前汽车上的电控燃油泵都安装在油箱外面。　　　　　　　(　　)

(三)简答题

(1)曲轴位置传感器安装在哪里,其作用是什么?

(2)查阅资料,分析当冷却液温度上升水温传感器的电阻阻值如何变化,为什么?

单元十八 汽车电源系统

 学习目标

1. 能叙述汽车电气设备的构成和特点；
2. 能叙述汽车电源系统的构成、作用和工作原理；
3. 能叙述汽车蓄电池的作用、类型、结构和工作原理；
4. 能叙述汽车发电机的作用、结构和工作原理；
5. 能对蓄电池进行日常维护；
6. 能辅助车辆起动。

 建议课时

6课时。

为减少对环境的危害，提高车辆的经济性、安全性和舒适性，现代汽车上装备了种类繁多的电气设备。汽车电气设备包括电源、用电设备及其连接环节。用电设备正常工作需要汽车上装备安全可靠的电源系统。

一 汽车电源系统的作用与认识

（一）汽车电气设备的构成与特点

如图18-1所示，汽车电气设备一般分为发动机电气设备和车身电气设备两大部分。发动机电气设备包括点火系统、起动系统和充电系统等，车身电气包括照明和信号系统、仪表系统、刮水器及其喷水系统、音响和导航系统等。

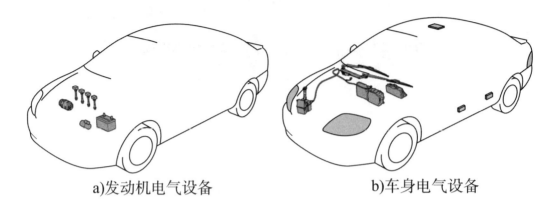

图 18-1　汽车电气设备的构成

汽车电气设备的特点是双电源、低压直流、负极搭铁和单线并联。

1 双电源

汽车上采用蓄电池和发电机两个电源为用电设备供电：发动机不工作时，由蓄电池负责电气设备的主要供电；在车辆正常行驶时，发电机为用电设备供电，并为蓄电池充电。

2 低压直流

汽车电源提供直流12V或24V的额定电压。小型车辆一般采用12V，大型车辆一般采用24V。

3 负极搭铁

汽车蓄电池负极通过电缆与车身相连，称为负极搭铁。发动机、变速器和大部分用电设备的壳体与蓄电池负极相连。

4 单线并联

因为蓄电池的负极搭铁，汽车部分电器只需要一条线就可以工作，这可节省导线数量并提高了可靠性。汽车上的大部分用电设备采用并联方式工作。

(二)汽车电源系统的作用

蓄电池和发电机采用并联方式连接，蓄电池的正极与发电机电压输出端子B+相连。发动机不起动时，蓄电池能够为收音机、时钟和防盗系统等供电。发动机起动时，蓄电池为起动机和点火系统等用电设备供电。当发动机正常运转后，发电机成为主要电源为用电设备供电，并为蓄电池充电。

(三)汽车电源系统的构成与工作原理

如图 18-2 所示,汽车电源系统主要由点火开关、蓄电池、发电机和充电指示灯等组成。

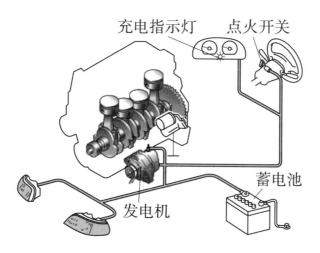

图 18-2　汽车电源系统的组成

点火开关一般安装在转向盘下方的转向柱上。如图 18-3 所示,点火开关有机械钥匙点火开关和一键起动点火开关两种类型。机械钥匙点火开关需要钥匙插入后方能工作,一般有转向盘锁(LOCK)、附件(ACC)、点火(ON)和起动(START)四个挡位。钥匙只有处于 LOCK 挡时才能拔出,此时转向盘处于锁止状态。在发动机不起动时,利用 ACC 挡可以打开收音机等小功率附件。起动发动机时,需将钥匙旋入 START 挡。发动机起动后,钥匙自动返回 ON 挡。一键起动点火开关只需要按压按键即可实现上述功能。

a)机械钥匙点火开关　　b)一键起动点火开关

图 18-3　点火开关的类型

如图 18-4 所示,发电机一般安装在发动机前方。当发动机运行时,发动机曲轴前端皮带轮通过传动带驱动发电机,将机械能转化为电能,为用电设备供电,同时为蓄电池充电。发电机内部还安装有如图 18-5 所示的一个集成电路电压调节器,当发动机转速变化时,电压调节器能够将发电机输出的电压稳定在14V左右。

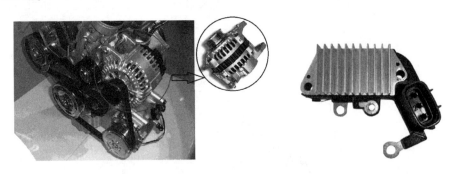

图 18-4　发电机及其安装位置　　图 18-5　集成电路电压调节器

如图 18-6 所示,蓄电池一般安装在发动机舱内。其主要作用是在发动机起动时为起动机和点火系统等供电。当发动机不工作时,蓄电池还可以为收音机和时钟等附件及其他用电设备提供电。

如图 18-7 所示,充电指示灯位于组合仪表板内,能反映充电系统的工作状态。当点火开关位于 OFF 挡位置时,充电指示灯熄灭;点火开关位于 ON 挡且发动机未起动时,充电指示灯应点亮;发动机起动后,充电指示灯应熄灭,若此时点亮,说明发充电系统出现故障。

图 18-6　蓄电池及其安装位置　　图 18-7　充电指示灯

二　蓄电池

(一)蓄电池的作用

蓄电池是一个可逆的低压直流电源,额定电压为 12V。其作用是当车辆发动机起动时,为起动系统、点火系统等相关设备供电;发电机负荷较大时,协助发电机供电;发电机不工作时(如发动机熄火、发电机故障时),单独为收音机等附件和其他用电设备供电;发电机正常发电时,为蓄电池充电;电路中出现瞬时高压时,蓄电池还能起到电能缓冲器的作用,以保护电子元件。

(二)蓄电池的类型

根据蓄电池内部电解液状态,可以将蓄电池分为具有液态电解液的湿式蓄电池和不带液态电解液的阀控式铅酸蓄电池(VRLA)两类。

如图 18-8 所示,湿式蓄电池分为两类。一种是带可旋出单格电池密封塞的普通铅酸蓄电池,另一种是带"电眼"的免维护蓄电池。湿式蓄电池的性价较低,产品种类齐全,适合安装在温度较高的发动机舱,但由于液态的电解液有腐蚀性和溢出的危险,需定期进行维护。

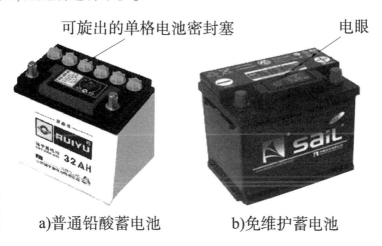

汽车蓄电池
常见类型

图 18-8　湿式蓄电池的类型

VRLA 蓄电池又可以分为胶体蓄电池(GEL)和吸附式玻璃纤维蓄电池(AGM)两类(图 18-9)。VRLA 蓄电池属于绝对免维护蓄电池,无"电眼",不需要检查和添加蒸馏水,无电解液溢出的风险,但价格较高,不耐高温,不能安装在发动机舱内,需要严格限定充电电压以防止过充电,发生过充电后气体通过排气减压阀溢出,电池寿命较短,一般用于高档轿车上。

蓄电池工作原理

a)胶体蓄电池　　b)吸附式玻璃纤维蓄电池

图 18-9　阀控式铅酸蓄电池的类型

(三)普通铅酸蓄电池的结构和工作原理

如图 18-10 所示,蓄电池为不能拆分的整体式结构,主要由单格电池、联条、外壳、隔板和极柱等组成。

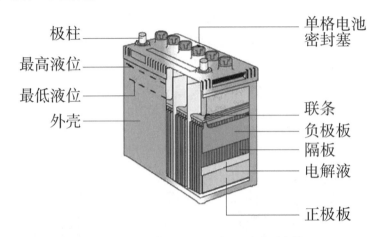

图 18-10　普通铅酸蓄电池的结构

如图 18-11 所示,单格电池是蓄电池的主要部分,由极板组件、隔板组件和电解液组成。一个 12V 蓄电池内由 6 个单格电池串联而成,每个单格提供 2.1V 电压。

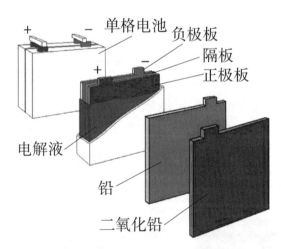

图 18-11　单格电池的构成

极板组件分为正极板组和负极板组,由栅架和活性物质构成。活性物质在蓄电池充放电过程中发生化学变化。正极板上的活性物质为深棕色的二氧化铅,负极板上的活性物质为海绵状铅。栅架用于保持活性物质并传递电流。极板表面积越大,则蓄电池容量越大,因此,采用多片正负极板以增大接触面积,实现扩容的目的。

隔板用于将正负极板隔开,防止两者之间发生短路。隔板材料为微孔绝缘材料,允许电解液通过。

电解液由纯硫酸和蒸馏水按一定比例混合而成,电解液参与化学反应,并在电极之间传递电流。由于电解液具有腐蚀性,操作蓄电池时应格外小心。

单格电池之间通过联条串联在一起,新型蓄电池联条一般位于蓄电池内部。

外壳用耐酸绝缘的聚丙烯制成,透明的外壳上一般有电解液液面高度标识线,部分蓄电池外壳为全黑色,外壳下面有用于安装的底板条。

上盖板用于蓄电池上部的密封,为黑色或其他不透明的颜色。根据电池类型不同,上盖板上装有单格电池密封塞、排气孔道、极柱、"电眼"、把手和蓄电池标签等。

极柱分正极柱和负极柱,正极柱比负极柱粗些,以防止将正负极柱接反。正极柱旁边有标记"+"或"P",负极柱旁边有标记"-"或"N"。

三 发电机

(一)发电机的作用

发电机是充电系统的核心部件,现代轿车广泛采用带内置集成电路调节器的整体式高速交流发电机,其额定电流输出值在 40~80A 之间。发动机通过前方曲轴皮带轮和传动带驱动发电机,发电机利用电磁感应现象将机械能转化为电能。发电机内部有一整流器将交流电转化为直流电输出。

(二)发电机的结构和工作原理

如图 18-12 所示,发电机产生的电压通过 B+ 端子输出。发电机主要由皮带轮、转子总成、定子总成、整流器、内置电压调节器、电刷总成和壳体等组成。

发动机曲轴皮带轮通过传动皮带驱动发电机皮带轮转动,发电机皮带轮与转子总成连接在一起,两者一同转动。

如图 18-13 所示,转子总成的主要作用是通电后产生旋转磁场,由转子线圈、极爪、滑环和转子轴等组成。

如图 18-14 所示,定子总成由定子线圈和定子铁芯等组成。定子总成的主要作用是通过线圈切割转子磁场,从而产生三相交流电并将其送至整流器。

如图 18-15 所示,整流器二极管位于两个极板上,外壳与 B+ 端子导通的为正极板,外壳搭铁的为负极板。整流器接线端子与定子线圈接线端子通过螺钉连接,将定子产生的三相交流电转化为直流电输出。

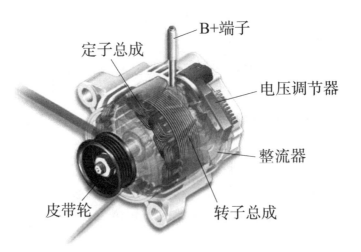

图 18-12　整体式交流发电机的结构

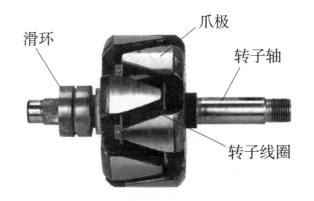

图 18-13　转子总成

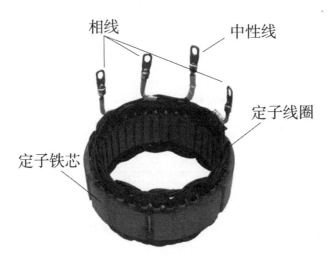

图 18-14　定子总成

如图18-16所示,在发动机转速变化时,集成电路电压调节器调节通过转子总成线圈的电流,使发电机输出的电压维持在14V左右。

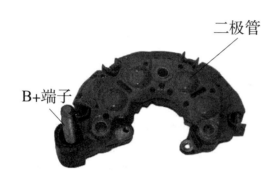 

图 18-15　整流器　　　　图 18-16　电刷

两只电刷安装在电刷架内,分别压紧在转子总成的两个滑环上,将励磁电流输入转子线圈中,如图18-16所示。

四 技能训练

(一) 蓄电池的日常维护

蓄电池是汽车上最重要的电气设备之一,其性能好坏直接影响到车辆的正常使用和客户的满意度。应定期对汽车蓄电池进行检查维护,以确保其处于最佳状态。蓄电池日常检查维护作业主要包括直观检查和充电等。

1 直观检查

对任何类型的蓄电池进行操作前首先都应进行直观检查,这样可以发现简单的、容易处理的问题。

(1)检查盖板表面脏污、壳体裂纹,极柱与盖板间是否有破损。

(2)检查电极与电极接线端子有无破损或腐蚀,电极与电极接线端子连接是否松动。

(3)检查电池固定是否牢靠。

(4)如图18-17所示,对普通铅酸蓄电池,检查电解液液位并添加蒸馏水。

(5)对有"电眼"的免维护湿式蓄电池,通

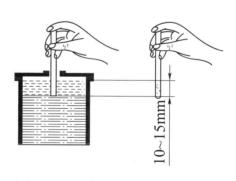

图 18-17　检查电解液液面高度

过观察电眼颜色的变化来判断蓄电池的充电状态,一般绿色表示电池电量充足。

❷ 充电

正常行车时,发电机为蓄电池充电,不需额外补充充电。若蓄电池长期处于放电状态而得不到及时充电,充电状态检查显示电量过少时,应使用充电机进行补充充电。如图 18-18 所示,常见的充电机有轮式充电机和自动充电机两种。

蓄电池充电

a)轮式充电机　　　　　　b)自动充电机

图 18-18　常见的充电机类型

(1)充电前,检查充电机和蓄电池状况,关闭充电机电源开关,将充电电压调节开关置于 OFF 挡,并确保充电场所通风。

(2)连接充电线,红色线接蓄电池正极,黑色线接蓄电池负极。

(3)连接交流 220V 电源插座,检查线路连接情况。

(4)打开充电机电源,将充电电压调节开关置于合适挡位,观察充电电流,一般充电电流不超过 15A 为宜。

(5)充电过程中应观察蓄电池状况,若蓄电池过热应及时中断充电程序。充电完成后,先拔下 220V 电源插头,关闭充电机电源,将充电机电压调节开关置于 OFF 挡,并断开充电线。

为蓄电池充电是一项具有危险性的工作,应由专业人员完成,并遵从充电设备提供商推荐的正确方法与步骤。

(二)车辆辅助起动

辅助起动是指利用外部电源来起动因蓄电池严重放电而不能起动的发动机。辅助起动的外部电源可以使用专用设备或另一辆车的蓄电池。图 18-19 所示为通过起动辅助电缆利用另一辆车的蓄电池进行辅助起动的接线方法。

(1)辅助起动前,拉紧驻车制动器,将变速器置于空挡(手动变速器)或 P 挡(自动变速器),打开发动机舱盖。

(2)将红色辅助电缆一端连接至有电的蓄电池正极,另一端接至没电的蓄电池正极。

(3) 将黑色辅助电缆一端连接至有电的蓄电池负极,另一端接至没电车辆的搭铁点,例如发动机缸体或固定螺栓,尽可能远离没电的蓄电池连接。

(4) 检查接线正确可靠,辅助电缆没有接触发动机舱旋转部件。

(5) 起动提供辅助车辆的发动机,5min 后起动被辅助的发动机。

(6) 在电缆仍连接的情况下,让两台发动机都怠速运转 3min。

(7) 严格按照相反顺序拆卸辅助电缆。

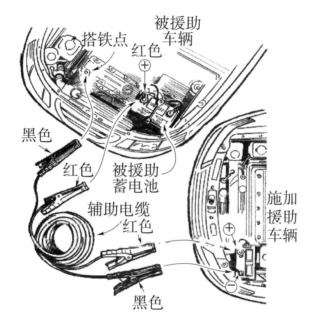

图 18-19　辅助起动接线图

(一) 填空题

(1) 发动机电气主要包括_____、_____、_____等,车身电气主要包括_____、_____、_____、音响和导航系统等。

(2) 汽车电气设备的特点是_____、_____、_____和_____。

(3) 汽车电源系统通常由_____、_____、_____和充电指示灯等组成。

(4) 发电机一般安装在发动机前方,由发动机曲轴皮带轮通过_____驱动,将_____能转化为_____能。

(5) 根据蓄电池内部电解液状态,可以将蓄电池分为具有液态电解液的_____和无液态电解液的_____两类。

(6)蓄电池为不能拆分的整体式结构,主要由_____、联条、_____、盖板以及_____等组成。

(7)整体式三相交流发电机主要由皮带轮、_____、_____、整流器、内置电压调节器、电刷和壳体等组成。

(8)蓄电池日常检查维护作业主要包括_____和_____等。

(二)判断题

(1)汽车发动机、变速器和大部分用电器的壳体通过车身金属与蓄电池负极相连。　　　　　　　　　　　　　　　　　　　　　　　　　　(　)

(2)汽车上均为12V或24V的低压直流电,不存在高压电和交流电。
　　　　　　　　　　　　　　　　　　　　　　　　　　　　(　)

(3)发动机起动后,若充电指示灯点亮,说明充电系统出现故障。　(　)

(4)关闭点火开关,如果打开远光灯灯光暗淡,按喇叭声音较弱,说明蓄电池电量不足。　　　　　　　　　　　　　　　　　　　　　　　(　)

(5)免维护蓄电池不需要进行日常维护。　　　　　　　　　　(　)

(6)一般情况下不需要专门为蓄电池充电,若蓄电池长期处于放电状态而得不到及时充电,充电状态检查显示电量过少时,应使用充电机进行补充充电。
　　　　　　　　　　　　　　　　　　　　　　　　　　　　(　)

(7)若发电机不发电,此时用电器将只消耗蓄电池的电量。　　(　)

(8)即使关闭点火开关,车辆上一些用电器仍将消耗一部分蓄电池电量。
　　　　　　　　　　　　　　　　　　　　　　　　　　　　(　)

(9)发动机起动后,发电机为用电设备供电,同时为蓄电池充电。　(　)

(三)简答题

(1)汽车上为什么要采用蓄电池和发电机两个电源?

(2)简要叙述汽车电源系统的主要部件及其工作原理。

单元十九　汽车照明信号系统

 学习目标

1. 能叙述汽车照明信号系统的作用与组成；
2. 能叙述汽车照明信号系统各零件的安装位置；
3. 能正确叙述汽车照明信号系统的功能。

 建议课时

6课时。

汽车照明系统主要用于夜晚及能见度较低时的道路照明，包括车内照明和车外照明；信号系统是安全行车所必需的，包括转向信号、制动信号和危险警告信号等。

一　汽车照明信号系统的作用与认识

照明系统的分类

（一）汽车照明信号系统的作用

汽车照明系统是汽车安全行驶的必备系统之一，用于保证驾驶员夜间行车时获取外界信息，同时也向外界提供行车信息，以保证行车的安全性。

（二）汽车照明信号系统的组成与安装位置

汽车照明信号系统的组成与安装位置如图19-1和图19-2所示。

图 19-1　车辆前部照明信号灯

图 19-2　车辆后部照明信号灯

(三)汽车照明信号系统的工作原理

图 19-3 所示为前照灯工作原理,点火开关接通后,当打开前照灯时,灯光继电器吸合。电流由 15 号线依次流经车灯开关 1 号接线柱、车灯开关 2 号接线柱、灯光继电器线圈然后搭铁形成回路,此时灯光继电器吸合。

当变光开关在近光挡位时,电流由 15 号线依次流经 25A 熔断丝、灯光继电器触点、变光开关 1 号接线柱、变光开关 2 号接线柱、前照灯近光灯然后搭铁,近光灯点亮。

单元十九 汽车照明信号系统

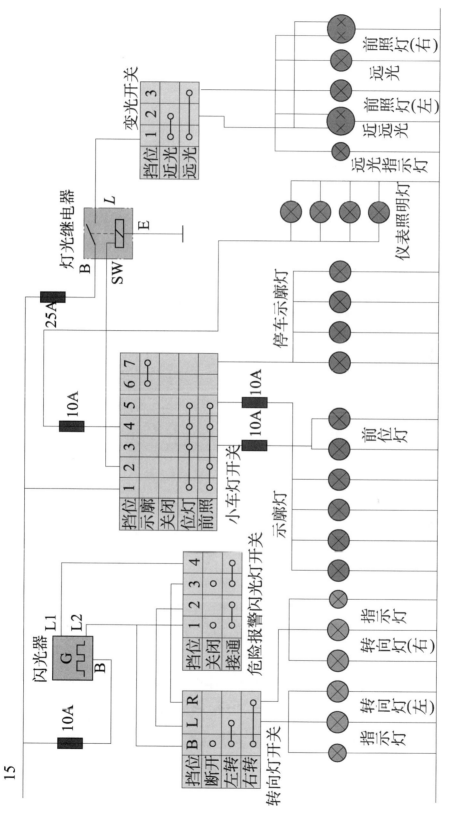

图 19-3 前照灯工作原理

当变光开关在远光挡位时,电流由 15 号线依次流经 25A 熔断丝、灯光继电器触点、变光开关 1 号接线柱、变光开关 3 号接线柱、前照灯远光灯然后搭铁,此时远光灯点亮。

二 汽车外部照明系统的组成与功能

(一)多功能组合开关

目前市场上的在售车型采用的多功能组合开关,主要有旋钮式和拨杆式两种样式。如图 19-4 所示,在德系品牌车型上,旋钮式灯光组合开关比较常见,位置在中控台左侧出风口下方,打开灯光时需要将旋钮往顺时针方向旋转。

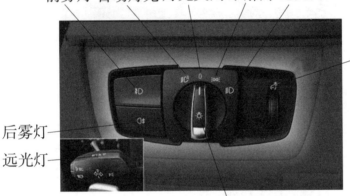

图 19-4 旋钮式车灯开关

如图 19-5 所示,日韩车型和绝大部分的自主品牌车型都采用了拨杆式组合开关,通过前后拧动拨杆上的旋钮开关灯光。

图 19-5 拨杆式车灯开关

如图 19-6 所示，需要特别注意的是雾灯在采用旋钮式组合开关的车型上可以通过按键单独打开，而在采用拨杆式组合开关的车型上则是把中间的旋钮拧到相应的位置，选择开启前雾灯或是前后雾灯。

雾灯作用

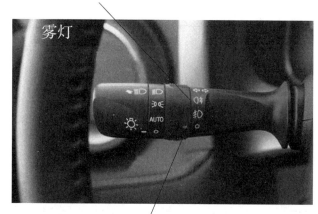

图 19-6　雾灯开关

（二）照明灯控制

照明选择和控制前后灯光以满足车辆照明的需要，包括基本照明、辅助照明和程序控制照明。

基本照明：根据天气条件，选择或打开车辆的前后照明以满足能见度的需要，包括位置灯、近光灯和远光灯。

辅助照明：是根据特殊的行车条件开启的灯光，包括前后雾灯、日间行车灯和弯道辅助照明灯等。

程序控制照明：根据不同的车型配置，包括前照灯延迟熄灭、前照灯自动点亮、弯道辅助照明、日间行车灯和随动转向前照灯等，可通过车辆行车计算机中的"设置"菜单激活或取消。

（三）前照灯

前照灯是用于夜间行车道路的照明，装于汽车头部两侧。目前市场上的汽车前照灯种类主要以卤素灯、氙气灯和 LED（发光二极管）灯为主。

1　卤素灯

如图 19-7 所示，卤素灯就是在灯泡内渗入少量的惰性气体碘，从灯丝蒸发出来的钨原子与碘原子相遇反应，生成碘化钨化合物，当碘化钨化合物一接触白热化的灯丝(温度超过1450℃),又会分解还原为钨和碘,钨又重新回归灯丝中,碘则重新进入气体中。如此循环,灯丝几乎不会被烧断,灯泡也不会变黑。

❷ 氙气灯

如图19-8所示,氙气灯英文简称是HID。它所发出的光照亮度是普通卤素灯的两倍,而能耗仅为其三分之二,使用寿命可达普通卤素灯的10倍。氙气灯极大地增加了驾驶的安全性与舒适性,并有助于缓解人们夜间行驶的紧张与疲劳。

图19-7 卤素灯

图19-8 氙气灯

三、汽车内部照明系统的组成与功能

(一)顶灯

如图19-9所示,顶灯安装在驾驶室或车内顶部,供驾驶室内照明的灯具。当解锁车辆时或打开车门时或将钥匙从点火开关中拔出时或者用遥控器进行车辆搜索时,顶灯自动点亮;当锁止车辆时或打开点火开关时或最后一个车门关闭30s后,顶灯自动熄灭。

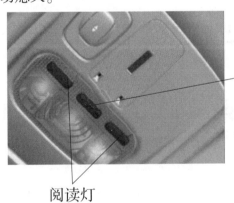

车内前照明灯

阅读灯

图19-9 顶灯

(二) 中控台照明灯

如图 19-10 所示,中控台照明灯位于前顶灯后部,可为中央操纵台提供照明。当打开位置灯时,中控台照明灯发挥作用,中控照明灯的亮度可随仪表盘照明灯的亮度而变化。

图 19-10　中控台照明灯

四　汽车信号系统的组成与功能

转向灯、危险报警闪光灯开关使用

(一) 转向灯和危险报警闪光灯

❶ 转向灯

如图 19-11 所示,转向灯是在车辆转向时开启以提示前后左右车辆及行人注意的重要指示灯,安装在车身前后。在汽车转弯时开启,为行车安全提供保障。

❷ 危险报警闪光灯

如图 19-12 所示,危险报警闪光灯是一种提醒其他车辆与行人注意本车发生了特殊情况的信号灯。

图 19-11　转向灯　　　　图 19-12　危险报警闪光灯

(二) 喇叭

如图 19-13 所示,喇叭是驾驶员根据需要和规定发出必需的音响信号,警告行人和引起其他车辆注意,保证交通安全的声响报警装置。

(三)其他汽车信号系统

❶ 示廓灯

如图19-14所示,示廓灯俗称示宽灯、位置灯或小灯。

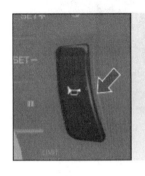

图19-13　喇叭按钮　　　　　　　图19-14　示廓灯

❷ 制动灯

制动灯一般安装在车辆尾部,主体颜色为红色,以便后面行驶的车辆易于发现前方车辆制动,防止追尾事故发生。

如图19-15所示,制动灯一般有两种类型:一种是安装在车尾两端的制动灯;还有一种是高位制动灯,安装在车尾上部。

❸ 倒车灯

如图19-16所示,白色的倒车灯装在汽车尾部,用于照亮车后路面,并警告车后的车辆和行人,表示该车正在倒车。

图19-15　制动灯　　　　　　　图19-16　倒车灯

❹ 后雾灯

如图19-17所示,后雾灯指在雾、雪、雨或尘埃弥漫等能见度较低的环境中,为使车辆后方其他道路交通参与者易于发现而安装在车辆尾部,发光强度比尾灯更大的红色信号灯还高。

5 日间行车灯

如图 19-18 所示,日间行车灯是指使车辆在白天行驶时更容易被识别的灯具,装在车身前部。

图 19-17　后雾灯

图 19-18　日间行车灯

五 汽车照明信号系统的新技术

(一) 弯道辅助照明灯

如图 19-19 所示,弯道辅助照明灯是照亮转弯区域的辅助光源。在十字路口或者转弯处,弯道辅助照明灯会随着转向盘偏转或者转向灯闪烁自动打亮,这样驾驶员可以及时发现弯道区域附近的行人,降低事故发生率。

图 19-19　弯道辅助照明灯的安装位置

(二) 随动转向氙气灯

随动转向双氙气灯具有根据转向盘转动角度自动调整光束角度的功能。在近光灯或远光灯开启的状态下,转弯时随动转向功能与弯道辅助照明共同作用,使光束紧随道路方向,极大地增强照明效果。有无随动转向照明功能情况的对比如图 19-20 所示。

a)无随动转向照明功能　　　　b)有随动转向照明功能

图 19-20　有无随动转向照明功能情况的对比

(三) 前照灯自动点亮和延迟熄灭功能

❶ 前照灯自动点亮

当外界光线较弱的情况下,即使驾驶员不采取任何操作(前照灯自动点亮功能激活时),位置灯和近光灯也会自动开启。一旦光亮度恢复至较高水平,位置灯和近光灯自动关闭。

如图 19-21 所示,当转动 A 环至"AUTO"位置,前照灯自动点亮功能激活,多功能显示屏上有信息弹出;当转动 A 环至"AUTO"之外的其他位置,前照灯自动点亮功能被取消,多功能显示屏上有信息弹出。

❷ 前照灯延迟熄灭功能

如图 19-22 所示,当车辆点火开关关闭后,近光灯将持续照明一段时间,以便驾驶员在光线不足的条件下离开车辆。点火开关关闭后,将操作手柄 B 向驾驶员方向抬一下,前照灯点亮,再抬一次则关闭此功能。

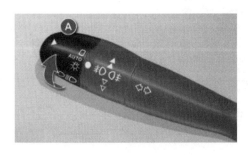 

图 19-21　前照灯自动点亮操作　　　图 19-22　前照灯延迟熄灭操作

当前照灯延迟熄灭设置时间到达时,前照灯自动关闭。设置延迟熄灭时间为 15s、30s 或 60s。

3 灯光未关声音报警

前照灯打开时,关闭点火开关,位置灯或者前照灯会自动熄灭。这时打开驾驶员车门不会有声音报警。

当发动机停止运转时,打开位置灯或者前照灯,这时打开驾驶员车门时出现声音信号,提示灯光未全部关闭。

当车门关好,灯光全部熄灭时或点火开关打开,报警器停止报警。前照灯的延时照明功能启动时,报警器不会报警。

六 技能训练

(一)汽车照明信号系统的检查

(1)检查示廓灯点亮情况: □正常 □不正常
(2)检查前照灯近光点亮情况: □正常 □不正常
(3)检查前照灯远光点亮情况: □正常 □不正常
(4)检查前雾灯点亮情况: □正常 □不正常
(5)检查前左转向灯点亮情况: □正常 □不正常
(6)检查前右转向灯点亮情况: □正常 □不正常
(7)检查危险报警闪光灯点亮情况: □正常 □不正常
(8)检查尾灯点亮情况: □正常 □不正常
(9)检查牌照灯点亮情况: □正常 □不正常
(10)检查制动灯点亮情况: □正常 □不正常
(11)检查倒车灯点亮情况: □正常 □不正常
(12)检查后雾灯点亮情况: □正常 □不正常
(13)检查后左转向灯点亮情况: □正常 □不正常
(14)检查后右转向灯点亮情况: □正常 □不正常

(二)更换灯泡

(1)拔出灯泡的电源插头;
(2)取出灯泡背后的防水盖;
(3)从反射罩中取出灯泡,用手捏住两边的钢丝卡簧,再向外抽出灯泡即可,如图19-23所示;
(4)将新灯泡放入反射罩,对准灯泡的固定卡位,捏住两边的钢丝卡簧往里推,将新灯

图19-23 取出灯泡

泡固定在反射罩内；

(5)重新盖上防水盖,插上灯泡电源,更换操作模式。

思考与练习

(一)填空题

(1)组合尾灯是由_____组成。

(2)前雾灯一般为_____,后雾灯则为红色。

(3)汽车照明系统主要用于夜晚及能见度较低时的道路照明,包括_____、_____和_____。

(4)目前市场上的在售车型采用的多功能组合开关主要有两种,分别为_____和_____。

(二)判断题

(1)照明系统包括音响信号和灯光信号,提供安全行车所必需的信号。（　　）

(2)当灯光开关转到"AUTO"位置时,前照灯自动点亮功能被激活。（　　）

(3)照明系统包括车外和车内的照明灯具,提供车辆夜间安全行驶必要的照明。（　　）

(4)打开雾灯不需要开启示廓灯。（　　）

(5)日间行车灯主要是为了日间行车时的照明。（　　）

(6)危险报警闪光灯打开,左右转向灯均亮。（　　）

(7)日间行车灯在停车时也无法关闭。（　　）

(三)简答题

(1)简述汽车照明信号系统的组成及作用。

(2)简述前照灯的作用与类型。

单元二十　汽车仪表与报警系统

 学习目标

1. 能叙述汽车仪表与报警系统的组成及作用。
2. 能正确识别各种报警灯和指示灯。
3. 能正确规范检查各种报警灯和指示灯工作是否正常。

 建议课时

4 课时。

为了使驾驶员能够随时掌握汽车及各系统的工作状况,在汽车驾驶室的仪表板上装有组合仪表、指示灯和各种报警装置。

一　汽车仪表与报警系统的作用与认识

（一）汽车仪表与报警系统的作用与类型

汽车仪表与报警系统的作用是为了使驾驶员随时掌握车辆的各种工作状况,保证行车安全,及时发现和排除车辆存在的故障。

（二）汽车仪表与报警系统的组成和安装位置

图 20-1 所示为常见汽车仪表与报警系统的组成和安装位置。

仪表与显示系统的组成(一)

A. 燃油表和低油位指示灯
B. 指示器
  · 冷却液温度
  · 定速巡航/限速器
C. 车速表
D. 发动机转速表

E. 指示器
  · 发动机机油温度
  · 自动变速器信息显示器
F. 操纵按键：
  · 表盘显示亮度调节
  · 计程器与维护提示器归零

G. 组合仪表显示屏
  · 取决于所选界面与转向盘上左侧控制键
    - 车速数字显示
    - 行车计算机
    - 报警信息显示
    - 维护指示器

· 固定显示
  - 计程里程
  - 总里程

图 20-1　常见汽车仪表与报警系统的组成和安装位置

(三) 汽车仪表与报警系统的工作原理

如图 20-2 所示,机油压力报警灯用于指示发动机工作时润滑系中机油压力的大小,其电路由机油压力报警灯和油压开关(机油压力传感器)组成,中间用导线连接。机油压力开关(机油压力传感器)装在主油道上,其将感受到的机油压力传给机油压力报警灯。机油压力报警灯装在组合仪表上,可反馈机油压力是否正常。

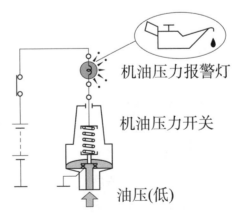

图 20-2　机油压力报警灯电路图

正常的油压介于 54kPa 和 490kPa 之间。如果油压降至 20kPa 以下,则说明润滑系统内出现异常,此时,机油压力报警灯会亮起。

单元二十 汽车仪表与报警系统

二 组合仪表的组成与功能

仪表与显示系统的组成(二)

（一）仪表

组合仪表显示当前车辆状态的各种信息。

❶ 车速里程表

车速里程表（图20-3）是由指示汽车行驶速度的车速表和记录汽车所行驶过距离的里程表组成的，用来指示汽车行驶速度的大小和记录汽车所行驶过距离的里程。车速里程表同时设有总里程计和单程里程计，总里程计用来记录汽车累计行驶里程，单程里程计用来记录汽车单程行驶里程。单程里程计可以随时复位至零。

❷ 转速表

如图20-4所示，转速表用于显示发动机每分钟的转速。发动机转速为发动机曲轴每分钟的转动圈数。

图20-3 车速里程表

图20-4 转速表

❸ 机油压力指示灯

如图20-5所示，机油压力指示灯用于指示发动机运转时润滑系主油道润滑油压力。如果发动机运转时它仍然点亮，就表示发动机润滑系统出现了异常。

图20-5 机油压力指示灯

4 燃油表

如图20-6所示,燃油表是用于显示燃油量的指示表。

5 冷却液温度表

如图20-7所示,冷却液温度表是用来指示发动机工作时冷却液的温度。冷却液温度表的刻度单位为摄氏度。汽车正常行驶时,冷却液温度表的正常示值应介于80~90℃之间。

图20-6　燃油表　　　　图20-7　冷却液温度表

有些冷却液温度表用不同颜色区域表示冷却液温度过高、适当或过低。例如当冷却液温度表指针在绿色区域时,表示冷却液温度正常;冷却液温度表指针在红色区域时,表示冷却液温度过高;冷却液温度表指针在白色区域时,表示冷却液温度过低。

(二)运行指示灯

运行指示灯主要是用来标记提示驾驶员某一个操纵件已被操作。当发动机运转或车辆行驶时,下述指示灯之一点亮,则表示驾驶员进行了某项操作,见表20-1。

运 行 指 示 灯　　　　　　　　　表20-1

运行指示灯	提示状态	原　因	说　明
←	左转向	闪烁并有提示声	向下按了灯光操纵杆	
→	右转向	闪烁并有提示声	向上按了灯光操纵杆	
☀	位置灯	常亮	已转动灯光操纵杆置于"位置灯"	根据驾驶员要求将灯光操纵杆旋转到所需位置

续上表

运行指示灯		提示状态	原　因	说　明
	近光灯	常亮	已转动灯光操纵杆置于"近光灯"	根据驾驶员要求将灯光操纵杆旋转到所需位置
	远光灯	常亮	已将灯光操纵杆向驾驶员方向拉动	再次将灯光操纵杆向驾驶员方向抬,回到近光灯位置
	前雾灯	常亮	前雾灯被打开	将环形开关向后转,关闭前雾灯
	后雾灯	常亮	后雾灯被打开	将环形开关向后转,关闭后雾灯
	驻车制动灯	常亮	手制动操纵杆被拉紧	踩住制动踏板,松开手制动操纵杆使指示灯熄灭
			制动液位降下太多	如果制动液位不足,请检查制动系统,并补充制动液
		闪烁	手制动操纵杆没有完全拉紧,或者松开不彻底	

(三)警告指示灯

目前大部分车辆都在仪表盘中设置了各种警告指示灯,可以帮助驾驶员了解车辆状态和预判故障。警告指示灯见表20-2。

警 告 指 示 灯   表 20-2

警告指示灯		提 示 状 态	原　因	说　明
STOP	停车（STOP）	常亮，并有另一个警告指示灯点亮	发生爆胎、制动或冷却液温度不正常等	起动发动机后该指示灯应当熄灭；如果指示灯没有熄灭，则须在安全条件下停车，关闭点火开关，并请求救援
(ABS)	防抱死制动系统（ABS）	常亮	防抱死制动系统运行故障	起动发动机后该指示灯应当熄灭；常规制动系统可正常运行
电子稳定程序（ESP）图标	电子稳定程序（ESP）	闪烁	ESP的调节被激活	系统对动力性进行优化，可提升车辆的转向稳定性
		常亮，伴随一个声音信号并在组合仪表盘屏幕上显示信息	位于仪表板中部的按钮被按下，该按钮上的指示灯点亮，ESP系统被关闭	再次按下按钮，打开ESP系统，该按钮上的指示灯熄灭；车辆起动时，ESP系统自动投入运行；如果系统被关闭，车速大于50km/h时，系统会自动打开
			没有按下仪表板中部的按钮，按钮上的指示灯自行点亮，表明ESP系统运行不良	起动发动机后该指示灯应当熄灭，如果该指示灯并未熄灭，则请尽快检修

续上表

警告指示灯		提示状态	原因	说明
	发动机自动诊断	常亮	排放污染物超标等故障	在发动机起动后,该指示灯应为熄灭状态;若该指示灯并未熄灭,则请尽快检修
		闪烁	发动机控制系统运行不良	有可能损坏三元催化转换器
	发动机机油压力报警	组合仪表显示屏出现发动机机油压力报警信息及声音信号	发动机机油压力过低	必须在安全条件下停车,关闭点火开关,待发动机冷却后加注该发动机指定牌号的机油或检修
	燃油低液位	常亮	燃油不足	必须加油,以免出现故障;切不可行驶到燃油耗尽为止,这会造成排放污染物超标或损坏燃油泵
	冷却液温度高	红色指示灯常亮	冷却系统温度过高	必须在较好安全条件下停车;等待发动机冷却,必要时添加冷却液至规定液位

续上表

警告指示灯		提示状态	原因	说明
	蓄电池充电	常亮	蓄电池充电线路有故障（接线端子脏或松动），发电机皮带太松或断	起动发动机后该指示灯应当熄灭；如果该指示灯仍未熄灭，则请尽快检修
	未系安全带	常亮，车速达到20km/h时伴随一个声音信号	驾驶员未系安全带；前排乘客系安全带后又解除	拉出安全带，然后将锁舌插入锁扣
		点亮60s后熄灭	点火开关接通后60s内前排乘客未系安全带（超过60s后不再提示）	

三 行车计算机与多功能显示屏的组成与功能

（一）行车计算机的作用与信息

如图20-8所示，行车计算机提供了与行驶路线有关的即时信息，包括续驶里程、瞬时油耗、行驶距离、平均油耗和平均车速等信息。

（二）行车计算机的功能

如图20-9所示，行车计算机信息在组合仪表显示屏上显示。转动转向盘上左侧滚轮 A 连续显示行车计算机各种信息。即时信息续驶里程和瞬时油耗在仪表盘 B 区显示。行程 1 在仪表盘 C 区显示,显示信息为行驶距离、平均油耗、行程 1 的平均车速;行程 2 在仪表盘 C 区显示,显示信息为行驶距离、平均油耗、行程 2 的平均车速。行程是用于记录某一燃油加油量的行驶里程、某一路段的行驶里程、某一段时间内的行驶里程等。

图 20-8　行车计算机

图 20-9　行车计算机显示的信息

四　技能训练

（一）检查组合仪表报警灯工作情况

（1）检查安全气囊报警灯工作情况：　　　　　□正常　　□不正常

（2）检查 ABS 故障报警灯工作情况：　　　　　□正常　　□不正常

（3）检查安全带未系报警灯工作情况：　　　　□正常　　□不正常

（4）检查充电故障报警灯工作情况：　　　　　□正常　　□不正常

（5）检查发动机系统故障报警灯工作情况：　　□正常　　□不正常

（6）检查机油压力报警灯工作情况：　　　　　□正常　　□不正常

（7）检查 ESP 故障报警灯工作情况：　　　　　□正常　　□不正常

(8)检查强制停车报警灯工作情况： □正常 □不正常

(二)检查组合仪表指示灯工作情况

(1)检查示廓灯指示灯工作情况： □正常 □不正常
(2)检查前照灯近光指示灯工作情况： □正常 □不正常
(3)检查前照灯远光指示灯工作情况： □正常 □不正常
(4)检查前雾灯指示灯工作情况： □正常 □不正常
(5)检查前左转向灯指示灯工作情况： □正常 □不正常
(6)检查前右转向灯指示灯工作情况： □正常 □不正常
(7)检查危险报警闪光灯指示灯工作情况： □正常 □不正常
(8)检查尾灯指示灯工作情况： □正常 □不正常
(9)检查牌照灯指示灯工作情况： □正常 □不正常
(10)检查制动灯指示灯工作情况： □正常 □不正常
(11)检查倒车灯指示灯工作情况： □正常 □不正常
(12)检查后雾灯指示灯工作情况： □正常 □不正常
(13)检查后左转向灯指示灯工作情况： □正常 □不正常
(14)检查后右转向灯指示灯工作情况： □正常 □不正常

思考与练习

(一)填空题

(1)组合仪表设有车速里程表和_____等。

(2)机油压力表用于指示发动机运转时润滑系统_____润滑油压力。

(3)行车计算机提供了与行驶路线有关的即时信息,包括_____等。

(4)车速里程表是由指示汽车行驶速度的_____和记录汽车所行驶过距离的里程表组成的。

(二)判断题

(1)显示屏内的警告灯 闪烁,则表示冷却液温度过高或冷却液液位过低。　　　　　　　　　　　　　　　　　　　　　　　　(　　)

(2)组合仪表显示屏符号 亮起,表明油箱中还剩有少量燃油,此时仍可以继续行车直至油箱内燃油耗尽。　　　　　　　　　　　　(　　)

(3)驾驶员信息系统显示屏中如果有 显示亮起,则表示机油油位过低,

应及时添加机油。（　）

(4) 报警指示灯的颜色只有红色。（　）

(5) 车速里程表是用来指示汽车瞬时行驶速度和累计汽车行驶里程。

（　）

(三) 简答题

(1) 汽车组合仪表指示灯有哪些？它们各自的功能是什么？

(2) 简述机油压力报警灯的工作原理。

单元二十一　汽车安全辅助装置

 学习目标

1. 能叙述汽车安全性能的主要测试及评价方法。
2. 能列举现代轿车上常见的主动和被动安全装置。
3. 能叙述泊车辅助装置和轮胎压力监控系统的作用、组成和基本工作原理。
4. 能叙述安全带和安全气囊系统的作用、组成和基本工作原理。
5. 能正确使用安全带。

 建议课时

4课时。

随着技术的进步,汽车的安全性能得到了极大改善,但是由于车辆速度的提高和道路车辆的日益增多等因素,直到今天,由汽车引发的交通事故仍对人类社会带来巨大的人员伤亡和财产损失。增加汽车安全辅助装置是提高汽车安全性能的有效措施。

一　汽车安全辅助装置概述

1 汽车安全性能的主要测试和评价方法

NCAP(New Car Assessment Program,新车碰撞测试)是检验汽车安全性能的

权威测试之一,如图 21-1 所示,新车碰撞测试按照比国家法规更为严格的方法对市场销售的车型进行碰撞安全性能测试、评分和划分星级,并向社会公开评价结果。

图 21-1 新车碰撞测试

世界汽车行业最权威的安全认证机构是 E-NCAP,其碰撞测试成绩以五个星级表示等级,星级越高表示该车的碰撞安全性能越好。

❷ 汽车安全辅助装置的类型

一般汽车安全辅助装置分为主动安全辅助装置和被动安全辅助装置两类。主动安全辅助装置是指汽车上能避免或减少事故发生,提高主动安全性能的辅助装置。被动安全辅助装置是指汽车上能够在事故发生后减少乘员伤亡和车辆损坏,提高被动安全性能的辅助装置。事故发生后,不仅要求被动安全辅助装置保护车辆本身及乘员,而且还要考虑到避免对其他车辆和行人造成伤害。

■ 二 主动安全辅助装置

现代轿车上主动安全辅助装置种类繁多,应用较广泛的主动安全辅助装置有定速巡航与限速系统、防抱死制动系统、电子制动力分配系统、驱动防滑调节系统、电子稳定性程序、电子驻车制动系统、自动前照灯调节装置、轮胎压力监控系统、泊车辅助装置及儿童安全门锁等。

下面以泊车辅助装置和轮胎压力监控系统为例,介绍主动安全辅助装置。

(一)泊车辅助装置

❶ 泊车辅助装置的作用与类型

泊车辅助装置能够在驾驶员泊车或倒车过程中侦查车辆周围盲区障碍物信

息,并将其通过声音或图像传递给驾驶员,辅助驾驶员采取适当操作,以免出现碰撞事故。

泊车辅助装置按功能主要分倒车雷达、倒车影像和自动泊车等类型。下面重点介绍倒车雷达装置。

❷ 倒车雷达的结构和工作原理

倒车雷达也称超声波倒车辅助(URPA),可以在车速低于8km/h倒车时帮助驾驶员确认车辆后部距障碍物距离。图21-2所示为倒车雷达装置的主要部件,即超声波传感器、控制单元和显示器等。

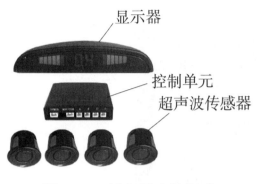

图 21-2 倒车雷达的组成

当驾驶员将变速器操纵杆置于倒挡(R 挡)时,车辆会出现提示音表明倒车雷达装置启用。此时,安装在车辆后保险杠上的超声波传感器(图21-3)检测后方2.5m内、高于地面20cm且低于行李舱高度的障碍物,将信号传递给控制单元,控制单元判断障碍物位置,控制显示器发出数字、声音或颜色等警示信号,提示驾驶员采取适当操作以免发生碰撞。

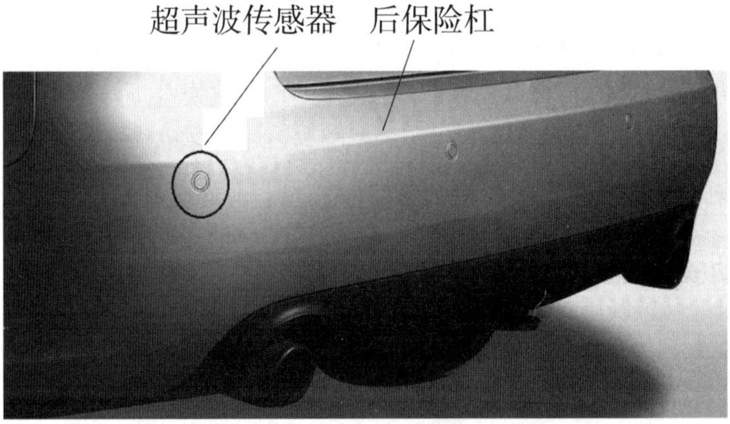

图 21-3 超声波传感器的安装位置

(二)轮胎压力监控系统

❶ 轮胎压力监控系统的作用

轮胎压力监测系统简称 TPMS,其作用是在汽车行驶过程中对轮胎气压进行实时自动监测,并对轮胎漏气和低气压进行报警,以确保行车安全。如图21-4所示,驾驶员可以通过组合仪表上的驾驶员信息中心查看四个轮胎的压力近似值。

如图 21-5 所示,组合仪表上有一个轮胎压力监控系统故障警告灯。若该灯持续点亮,表明至少有一个轮胎气压明显不足,此时应停车检查。若该警告灯闪烁,表明系统故障或有轮胎未安装压力传感器(例如备胎)。

图 21-4　驾驶员信息中心显示的四个轮胎压力近似值

图 21-5　轮胎压力监控系统故障警告灯

❷ **轮胎压力监控系统类型与工作原理**

轮胎压力监控系统按轮胎压力感应方式分为间接感应式和直接感应式。

间接感应式轮胎压力监控系统利用 ABS 轮速传感器感应车轮转速并比较各车轮转速之间的差异,当某个轮胎气压不足时,车身重量会使车轮直径变小,导致车轮转速发生变化,报警系统将胎压信号传递给驾驶员。这类胎压监控系统结构简单、成本较低,但无法对胎压作出实时监控,只能在事后报警,一般用于中低端车型。

如图 21-6 所示,直接感应式轮胎压力监控系统由轮胎压力传感器、接收天线、天线模块和组合仪表等组成。

在四个车轮处均装有轮胎压力传感器,轮胎压力传感器根据车速变化而处于静止模式或行驶状态,以不同的时间间隔发送无线频率信号,天线模块将信号转化后传至仪表板驾驶员信息中心显示。

三　被动安全辅助装置

现代轿车上被动安全辅助装置种类繁多,应用较广泛的被动安全辅助装置有安全带、安全气囊系统、儿童约束系统、主动式头枕、整体式车身、溃缩式转向柱和蓄电池断开装置等。

下面以常见的安全带和安全气囊系统为例,介绍被动安全辅助装置。

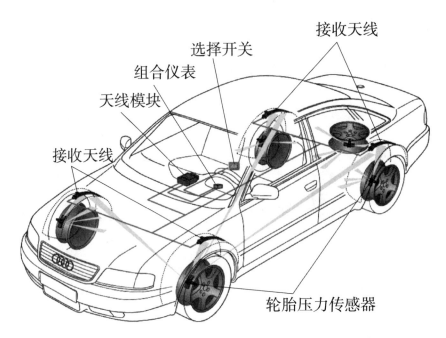

图 21-6　直接感应式轮胎压力监控系统的结构

(一)安全带

1 安全带的作用与认识

自 1958 年瑞典人 Nils Bohlin 申请第一款三点式安全带的专利后,安全带获得广泛应用,已成为汽车上最基本的安全辅助装置标配之一。各国交通法规均要求驾驶过程中乘员必须正确佩戴安全带。图 21-7 所示为座椅安全带的安装位置图。

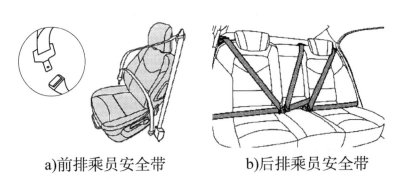

a)前排乘员安全带　　　　b)后排乘员安全带

图 21-7　座椅安全带

安全带能在车辆紧急制动或发生碰撞事故时将乘员固定,使其与车辆一同减速,避免乘员由于惯性撞击到转向柱、仪表板或风窗玻璃而造成伤亡。图 21-8a)和图 21-8b)分别为一定车速下发生碰撞时,未佩戴安全带和佩戴安全带的情形。

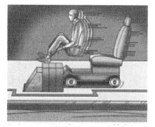 

　　a)未佩戴安全带　　　　　　b)佩戴安全带

图 21-8　发生碰撞时是否佩戴安全带的情形

　　如图 21-9 所示,车辆组合仪表板上有一个驾驶员安全带未系警告灯。当点火开关接通时,该灯闪烁并发出警报声,这样持续几秒钟以提醒驾驶员系好安全带。当车辆行驶速度超过规定值一段时间后,如果驾驶员仍然没有系好安全带,则报警灯会再次闪烁,同时警报声将持续鸣响一段时间,之后提示灯一直点亮,直到驾驶员系好安全带为止。图 21-10 所示为车辆前排乘客座椅安全带未系警告灯,它位于中央控制台上,其工作与驾驶员安全带未系警告灯类似,但需要检测到乘客座椅有乘员时才起作用。

图 21-9　驾驶员安全带　　　图 21-10　前排乘客安全带
　　　　　未系警告灯　　　　　　　　　　未系警告灯

❷ **安全带的组成与工作原理**

　　目前轿车上使用的安全带分为普通三点式安全带和预警式安全带。普通三点式安全带也称胯-肩式安全带,主要由编织带、卡扣、调节器和收卷器等组成。预紧式安全带在普通三点式安全带的基础上增加了预紧装置,在汽车发生碰撞事故的一瞬间,乘员尚未向前移动时它会首先拉紧织带,立即将乘员紧紧地绑在座椅上,然后锁止织带防止乘员身体前倾,能有效保护乘员的安全。

（二）安全气囊系统

❶ **安全气囊系统的作用与认识**

　　当发生严重正面或侧面碰撞时,乘员即使佩戴了安全带也有可能撞上转向盘、仪表板或车身部件,带来严重伤害。在发生严重碰撞时,安全气囊系统(也称辅助约束系统,SRS)可以辅助安全带工作,使乘员速度缓慢下降,将冲击力均匀地分散到乘员的上半身,进一步减轻伤害。

如图 21-11 所示,车辆组合仪表板上有一个安全气囊警告灯。接通点火开关后,该灯会短暂点亮然后熄灭,表明警告灯电路和系统工作正常。如果行驶过程中安全气囊警告灯闪烁或一直点亮,则表明安全气囊系统出现故障,此时安全气囊系统将关闭,应尽快将车辆送修。安全气囊一般安装在乘员正面或侧面位置。车内所有安装安全气囊处其装饰板上均印有"AIR BAG"字样,或在靠近气囊展开开口处张贴含"AIR BAG"字样的标签。

❷ 安全气囊系统的结构与工作原理

如图 21-12 所示,安全气囊系统主要由碰撞传感器、安全气囊电控单元和气囊组件等组成。碰撞传感器一般安装在车辆前部两侧的前翼子板内侧、两侧前照灯支架下面或发动机散热器支架左右两侧等,用于监测车辆碰撞情况并将信号传入电控单元。安全气囊电控单元接受碰撞传感器信号后进行分析处理,控制气囊组件和安全气囊警告灯工作。

图 21-11 安全气囊警告灯

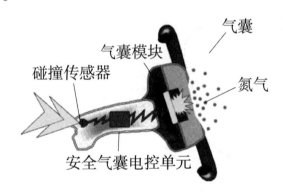
图 21-12 安全气囊工作原理

四 技能训练——正确使用安全带

安全带是最重要的被动安全装置,它能在车辆急加速和急减速期间将乘员固定在座位上。行车前,驾乘人员必须正确系上安全带。下面为佩戴安全带的一般步骤,具体步骤请参考相应车型的使用手册。

(1)如图 21-13 所示,调整转向盘至合适位置。

(2)如图 21-14 所示,调整座椅至合适位置。

(3)如图 21-15 所示,调整头枕至合适位置。

(4)检查安全带状况,不得沾有油污和磨损。

(5)拉出座椅安全带并插入安全带锁扣,确保结合固定。

安全带未系警告灯的功用

(6)安全带不得扭曲,且必须贴紧身体。确保衣服内无任何尖锐物品。

(7)安全带系好后,确认安全带未系警告灯熄灭。

(8)如图 21-16 所示,如安全带高度不合适,调节安全带高度。

(9)若要松开安全带,按下锁扣处的红色按钮。

图 21-13　转向盘位置调整

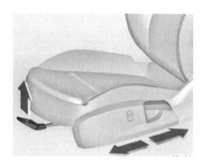

图 21-14　座椅位置调整

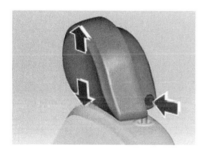

图 21-15　头枕位置调整

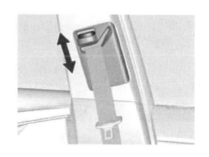

图 21-16　安全带高度调节

思考与练习

(一)填空题

(1)世界汽车行业最权威的安全认证机构是_____。它的碰撞测试成绩用_____个星级表示,星级越高表示该车的碰撞安全性能越好。

(2)一般将汽车安全辅助装置分为_____和_____两类。

(3)泊车辅助装置按功能主要分_____、_____和_____等类型。

(4)倒车雷达装置主要由_____、_____和_____等部分组成。

(5)轮胎压力监控系统按轮胎压力感应方式分为_____和_____。

(6)安全气囊系统主要由_____、_____和_____等组成。

(二)判断题

(1)汽车上能避免或减少事故发生,提高主动安全性能的辅助装置称为主动

安全辅助装置。( )

(2)防抱死制动系统属于主动安全辅助装置。( )

(3)有了倒车雷达的帮助,就可以完全避免在倒车过程中碰撞事故的发生。

( )

(4)组合仪表上轮胎压力监控系统故障警告灯持续点亮,表明至少有一个轮胎气压明显不足,此时应停车检查。( )

(5)如果驾驶员技术过硬,就可以不用佩戴安全带。( )

(6)只有在安全带正确使用的前提下安全气囊才能发挥作用。( )

(三)简答题

(1)列举现代轿车上常见的主动和被动安全辅助装置。

(2)简述倒车雷达的工作过程。

单元二十二　电动汽车概述

 学习目标

1. 能叙述电动汽车的类型；
2. 能叙述纯电动汽车的结构特点和组成；
3. 能叙述混合动力电动汽车的类型和特点；
4. 能进行电动汽车高压电的中止和检验操作。

 建议课时

2课时。

电动汽车是指以车载电源为动力，用电机驱动车轮行驶，符合道路交通、安全法规各项要求的车辆。电动汽车的种类有纯电动汽车（BEV）、混合动力电动汽车（HEV）和燃料电池电动汽车（FCEV），本章主要介绍纯电动汽车和混合动力电动汽车。

一　纯电动汽车的结构特点与组成

（一）纯电动汽车的结构特点

纯电动汽车是指驱动能量完全由电能提供、由电机驱动的汽车。铅酸蓄电池、镍镉蓄电池、镍氢蓄电池或锂离子蓄电池均可作为纯电动汽车的动力蓄电池。如图22-1所示，纯电动汽车主要由电力驱动系统、底盘、车身以及各种辅助装置等部分组成，除了电力驱动系统，其他部分的功能及结构组成基本与传统汽车相同。

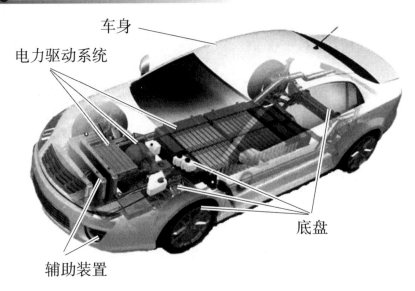

图 22-1　纯电动汽车电力驱动系统

纯电动汽车具有无污染、噪声小、结构简单、维修方便、能量转换效率高、可实现能量回收、平抑电网的峰谷差等优点，但蓄电池能量密度太小使车辆续驶里程受到限制，充电时间长、电池价格和安全性、汽车后期维护成本高等因素也制约了其发展。

(二)纯电动汽车电力驱动系统的组成与作用

典型的纯电动汽车电力驱动系统主要由电力驱动模块、车载电源模块和辅助模块等组成，如图 22-2 所示。

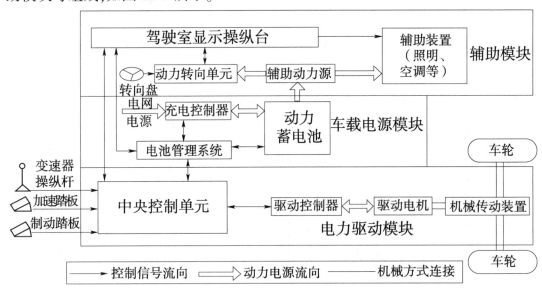

图 22-2　纯电动汽车电力驱动系统的组成

❶ 车载电源模块

车载电源模块主要包括动力蓄电池、电池管理系统及车载充电机等。

动力蓄电池是电动汽车的动力源,是能量的存储装置。目前的纯电动汽车以锂离子蓄电池为主,包括磷酸铁锂蓄电池、三元锂离子蓄电池等。

电池管理系统实时监控动力电池的使用情况,对动力蓄电池的端电压、内阻、温度、电池剩余电量、放电时间、放电电流或放电深度等动力蓄电池状态参数进行检测,并按动力蓄电池对环境温度的要求进行调温控制,通过限流控制避免动力蓄电池过充、过放电,对有关参数进行显示和报警,其信号流向辅助系统,并在组合仪表上显示相关信息,以便驾驶员随时掌握车辆信息。

车载充电机是把电网供电制式转换为对动力电池充电要求的制式,即把交流 220V 或 380V 转换为相应电压的直流电,并按要求控制其充电电流(家庭充电一般为 10A 或 16A)。

❷ 电力驱动模块

电力驱动模块是电动汽车的核心,也是电动汽车区别于内燃机汽车的最大不同点。电力驱动模块使用电子控制器、驱动电机控制器、驱动电机等部件取代了传统汽车的发动机及变速器。

电子控制器是电机系统的控制中心。根据驾驶员输入的加速踏板和制动踏板的信号,向驱动电机控制器发出相应的控制指令,对驱动电机进行起动、加速、减速和制动控制。在车辆减速和下坡滑行时,配合电池管理系统进行发电反馈控制,对动力蓄电池反向充电。电子控制器还可以对动力蓄电池充放电过程进行控制,将功率、电压、电流等信息传输到车载信息显示系统进行相应的数字或模拟显示。

驱动电机控制器是将存储在动力蓄电池中的电能高效地转化为驱动电机的动能进而推进汽车行驶,并能够在汽车减速、制动或者下坡时,实现再生制动。驱动电机控制器内含功能诊断电路。当诊断出现异常时,它将会激活一个错误代码,发送给电子控制器。

驱动电机的作用是将电源的电能转化为机械能,通过传动装置驱动或直接驱动车轮。

❸ 辅助模块

辅助模块由辅助动力源和辅助设备组成。

辅助动力源一般为 12V 或 24V 的直流低压电源。辅助设备包括车载信息显示系统、动力转向系统、导航系统、空调、照明及除雾装置、刮水器和收音机等,借助这些辅助设备提高汽车的操纵性和舒适性。

二 混合动力电动汽车的类型与特点

混合动力电动汽车是指由两种或两种以上不同类型的动力源联合驱动的汽车,汽车行驶动力可以依据车辆行驶状态由单一动力源单独或多个动力源共同提供。

根据动力系统结构形式划分,可分为串联、并联和混联三种形式,见表 22-1。

混合动力电动汽车的结构类型与特点　　　表 22-1

类型	示 意 图	动力源	特 点	典型车系
串联式混合动力电动汽车（SH-EV）	（发动机—发电机；驱动电机—动力蓄电池；变速器；——电力连接 ——机械连接）	只能由电动机驱动	（1）发动机只能驱动发电机发电,电能通过电机控制器输送给驱动电机,由驱动电机驱动汽车行驶。动力蓄电池也可以单独向驱动电机供电驱动汽车行驶。(2)取消了变速器,结构简单。(3)中低速运行或城市工况节油效果优于普通车。(4)高速行驶油耗较普通车高	雪佛兰 VOLT、宝马 i3 增程版、传祺 GA5 增程、Fisker 卡玛和奥迪 A1e-tron

续上表

类型	示意图	动力源	特点	典型车系
并联式混合动力电动汽车（PH-EV）	电力连接 机械连接；变速器、发动机、驱动电机、动力蓄电池	电动机及发动机同时或单独驱动	（1）在普通汽车的基础上加装一套电能驱动系统。（2）有纯电、纯油、油电混合三种模式。（3）发动机和驱动电机可单独、同时驱动汽车，动力性较好。（4）电量耗尽后，驱动电机无法继续驱动，只能作为发电机	比亚迪秦、宝马530Le、奥迪A3 e-tron、奔驰S400L插电版、本田CR-Z
混联式混合动力电动汽车（CH-EV）	电力连接 机械连接；变速器、发动机、发电机、驱动电机、动力蓄电池	电动机及发动机同时或单独供给	（1）在并联的基础上增加一个发电机。采用ECVT的耦合单元（或普通变速器）实现动力切换及减速增扭的作用。	比亚迪唐、荣威550、丰田普锐斯、保时捷918

续上表

类型	示意图	动力源	特点	典型车系
混联式混合动力电动汽车（CH-EV）			(2)有纯电、纯油、油电混合、充电四种模式。 (3)驱动电机和发动机的配合更加默契，能够适应的工况更多，节油效果更优。 (4)结构较复杂、成本高	

根据在混合动力系统中混合度的不同，混合动力系统还可以分为以下四类，见表22-2。混合度即驱动电机输出功率在整个动力系统输出功率中所占的百分比。

混合度类型与功能特点　　　　　　　　　　　　表22-2

类型	混合度	功能要求及特点	典型车系
微混合动力系统	5%以下	(1)功能要求：发动机自动起停。 (2)该系统对传统发动机的起动机进行了改造，形成由带传动的发电起动一体式电机（BSG）。该电机用来控制发动机快速起停，因此可以取消发动机的怠速过程，降低了油耗和排放。搭载的驱动电机功率比较小，仅靠电机无法使车辆起步，起步过程仍需要发动机介入，是一种初级的混合动力系统	PSA的混合动力版C3、丰田的混合动力版Vitz

续上表

类型	混合度	功能要求及特点	典型车系
轻混合动力系统	20%以下	（1）功能要求：发动机自动起停+回馈制动。 （2）该混合动力系统采用了集成起动电机（ISG）。除了能够实现用电机控制发动机的起停外，还能够在电动汽车制动和下坡工况下，对部分能量进行回收；在行驶过程中，发动机的动力可以在车轮的驱动需求和发电机发电需求之间进行调节	通用的混合动力多用途货车、别克君越 eAssist
中混合动力系统	30%左右	（1）功能要求：发动机自动起停+回馈制动+电动辅助。 （2）该混合动力系统同样采用了ISG系统。与轻度混合动力系统不同之处在于，中混动力系统采用的是高压电机，在汽车加速或者大负荷工况时，驱动电机能够辅助发动机驱动车辆，补充发动机本身动力输出的不足，提高整车性能	本田旗下混合动力的 Insight、Accord 和 Civic
重度混合动力系统	达到甚至超过50%	（1）功能要求：发动机自动起停+回馈制动+电动辅助+纯电驱动。 （2）该系统采用了272～650V的高压起动电机，混合程度更高。采用的驱动电机功率更大，完全可以满足车辆在起步和低速时的动力要求	丰田的Prius和未来的Estima

根据是否能外接充电电源特划分,可分为插电式混合动力电动汽车和非插电式混合动力电动汽车两种。

插电式混合动力汽车(Plug-in Hybrid Electric Vehicle,简称 PHEV),是介于纯电动汽车与燃油汽车之间的一种新能源汽车,既有传统汽车的发动机、变速器、传动系统、油路和油箱,也有电动汽车的电池、驱动电机和控制电路,而且电池容量较大,有充电接口,如图 22-3 所示。如果每次都是短途行驶,有较好的充电条件,插电混合动力电动汽车可以不用加油,当作纯电动汽车使用,具有电动汽车的优点。其代表车型代表有宝马 i8、比亚迪秦、比亚迪唐、保时捷 918 等。

图 22-3　插电式混合动力电动汽车

非插电式混合动力电动汽车,车辆无外接充电接口。车辆使用只能添加燃油,通过发动机驱动发电机来给电池充电,低速起动时仅靠驱动电机驱动行驶,通过发动机直接驱动车轮行驶或由驱动电机与发动机两者共同驱动车轮。其代表车型有丰田雷克萨斯 RX450h、普锐斯、CT200h、凯美瑞等。

三　技能训练

在维修带有高压电的电动汽车前,务必执行高压电的中止和检验操作,避免因意外造成高压触电。

(一)防护设备的检查

(1)设置安全警戒线,警戒线与车身距离在 1m 以上;

(2)取下身上佩戴的金属饰件;

(3)检查护目镜、绝缘手套及安全帽是否完好。

(二)高压电的中止

高压电的中止主要是通过正确的操作步骤来关闭车辆的高压系统。

(1)关闭点火开关,取下钥匙。若以按钮起动车辆,钥匙需远离车辆至少 5m,并可靠保管,以防车辆被意外起动。

(2)断开蓄电池负极电缆,并可靠固定,如图 22-4 所示。

(3)正确佩戴防护设备。

(4)如图 22-5 所示,拆卸动力电池维修开关。维修开关务必可靠保管,以防被意外重新连接。

(5) 将裸露的维修开关槽用绝缘胶布封住,并放置高压安全警示牌。

(6) 等待 5min 以上,使起动机/发电机控制模块电容充分放电。

(7) 拔下动力电池放电正、负线缆。

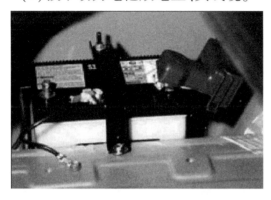

图 22-4　拆卸并固定蓄电池负极　　图 22-5　拆卸维修开关

(三) 高压电的检验

高压电高压中止检验是利用专用万用表再次确认高压中止后,检验具体维修的部件上是否确实已不再有高压。高压电高压中止检验是高压部件检修作业的必不可少的操作程序,也是安全作业的前提。作业过程必须佩戴安全防护用品,应使用单手测量操作,其检验原理如图 22-6 所示。

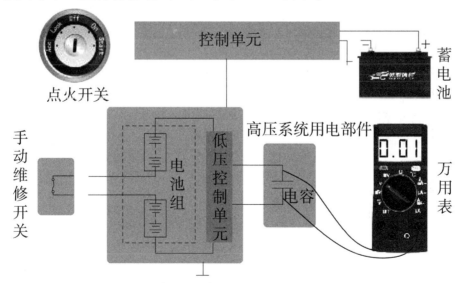

图 22-6　高压电高压中止检验原理示意图

(1) 设置数字万用表的功能及挡位。

(2) 测量动力电池高压输出端,正负端之间电压及各端子对地电压,应不大于3V;若大于3V,则说明电池组内部可能出现接触器卡滞或高压系统绝缘失效,需进行排除。

正-负:_____V;正-地:_____V;负-地:_____V;结论:_____

(3)测量高压线缆,正负端之间电压及各端子对地电压,应不大于0V;若大于0V,则说明使起动机/发电机控制模块电容未能充分放电,应使用专用放电工具对该部位进行放电。当电压完全消失后方可进行下一步维修作业。

正-负:_____V;正-地:_____V;负-地:_____V;结论:_____

思考与练习

(一)填空题

(1)混合动力电动汽车是指以_____为动力,用驱动电机驱动车轮行驶,符合道路交通、安全法规各项要求的车辆。

(2)电动汽车的种类有_____、_____和_____。

(3)纯电动汽车电力驱动系统主要由_____、_____和_____等组成。

(4)混合动力电动汽车根据动力系统结构形式,可分为_____、_____和_____三种。

(二)判断题

(1)燃料电池电动汽车是通过燃料的燃烧产生动力,驱动汽车行驶。(　　)

(2)在串联式混合动力电动汽车上,发动机只负责驱动发电机发电。(　　)

(3)对于插电式混合动力电动汽车,既可以采用外接充电口充电,也可以在燃油模式下行车充电。(　　)

(4)对于非插电式混合动力电动汽车,只能通过加燃油,在行车中对动力电池充电。(　　)

(三)简答题

(1)电池管理系统具有什么功能?

(2)不同动力结构的混合动力电动汽车各有什么特点?

参考文献

[1] 汤定国. 汽车发动机构造与维修[M]. 北京:人民交通出版社,2005.

[2] 董铁军. 汽车构造(发动机)[M]. 北京:人民交通出版社,2005.

[3] 陈家瑞. 汽车构造[M]. 5版. 北京:人民交通出版社,2006.

[4] 关文达. 汽车构造[M]. 3版. 北京:机械工业出版社,2011.

[5] 扶爱民. 汽车发动机构造与维修[M]. 3版. 北京:电子工业出版社,2012.

[6] 张嫣,苏畅. 汽车发动机构造与维修(新编版)[M]. 北京:人民交通出版社,2011.

[7] 陈高路. 汽车发动机控制系统检测与维修工作页[M]. 北京:人民交通出版社,2014.

[8] 全国汽车维修专项技能认证技术支持中心编写组. 发动机性能[M]. 北京:教育科学出版社,2004.

[9] 谢福泉. 电控发动机维修[M]. 北京:高等教育出版社,2005.

[10] 赵捷,张永. 电控柴油发动机维修技术[M]. 北京:中国人民大学出版社,2013.

[11] 范明强,范毅峰. 柴油机电控高压喷油系统结构与维修彩色图解[M]. 北京:机械工业出版社,2013.

[12] 于大伟,董训武. 捷达电喷系列轿车维修手册[M]. 北京:机械工业出版社,2007.

[13] 宠柳军,曾晖泽. 汽车制动系统维修工作页[M]. 2版. 北京:人民交通出版社,2013.

[14] 刘付,金文,徐正国. 汽车悬架与转向系统维修工作页[M]. 2版. 北京:人民交通出版社,2013.

[15] 吴友生,编译. 汽车车身维修技术[M]. 北京:高等教育出版社,2006.

[16] 王世震. 汽车构造[M]. 北京:机械工业出版社,2014.

[17] 蔡兴旺. 汽车构造与原理:发动机(上册)[M]. 2版. 北京:机械工业出版社,2010.

[18] 蔡兴旺. 汽车构造与原理实训[M]. 北京:机械工业出版社,2014.

[19] 刘建平,段群. 汽车发动机机械维修工作页[M]. 2版. 北京:人民交通出版社,2013.

[20] 武华,武剑飞. 汽车发动机构造与拆装工作页[M]. 2版. 北京:人民交通出版社,2013.

[21] 陈瑜,雍朝康. 汽车发动机构造与拆装[M]. 北京:人民交通出版社,2013.

[22] 王健.汽车底盘结构与拆装[M].北京:人民交通出版社,2013.

[23] 赵俊山,孙永山.汽车构造[M].北京:人民交通出版社,2011.

[24] 林德华.汽车构造与拆装[M].北京:人民交通出版社,2011.

[25] 林文工,李琦.汽车发动机电器维修工作页[M].2版.北京:人民交通出版社,2013.

[26] 丰田汽车公司.汽车基本常识与工作原理[M].北京:高等教育出版社,2008.

[27] 蔡兴旺.新能源汽车结构与维修[M].北京:机械工业出版社,2014.

[28] 陈黎明.电动汽车结构原理与故障诊断[M].北京:机械工业出版社,2015.

[29] 王孝洪,罗彪.汽车发动机构造与拆装[M].重庆:重庆大学出版社,2016.

[30] 敖东光,宫英伟,陈荣梅.电动汽车结构原理与检修工作页[M].北京:机械工业出版社,2017.

[31] 单立新,王维先.汽车发动机构造与拆装[M].北京:高等教育出版社,2017.

[32] 沈云鹤.汽车构造[M].北京:高等教育出版社,2017.

[33] 邰敬明,王维先.汽车发动机构造与维修[M].北京:机械工业出版社,2017.

[34] 刘冬生,金荣,袁涛生.汽车发动机构造与维修[M].北京:机械工业出版社,2018.

[35] 郇延建,付清洁.汽车发动机构造与维修[M].北京:机械工业出版社,2019.